U0957753

苏州大学特聘教授、二级教授曹炜主持的国家社科基金项目
“北京话虚词史”（08BYY049）最终成果之一

江苏省2010年度普通高校研究生科研创新计划项目
“北京话副词史研究(1750—1950）”（CX10B_024R）终期成果

2011年，获评“苏州大学优秀博士论文”

北京话副词史（1750—1950）

刘冬青◎著

華文出版社
SINO-CULTURE PRESS

图书在版编目（CIP）数据

北京话副词史：1750—1950 / 刘冬青著 . —北京：华文出版社，2023.4

ISBN 978-7-5075-5599-8

Ⅰ . ①北…　Ⅱ . ①刘…　Ⅲ . ①北京话—副词—语言史—1750-1950　Ⅳ . ① H172.1

中国版本图书馆 CIP 数据核字（2022）第 028797 号

书　　名：北京话副词史：1750—1950
标准书号：ISBN 978-7-5075-5599-8
著　　者：刘冬青
责任编辑：雷　平
出版发行：华文出版社
地　　址：北京市西城区广外大街 305 号 8 区 2 号楼
邮政编码：100055
网　　址：http://www.hwcbs.cn
电　　话：总 编 室 010-58336239　发行部 010-58336270
　　　　　责任编辑 010-58336277
经　　销：新华书店
印　　刷：三河市龙大印装有限公司
开　　本：710mm × 1000mm　1/16
印　　张：22
字　　数：370 千字
版　　次：2023 年 4 月第 1 版
印　　次：2023 年 4 月第 1 次印刷
定　　价：88.00 元

版权专有，侵权必究

序　言

得知冬青的博士学位论文《北京话副词史（1750—1950）》即将付梓，作为其博士研究生阶段的指导教师，内心的喜悦自不待言，师生间交往的点点滴滴一下子涌上心头。

那是2007年发生的事情了。那年国庆节前后的一个下午，我突然接到一个来自济南的陌生电话。接通后，电话那头响起了一个羞涩又有些紧张的声音："喂，请问您是曹老师吗？我是山东师范大学刘中富老师的学生刘冬青，我想报考您的博士生。下面，我简单做下自我介绍……"我当时心里觉得这个学生有点意思，我一句话还没说，他就按套路、程式般地把自己的生平简历介绍了一番。但我还是耐心地听完了他的介绍，一是因为他是山东师范大学的学生。说起山东师大，和我还是颇有些渊源的。早在1987年，我就曾在山东师大现代汉语助教进修班上过课，其间，聆听了山东师大高更生先生、谭德姿先生、王立廷先生以及山东大学葛本仪先生、姜宝昌先生的课，并在《山东师范大学学报》（社科版）发表了文章……成为我年轻时的一段美好回忆（具体可见拙作《现代汉语词义学》修订本后记）。二是因为我和刘中富教授本就很熟，得其高足而育之，也是人生一大乐事。三是冬青在自我介绍中说，他的一篇小论文《词典释义的正确性问题》已得到中文核心期刊《辞书研究》的用稿通知（后发表在2008年第5期），让我觉得他是一个勤奋努力、有一定学术潜力的小伙子。果不其然，后来他以高分通过了苏州大学的博士入学考试，成为我招收的第二批博士生之一（后成为我第一届毕业的博士生）。

我的博士生们大多参与了我主持的各类课题项目，冬青也不例外。当时我正在主持国家社科基金项目"北京话虚词史（1750—1950）"（08BYY049），考虑到他是男生且比较年轻，全日制学生也没什么家庭负担，我就将课题中分量最重的部分——“北京话副词史（1750—1950）”分给了他，有意识地给他压压担子。也正如本著作后记里所言，入学后，我根据他的实际情况，为其制订了一套学习计划，开列了相关书目，并安排他选修了汉语语法史等专业课程。他总是超额完成任务，不仅认真修完博士生课程，还主动来旁听我的硕士生课程，甚至本科生的课程。有一次，我实在忍不住，对他说：“我的本科生课程就没必要来听了。”他的回答令我至今印象深刻：“我觉得我就像一块火炭，独自在苏大独墅湖校区燃烧，冷板凳坐久了就容易凉了、冷了；而您正是一位很有热情、很有激情的老师，听您的课，激情满怀，犹如回了回炉，能让我这块火炭持久地燃烧下去。即使不听您的课，有时候看到您很多著作的前言后记，也能感受到那种学术带来的万丈豪情、澎湃激情！”

他的话虽然有些夸大，但也大差不离。我曾在《现代汉语词义学》（修订本）《后记》中专门提到了我的学术激情，曾有这样一段记述：少年时代，每每读到奥斯特洛夫斯基在《钢铁是怎样炼成的》一书中写下的名句：“人的一生应当这样度过：当回忆往事的时候，他不至于因为虚度年华而痛悔，也不至于因为过去的碌碌无为而羞愧；在临死的时候，他能够说：‘我的整个生命和全部精力，都已经献给世界上最壮丽的事业——为人类的解放而斗争。’”便感到心潮澎湃，豪情满怀！

当然，诚如本著作《后记》所言“搞研究仅凭信心和热情还远远不够”。成果的取得，还是得靠真刀真枪，一步一个脚印，踏踏实实、认认真真。冬青在这方面是下了一番“死功夫”“硬功夫”的。他根据北京话副词的特点和语义特征与功能特征相结合的副词划分原则，同时参照前贤和时人已取得的分类成果，将其分为六大类：范围副词、程度副词、时间副词、情状方式副词、语气副词、否定副词。共统计出近800项。每一大类又根据实际情况，贯彻运用语义特征与功能特征相结合的划分原则，再分为若干小类。对每一个副词在《红楼梦》《儿女英雄传》《正红旗下》三部著作中出现的次数都加以定量统计，然后从中选取有代表性的副词，如“凡”类副词、“尽”类副词、“另”类副词、“单”类副词、“最”类副词、“极”类副词、“曾”类副词、“已”类副词、“正”类副词、“将”类副词、“赶紧”类副词、“忽”类副词、“即”类副词、“终”类副词、“特”类副词、“亲”类副词、“空”类副词、“白”类副词、“趁”类副词、“管”类副词、“真”类副词、“大概”类副词等的大致虚化过程、历时发展以及内部词语相互间的此消彼长和替换作了全面的考察，重点分析其在1750—1950年200年间语法功能的变化和发展，描摹其在这段时间的历时嬗变。可以说工作量浩大，非常辛苦。

冬青君终究没有让我失望。他的这篇博士学位论文最终获评苏州大学优秀博士学位论文，也自然在情理之中。

鉴于本著作是我主持的国家社科基金课题的最终成果之一，在此我也不好“王婆卖瓜”，具体内容和细节，还请读者自己去评判。当然有一点可以肯定的是，这部著作还是有一定的创新之处的。就笔者目前目力所见，本著作可以说是国内第一部研究近、现代汉语交叉时期的北京话副词发展演变的专著，也希望能起到抛砖引玉的作用。限于作者能力和我的指导水平，这项研究肯定还存在这样或那样的问题，真心希望各位专家同仁能多提宝贵意见、建议，以便今后作进一步修订，在此不胜感谢！

曹　炜

2022年7月12日

于苏州大学独墅湖校区南区文综5219室

（作序者为苏州大学特聘教授，二级教授，苏州大学文学院院长兼唐文治书院院长，文学院学术委员会主任，文学院学位委员会主席）

前　言

目前，近代汉语副词研究成为近代汉语语法研究的一个热点，各类专书的研究层出不穷。2005年，杨荣祥先生出版了国内第一部近代汉语副词研究的专著——《近代汉语副词研究》，对近代汉语副词做了一个断代较为全面的描写和系统的研究。现代汉语副词的研究更是如火如荼地展开，仅张谊生先生就出版了四部有关现代汉语副词研究的专著。然而，对于近、现代汉语副词发展的交叉时段1750—1950年——这200年间研究近代汉语副词的学者一般不会“下达”，而研究现代汉语副词的学者也较少“上及”，基本处于一种“两不管”的状态。本文即从此段时间切入，以《红楼梦》《儿女英雄传》《正红旗下》为语料，对这段时期副词的发展予以共时的描写和历时的解释。

全书除绪论和结语外，共分为六章。

第一章北京话副词概述，分三节对北京话的定义和来源，副词的定义、语法功能、分类，以及北京话副词的分类进行了大致的描述。

第二章北京话范围副词历时发展（1750—1950），分六节对北京话中的“凡”类副词、副词“一概”、“尽”类副词、“另”类副词、“单”类副词、副词“止”的大致虚化过程、历时发展，以及内部词语相互间的此消彼长和替换做了全面考察，重点分析其在1750—1950年语法功能的变化和发展，描摹其在这段时间的历时嬗变。

第三章北京话程度副词历时发展（1750—1950），分为两节对北京话中的“最”类副词和“极”类副词的大致虚化过程、历时发展以及内部词语相互间的此消彼长和替换做了全面考察，重点分析其在1750—1950年语法功能的变化和发展，描摹其在这段时间的历时嬗变。

第四章北京话时间副词历时发展（1750—1950），分八节对北京话中的“曾”类副词、“已”类副词、“正”类副词、“将”类副词、“赶紧”类副词、“忽”类副词、“即”类副词和“终”类副词的大致虚化过程、历时发展以及内部词语相互间的此消彼长和替换做了全面考察，重点分析其在1750—1950年语法功能的变化和发展，描摹其在这段时间的历时嬗变。

第五章北京话情状方式副词历时发展（1750—1950），分五节对北京话中的“特”类副词、“亲”类副词、“空”类副词、“白”类副词、“趁”类副词的大致虚化过程、历时发展以及内部词语相互间的此消彼长和替换做了全面考察，重点分析其在1750—1950年语法功能的变化和发展，描摹其在这段时间的历时嬗变。

第六章北京话语气副词历时发展附论否定副词（1750—1950），分三节对北京话中的“管”类副词、“真”类副词、“大概”类副词的大致虚化过程、历时发展以及内部词语相互间的此消彼长和替换做了全面考察，重点分析其在1750—1950年语法功能的变化和发展，描摹其在这段时间的历时嬗变。同时对否定副词进行了介绍。

这本小书是我对北京话副词（1750—1950）历时研究的一点成果，我怀着忐忑不安的心情将其奉献给大家，期待各位专家、学者的批评、指正。

刘冬青

2021年10月

目　录

绪　论

一、研究的目的和意义

近年来，近代汉语副词研究越来越受到语言学界的重视，并且取得了一些不俗的成绩。特别是进入20世纪80年代以来，汉语副词的研究无论是在研究的广度还是深度方面都取得了长足的发展，对副词语法意义的内在联系、副词的特殊功能、副词的语义指向、共现顺序、内部分类及历史演变等都做了不同程度的分析和研究。[①] 但是，汉语副词作为一种既简单又复杂的词类，其研究还很不充分，甚至很多人对什么是副词、副词的功能、副词的内部分类，以及与其他词类的区分原则等基本问题都没有取得统一的认识（详见第一章第二节）。至于旧有副词为何会消亡，新兴副词又是怎样形成的，新旧副词之间的历时替换关系及源流演变等历时研究，值得探讨的问题还有很多。2005年，杨荣祥先生出版了国内第一部近代汉语副词研究的专著——《近代汉语副词研究》，对近代汉语副词做了一个断代较为全面的描写和系统的研究。但近代汉语毕竟跨度很大，对其间的语言发展演变仍需做进一步更为细化的研究。蒋绍愚先生曾指出："近代汉语也有将近一千年，里面也可以再分成几个阶段，研究者着重研究某一个阶段，也有利于研究的深入和取得成果。"[②]

学界对近代汉语时间范围的划定，至今未达成一个统一的认识。但有一点是可以确定的，那就是近代汉语的主干部分是晚唐五代至明末。所以，杨荣祥先生重点考察的语料是晚唐的《敦煌变文集》、宋代的《朱子语类》、元代的《新编五代史平话》《元曲选》和明代的《金瓶梅词话》，并"希望通

①高育花．中古汉语副词研究[M]．合肥：黄山书社，2007：1．
②蒋绍愚．近代汉语研究概要[M]．北京：北京大学出版社，2005：12-13．

过对一些重点语料的调查研究，尽可能多地了解近代汉语中这些新兴副词的形成过程及其发展演变历史，并通过共时的描写和历时的比较，勾勒出近代汉语副词的基本面貌和时代特色”①。而对现代汉语副词的研究，最早应该是自1898年《马氏文通》问世以后，对其重点关注的时间范围则是1949年中华人民共和国成立以后，而国内第一部汉语副词研究的专著——《现代汉语副词研究》②，则直到2000年才问世。

这样，副词研究就留下了一段历史空白——清朝前期到中华人民共和国成立（大约1750—1950）。对于这段时期，研究近代汉语副词的学者一般不会“下达”，而研究现代汉语副词的学者也很少“上及”，因而它处在一种“两不管”的状态。当然这种空白，只是一种相对“空白”，还是有很多“点”的研究。例如，《论〈红楼梦〉中的虚词“竟”》（何旦，1991）、《〈红楼梦〉中“极”类程度副词计量考察》（杨梅、刘冬青，2009）、《〈儿女英雄传〉的副词“索性”用法研究》（郑剑平，2001）、《〈儿女英雄传〉中的程度副词述评》（武振玉，2003）等。但更多的是一种共时的描写，以历时的角度进行系统的、全面的考察研究，还比较少见。“大家都知道，近代汉语是现代汉语的直接来源，研究近代汉语可以加深对现代汉语的了解。但是，从目前的状况看，多数近代汉语的研究者还没有把这两者联系起来研究，没有通过近代汉语的研究来说明现代汉语的状况，或者从现代汉语出发追溯其历史来源。实际上，这方面的研究是大有可为的，也是很有现实意义的。”③ 基于此，笔者选取1750—1950年近、现代汉语之交的北京话副词作为研究对象，对其整体概貌、发展变化、源流演变做出尽可能详尽、翔实的描写分析。通过这种研究，一方面让读者了解北京话（1750—1950）副词的整体面貌，另一方面打通近、现代汉语副词发展的经脉，厘清近、现代汉语副词发展的脉络，以期成为“近代汉语副词研究”和“现代汉语副词研究”的接合部、研究的枢纽和中转站。

同时，我们的研究也有利于丰富对北京话的研究。蒋绍愚先生曾就近代汉语和方言的关系做过如下评论：“和上古汉语相比，近代汉语有一个明显优势：因为时代不太久远，一些近代汉语的语言现象还会保留在现代方言里，

①杨荣祥. 近代汉语副词研究[M]. 北京：商务印书馆，2005：4.

②陈昌来. 十年磨一剑——读张谊生《现代汉语副词研究》[J]. 汉语学习，2001（2）：75-76.

③蒋绍愚. 近代汉语研究概要[M]. 北京：北京大学出版社，2005：13.

不论是语音、语法和词汇，都是如此。近代汉语要充分重视现代方言，把死的历史资料和活的方言资料结合起来，这将为近代汉语研究注入新的活力。”① “从语言学的角度看，在汉语的诸多方言中，北京话只是其中的一支，但却是最具有语言学研究价值的一支。由于近数百年来北京所处的特殊的政治、文化和社会地位，不言而喻，北京话作为一种地区方言，有着其他方言无可比拟的特殊地位。中国的‘普通话’，与北京方言的关系要远远超过与其他任何一种方言的关系。”② “由于北京话的特殊地位，对北京话发展史的研究成果将会成为汉语发展史的重要内容。”③ 但是，与北京话的重要地位相比，与学术界以及整个社会对北京话研究成果的迫切需求相比，我们对北京话的研究“还很不够，很不系统，很不深入”④。因此，我们的研究有利于厘清北京话的来龙去脉，加深对北京话的研究。

二、研究概况

正如上文所指出的，1750—1950 年的北京话副词研究基本上处于一种“空白”的状态。但是一些个案和专书的研究还是存在的，它们对我们的研究起到了很好的借鉴和启发作用。

一是概述研究。语法专著主要有王力《汉语语法史》、潘允中《汉语语法史概要》、孙锡信《汉语历史语法要略》、向熹《简明汉语史》（下册）、太田辰夫《汉语史通考》等。其中，太田辰夫在《汉语史通考》一书中针对《儿女英雄传》《小额》的副词做了简要的概述研究。

二是个案研究。这 200 年间，副词的个案研究成果相对较多，除了上文提到的四篇文章之外，还有马思周等著的《〈红楼梦〉、〈儿女英雄传〉中的副词“白”》，詹开第《早期北京话的“直”字及其来源》，袁宾《〈儒林外史〉中副词“竟”的引申义》，钟兆华《红楼梦“白”字来源探疑》，李思明《〈水浒〉、〈金瓶梅〉、〈红楼梦〉副词“便”、“就”的考察》，顾义生《〈红楼梦〉中“再”的一种特殊用法》，郑燕明《析〈儿女英雄传〉中的程度副词“最”》，魏兆惠《清末民初北京官话的“简直”“剪直”和“箭直”》《北京话副词“满”的来源及演变机制》《北京话“干脆”一词的演

---

①蒋绍愚. 近代汉语研究概要[M]. 北京：北京大学出版社，2005：13.

②阎红生. 从北京的人文背景中看北京话的发展[J]. 琼州大学学报，1999（3）：82-87.

③胡明扬. 北京话初探[M]. 北京：商务印书馆，1987：14.

④胡明扬. 北京话研究[M]. 北京：北京燕山出版社，1992，前言.

变》，等等。这些个案研究的成果大多以清朝著作中的某个副词或某类副词为研究对象，对其用法作平面的静态描写，也有少数是对副词历史发展及源流演变进行考察的。

三是专著。主要有三部：《儿女英雄传虚词例汇》（龚千炎，1994）；“第一部研究近代汉语程度副词的比较系统的专著”① ——《近代汉语程度副词研究》（陈群，2006），这部著作主要考察了“明代、清代小说中出现的程度副词”②；《〈三言〉副词研究》（张振羽，2012）。

由上可以看出，这段时间的副词研究是不很充分，也不太成系统的。研究的范围相对偏狭，大多是支离破碎的“点”的研究，“线”“面”结合的研究较少。

综上，可以说，近、现代汉语之交的副词研究还是存在着很大的拓展空间和研究价值的，也亟待学界做更深、更细、更新、更系统的研究，这也是本书的选题缘起。

三、语料选择

本书的语料以《红楼梦》（前80回）、《儿女英雄传》、《正红旗下》（分别简称《红》《儿》《正》）为主。下面简单地介绍一下。

“在中国文学史上用北京话写小说的要首推曹雪芹（？—1764）。他所创作的旷世名著《红楼梦》不仅是古典小说的顶峰，也是运用方言写作的典范。”③ 此言非虚。“我国自明代起长篇白话小说兴盛，推动运用白话口语进行创作的文学发展新潮流奔涌向前，最早《三国演义》的语言还是半文半白，《水浒传》《金瓶梅》则启用山东方言，《西游记》《儒林外史》用的是长江流域官话，到了《红楼梦》开始运用北京话写作，充分展现出曹雪芹非凡的语言艺术才华，他对北京话进行提炼加工，使《红楼梦》语言自然流畅，准确生动，兼具华美与朴素之长，达到炉火纯青的成熟境界，成为中国文学语言发展史上的一座丰碑，对于近世北京话的形成具有重大意义。”④ 以至于20世纪40年代初，王力先生在抗战后方图书资料严重匮乏的情况下，仅靠一部《红楼梦》就撰写出在中国语言学史上富有创造性的著作——《中

①陈群. 近代汉语程度副词研究[M]. 成都：巴蜀书社，2006，范晓序.

②陈群. 近代汉语程度副词研究[M]. 成都：巴蜀书社，2006，绪论.

③赵志忠. 曹雪芹·文康·老舍——京味小说溯源[J]. 民族文学研究，1998（3）：35-40.

④张菊玲. 满族和北京话——论三百年来满汉文化交融[J]. 文艺争鸣，1994（1）：72-80.

国现代语法》。

继《红楼梦》之后，满族作家文康又以北京话创作了长篇小说《儿女英雄传》。文康，字铁仙，满洲镶红旗人，大学士勒保之孙。主要生活在清道光、咸丰年间，据太田辰夫先生考证，《儿女英雄传》大约成书于同治五年（1866）到同治十一年（1872）。“文康所处的年代，北京话已经成熟了。如果说，《红楼梦》的语言是处在北京话没有定型的发展变化阶段的话，那么《儿女英雄传》的语言已经完全定型了，与今天的北京话没有多大区别。”① 它的语言“是近代汉语的典范，是汉语文学语言已经达到成熟地步的标志”②。这部小说的北京味更浓，在语言运用上更加大胆，方言运用上也更加成熟。胡适先生曾在《〈儿女英雄传〉序》中评论道：“《儿女英雄传》也用北京话，但《儿女英雄传》出世在《红楼梦》出世之后一百二三十年，风气更开了，凡曹雪芹时代不敢采用的土语，于今都敢用了。所以《儿女英雄传》里的谈话有许多地方比《红楼梦》还生动。”《儿女英雄传》中的北京话，历来被人们所称道。龚千炎曾评论道：“研究《儿女英雄传》的语言，可以上窥《红楼梦》的语言，下探当代的北京话，从中看出近代汉语（北京话）发展的脉络，现代北京话的源头，以及现代汉语文学语言的形成。”③“《儿女英雄传》是《红楼梦》通向现代北京话的中途站。”④ 胡适先生更是发出“前有《红楼梦》，后有《儿女英雄传》，都是绝好的记录，都是绝好的京语教科书”⑤ 的赞叹。

擅长运用北京话写作的满族作家们，一代又一代辛勤探索着北京话的文学表现力，传播着京语教科书的影响。老舍先生便是其中的佼佼者，他是“五四”以来唯一享有“语言大师”殊荣的现代作家。⑥ 老舍（1899—1966），原名舒庆春，北京人，满族（正红旗）。他的小说，基本上是用他所熟悉的北京话进行创作的。他说：“我生在北京，一直到二十多岁才去糊口四方。因此，我在写小说和剧本的时候，总难免用些自幼儿用惯了的北京方言中的语汇。”⑦ 老舍作品中北京话的运用及其成就是有目共睹的，也是颇为

①赵志忠. 曹雪芹·文康·老舍——京味小说溯源[J]. 民族文学研究，1998（3）：35-40.

②潘允中. 汉语语法史概要[M]. 郑州：中州书画社，1982：6.

③龚千炎.《儿女英雄传》是《红楼梦》通向现代北京话的中途站[J]. 语文研究，1994（1）：27-31.

④龚千炎.《儿女英雄传》是《红楼梦》通向现代北京话的中途站[J]. 语文研究，1994（1）：27-31.

⑤赵志忠. 曹雪芹·文康·老舍——京味小说溯源[J]. 民族文学研究，1998（3）：35-40.

⑥张菊玲. 满族和北京话——论三百年来满汉文化交融[J]. 文艺争鸣，1994（1）：72-80.

⑦杨玉秀. 老舍作品中的北京话词语例释[M]. 北京：北京大学出版社，1984，序.

世人所称道的。“满族语言学家罗常培先生曾称赞老舍有‘学语言的天才’，文学家林语堂很喜欢老舍在文章中运用地道的北京话，认为：老舍是旗人，北京话说得俏皮那是不必说了。老舍的成功，更由于他有意识地学习满族先辈作家语言艺术的经验，锲而不舍地探索北京话的文学表现力，老舍大约有20万字专门讨论文学语言的文章，几乎涉及有关语言艺术的所有方面，在现代作家中是罕见的。”① 剧作家曹禺更是赞叹：“他运用北京话的本领，更叫我佩服得五体投地。”《正红旗下》是老舍先生晚年的一部自传体小说，也是他的最后一部小说。“这部小说在北京话的运用上，在幽默、诙谐的风格上，都堪称京味小说的代表作品。”②

龚千炎先生就这三部著作的关系及研究价值作过如下评论：“《儿女英雄传》的作者文康，镶红旗人，出身于累代簪缨的八旗世家，但也累获罪愆。这不仅使人想起了曹雪芹和他的《红楼梦》，老舍和他的《正红旗下》。三位作者都是旗人，小说都是用当时北京的口语，写的又都是他们各自大家庭的兴衰变化。从时间上看，三部作品又恰好各隔一个世纪：《红楼梦》反映的是18世纪中叶的北京话，《儿女英雄传》反映的是19世纪中叶的北京话，《正红旗下》反映的是20世纪上半叶及中叶的北京话。这不但是我国文学史上的一段佳话，而且在汉语发展史上也有很重要的意义。只要我们按照时间先后顺序，对《红楼梦》《儿女英雄传》《正红旗下》进行比较研究，就能看出近代汉语（北京话）发展的脉络。”③

鉴于此，我们选择《红楼梦》《儿女英雄传》《正红旗下》作为我们重点考察的语料。此外，我们还选取以下作品作为辅助语料。

一是《老舍合集》，以下简称《老》，选取《老舍文集》《老舍剧作全集》里的作品，自制而成。包含《骆驼祥子》《二马》《火葬》《离婚》《蜕》《老张的哲学》《赵子曰》《小坡的生日》《牛天赐传》《文博士》《鼓书艺人》《猫城记》《茶馆》《龙须沟》《残雾》《春华秋实》《方珍珠》《柳树井》《女店员》《全家福》《西望长安》等21部作品，共计160万字左右。

二是《王朔合集》，以下简称《王》，自制而成。我们选取了《王朔文集》（纯情卷、挚情卷、谐谑卷、矫情卷）中的《编辑部的故事》《痴人》

①张菊玲．满族和北京话——论三百年来满汉文化交融[J]．文艺争鸣，1994（1）：72-80.
②赵志忠．曹雪芹·文康·老舍——京味小说溯源[J]．民族文学研究，1998（3）：35-40.
③龚千炎．儿女英雄传虚词例汇[M]．北京：语文出版社，1991，序.

《动物凶猛》《浮出海面》《给我顶住》《过把瘾就死》《空中小姐》《刘慧芳》《懵然无知》《你不是一个俗人》《千万别把我当人》《人莫予毒》《玩的就是心跳》《顽主》《枉然不供》《我是狼》《我是你爸爸》《无人喝彩》《橡皮人》《许爷》《一半是火焰，一半是海水》《一点正经没有》《永失我爱》等 23 部作品，共计 120 万字左右。

三是国学宝典数据库。

四、研究方法

本书在研究过程中，主要采用以下研究方法：

一是共时描写与历时研究相结合。首先，对这 200 年北京话的副词系统做较为全面细致的研究、分类和描写。采用静态描写的方法，穷尽式地调查所选语料中出现的副词，进行整理、分类。其次，对不同著作中出现的相同副词做历时的考察。针对 200 年副词所表现出来的细微变化，做细致、审慎的分析和解释。

二是运用统计的方法，将定性分析与定量分析相结合。从随意取例到定量分析，这是古汉语语法研究走向科学化的重要标志。本书借鉴语料库语言学的一些方法，把传统的定性分析与定量分析相结合，用定量分析的结果来验证定性分析的结论，以求准确。

三是借鉴现代汉语副词研究所取得的理论成果来研究北京话副词，如语义指向、虚化机制等。力求通过共时描写、历时研究、理论分析三者的结合，研究总结北京话副词的特点和规律。

第一章 北京话副词概述

第一节 北京话简述

一、北京话的定义

胡明扬先生曾在《北京话初探》一书中指出："北京话是北京人说的话。老北京话是老北京人说的北京话，新北京话是新北京人说的北京话。"① "老北京话和新北京话的区别主要在于老北京话保留更多的地方特色，保留更多的土话土音，而新北京话则更接近普通话，较少土话土音。"② "从20世纪50年代全面推广普通话以来，北京话发生了很大的变化，总的趋势是在迅速向普通话靠拢。"③ 老舍以前的京派作家作品都是老北京话的代表，"今天我们提起'老北京'，总离不开'旗人'的形象；典型的北京话写成的文学作品，又多出自旗人之手，反映的是清代以来旗人的生活。"④ 而"在老舍先生之后，又成长起来一批很有成就的京味文学作家"⑤，"囊括了邓友梅、刘心武、陈建功、苏叔阳、韩少华、汪曾祺、刘绍棠、王朔等作家写作的不同作品"⑥，他们"不但继承了京味文学的传统，也表现出北京现代人的审美观念，是一种新的京味文学"⑦，是新北京话的代表。

---

①胡明扬. 北京话初探[M]. 北京：商务印书馆，1987：12.
②胡明扬. 北京话初探[M]. 北京：商务印书馆，1987：13.
③胡明扬. 北京话初探[M]. 北京：商务印书馆，1987：34.
④阎红生. 从北京的人文背景中看北京话的发展[J]. 琼州大学学报，1999（3）：82-87.
⑤赵志忠. 曹雪芹·文康·老舍——京味小说溯源[J]. 民族文学研究，1998（3）：35-40.
⑥贺桂梅. 20世纪八九十年代的京味小说[J]. 北京社会科学，2004（3）：12-21.
⑦赵志忠. 曹雪芹·文康·老舍——京味小说溯源[J]. 民族文学研究，1998（3）：35-40.

二、北京话溯源

“北京话的渊源，或者说是北京话的发展史，是一个饶有兴趣但又难度相当大的研究课题。”① “这不仅是因为过去专门研究北京话的人不多，有许多问题还从来没有人探讨过，也不仅仅是因为对北京方言形成的历史尚无定论，见仁见智，莫衷一是，更重要的是因为对北京话的研究，对北京方言发展史的探讨，都不能不顾及与语言密切相关的北京社会史和文化史。”②

林焘先生（1987）、胡明扬先生（1987）和阎红生先生（1999）都通过对北京的历史和人文背景的研究来探讨北京话的发展，下面我们简单地加以概括和介绍，以求窥探北京话的发展脉络。

关于北京话的形成，有两个原因对其产生了重大而深远的影响，“一是民族长期杂居，二是人口不断流动”③。

周代初古代的蓟城（约在今北京广安门一带），历经秦汉、魏晋、十六国、北朝至隋唐，在中国北方的地位日渐重要。

936 年，石敬瑭把幽云十六州割让给契丹，北京地区从此脱离了中原汉族的统治。938 年，辽以蓟城为陪都，改称南京，又叫燕京。1153 年，金朝迁都至燕京，北京首次正式成为一国之都。“辽、金建都北京，北京的政治、军事、经济、文化地位迅速上升，大量的北方少数民族不断涌进现在的北京地区，原来居住在北京地区的汉人和北方少数民族杂居在一起，加强了与中国东北地区的联系；另一方面，与宋朝统治的中原地区在政治上相对分离，交往也受到了严重的阻碍。这种情况一直延续了三百年之久。和外族语言长期密切接触，和中原地区的本民族语言反而关系疏远，这使北京话从一千多年前就处于和其他汉语方言完全不同的社会文化背景中。”④

1276 年，元朝在燕京郊外创建新城——大都。从此，这里成为中国政治、经济、文化的中心。此时的元朝实行民族分化政策，这种政策使得汉人一方面和契丹人、女真人保持相对比较密切的联系，另一方面又被迫和蒙古族人相杂而居。这样，北京话又开始和蒙古语产生了交融。“但是，两种语言（作者按：汉语和蒙古语）的接触是比较突然的，文化背景又相差较大，再加上时间还不

---

①胡明扬．北京话初探[M]．北京：商务印书馆，1987：13-14.

②阎红生．从北京的人文背景中看北京话的发展[J]．琼州学院学报，1999（3）：82-87.

③林焘．北京官话溯源[J]．中国语文，1987（3）：161-169.

④阎红生．从北京的人文背景中看北京话的发展[J]．琼州学院学报，1999（3）：82-87.

到一百年，因此，蒙古语对元大都话的影响估计并不大。所谓元大都话，实际是辽金两代居住在北京地区的汉族人民和契丹、女真等族经过几百年密切交往逐渐形成的，到元建大都时已趋于成熟，成为现代北京话的源头。”①

1421年，明成祖朱棣迁都北京，这是“北京”之称的开始。“随着‘燕王扫北’‘永乐迁都’，大批江淮流域的人来到北京。为了发展生产，繁荣经济，明朝初年采取了大量移民的政策来充实北京，移民范围从山西、山东直到江浙一带，每次动辄万户。……这些居民大大改变了北京的居民来源和人口结构。这时，和北京方言接触最频繁的已经不再是契丹、女真、蒙古等少数民族语言，而是来自中原和长江以南的各地汉语方言了。这是北京方言所接受的又一次大融合，在现代北京话的音系中留下了痕迹。”②

1644年，满人骑兵大举入关，清朝也把都城选在北京，并且延续了近270年，这使北京话经受了又一次新的洗礼。满族八旗旗人对现代北京话的形成和发展起着至关重要的作用。正如赵杰先生（1996）所说：“京腔的真正形成是在清初，京腔的创造者是往返于东北和北京之间满蒙汉军旗人，这中间当然也包括辽金时期和更早定居在关东的东北汉人。从语言的外部因素来说，对京腔形成贡献最大的是清朝各级满族统治者和宗室、贵族；从语言内部的接触规律看，满语极大地丰富了京腔的言语库。可以这样说，没有满语底层的影响，今天的京腔是不会出现的。”③ “清代是北京话定型并作为通用语使用的时代。”④

第二节　副词基本问题概述

一、副词的定义及虚实归属

（一）副词的定义

关于副词的定义，马建忠在《马氏文通》中将其称为“状字”，定义为

①林焘．北京官话溯源[J]．中国语文，1987（3）：161-169.

②阎红生．从北京的人文背景中看北京话的发展[J]．琼州学院学报，1999（3）：82-87.

③赵杰．满族话与北京话[M]．沈阳：辽宁民族出版社，1996，转引自赵志忠．曹雪芹·文康·老舍[J]．民族文学研究，1998（3）：35-40.

④阎红生．从北京的人文背景中看北京话的发展[J]．琼州学院学报，1999（3）：82-87.

“状字，所以貌动静之容者”。此后，陈承泽（1922）、黎锦熙（1924）、吕叔湘（1952）、丁声树（1961）、朱德熙（1952、1982）、郭锡良等（1991）以及大学中比较流行的《现代汉语》教材，如张静（1986）、黄伯荣和廖序东（1991）等都对副词下过定义。总体上说，1949 年以前，对副词的认识主要侧重于意义方面的特征，1949 年以后，则主要从功能上来认识副词。综合各家意见，副词的定义大致可以归纳为“副词是经常用在动词或形容词前面，用来修饰、限制动词、形容词，表示程度、范围、时间、情态等意义的词”。袁毓林（1995）从认知语法的角度出发，将副词定义为“基本上只能做状语的词”①，后又通过对“很、极”“透、透顶”做程度补语研究，他又认为副词的严格定义为“只能做状语和/或程度补语的词”②。但他认为“这个定义周延性好、典型性差，它掩盖了绝大多数副词只能做状语这一事实”③。杨荣祥（2005）给副词下了不完全相同于前人的定义：“我们给副词作如下定义：在句法结构中，一般只能充当谓词性结构中的修饰成分而从不充当被修饰成分的词。”④ 并指出这个定义具有较强的可操作性，“以其能在句法结构中充当结构成分，它与其他虚词，如介词、连词、语气词等区分开来，因为介词、连词、语气词等是不能在句法结构中充当结构成分的；以其在句法结构中从来不充当被修饰成分，它与其他实词，如名词、动词、形容词等区分开来”⑤。

对此，我们比较赞同唐贤清（2003）和高育花（2007）的意见，即“副词就是对谓词性成分起修饰限制作用或起补充说明作用的一类词”⑥。

（二）副词的归属

副词的归属，一直是语法研究中一个常辨常新的问题，一般将其分为以下几类：

（1）实词。持此观点的主要有陈望道（1978）、胡裕树（1986）、黄伯荣和廖序东（1991）等。

（2）虚词。持此观点的有吕叔湘（1952）、张志公（1959）、朱德熙

①袁毓林．词类范畴的家族相似性[J]．中国社会科学，1995（1）：154-170.
②袁毓林．词类范畴的家族相似性[J]．中国社会科学，1995（1）：154-170.
③袁毓林．词类范畴的家族相似性[J]．中国社会科学，1995（1）：154-170.
④杨荣祥．近代汉语副词研究[M]．北京：商务印书馆，2005：11.
⑤杨荣祥．近代汉语副词研究[M]．北京：商务印书馆，2005：11.
⑥高育花．中古汉语副词研究[M]．合肥：黄山书社，2007：10.

（1952、1982）、邢福义（1991）等。

（3）半实半虚。最早是由王力（1943）提出的，后有郭绍虞（1979）、吕叔湘（1984）、郭锡良等（1991）。

以上分类基本上是按传统的实词、虚词两分而划出的类别。之后，越来越多的学者发现两分法给副词归属所带来的难处，因而主张三分。例如，古建军（1983）、汪小宁（1996）主张将汉语词类划为实词、虚词、中词三类，副词属于中词。孙良明（1992）提出将汉语词类分为句法结构成分词、句法结构关系词、非句法结构词三类，而副词属于句法结构成分词。

有的学者则将副词两分，如张谊生（2000a）将汉语词类分为两类：一类是表示词汇意义概念词，一类是表示语法意义的功能词。并将副词两分，表示词汇意义为主的描摹性副词归入概念词，称为状词；表示功能意义为主的限制性副词和表示情态意义为主的评注性副词归入功能词，仍然称为副词。①

还有的学者跳过实词、虚词的划分，直接将汉语词类划分为名词、动词、形容词、副词等。例如，丁声树（1961）、姚晓波（1988）、杨伯峻和何乐士（1992）等。

以上对副词的归类划分之所以会出现如此多的差异，归根到底是由于对词类划分标准的适用不同。侧重于语法意义标准的，就会因为副词意义的“空灵”“虚无”而将其归为虚词；而以句法标准或功能标准为主的，则因为副词能单独充当句子成分而将其归为实词；而坚持多标准的就会出现半实半虚或将副词两分的情况。

面对副词归属的窘境，认知语法的兴起，为我们提供了又一个解释的途径。史有为（1996）提出了“连续统词类观”。袁毓林（1995）基于认知语法中的“原型理论”而提出了“词类范畴的家族相似性”，将副词归入实词中较为边缘的粘着词中的前置词，是非典型样本。

对于副词的归属，我们认为“由于副词本身的复杂性，要想解决其中的诸多矛盾，光在副词的虚、实上琢磨不会有明显的结论。因为副词本身的虚、实两面性是客观存在的。我们认为副词的虚、实归类无所谓绝对的对与错、好与不好，只要副词的分类符合语言实际，能够指导语言实践，标准前后一

①张谊生．现代汉语副词研究[M]．上海：学林出版社，2000：8.

致就行了”①。

二、副词的语法功能

多数语法著作和教材认为副词具有以下特征：副词都能做状语，只有“很”“极”等少数副词可以做补语；副词一般不能单独回答问题，只有“不”“没有”“也许”“一定”“马上”“当然”等少数副词可以；副词可以修饰动词、形容词，一定条件下可以修饰名词和副词。但是由于副词的复杂性，关于副词的功能问题，分歧也比较多。

（一）关于副词独用

陆俭明先生指出：“副词独用是指副词单说（即单独成句）和单独作谓语。”② 并指出副词独用是有特殊条件的：它们“都只能出现在不同的对话形式中”③，它们“是口语里句法成分大量省略的一种产物”④。离开了对话中的上下文，副词独用是不成立的。副词独用实际上是有条件的半独用，与名词、动词、形容词等的独用有着性质上的不同。副词独用仍应看成副词充当谓词性结构中的修饰成分，只是因为其被修饰成分在对话的上下文中是明确的，在对话场景中，对参与对话者都是不言而喻的，因而省略了，隐而不见。

（二）关于副词修饰副词

陈承泽、黎锦熙、丁声树、赵元任、张静、李泉等人都认同副词可以修饰另外的副词。王力最早提出副词不能修饰别的副词，两个或两个以上副词连用时，都是前一副词修饰后面副词所在的整个短语。⑤ 像现代汉语的“很不好、不很好”中，是“很”修饰“不好”，“不”修饰“很好”，并不是一个副词修饰另一个副词。

（三）关于副词作补语

朱德熙（1982）曾明确指出：“副词只能作状语，不能作定语、谓语和补语。”⑥ 杨荣祥（2005）也认为副词的语法功能为一般只能充当谓词性结构中的修饰成分而从不充当被修饰成分。但更多的语法著作和教材认为，副词

---

①齐沪扬，张谊生，陈昌来. 现代汉语虚词研究综述[M]. 合肥：安徽教育出版社，2002：15.
②陆俭明. 现代汉语副词独用刍议[J]. 语言教学与研究，1982（2）：27-41.
③陆俭明. 现代汉语副词独用刍议[J]. 语言教学与研究，1982（2）：27-41.
④陆俭明. 现代汉语副词独用刍议[J]. 语言教学与研究，1982（2）：27-41.
⑤王力. 中国现代语法[M]//王力. 王力文集（第二卷）. 济南：山东教育出版社，1985：200.
⑥朱德熙. 语法讲义[M]. 北京：商务印书馆，1982：192.

在大多数情况下不作补语，只有“很”“极”等少数程度副词可以作补语。我们认为“汉语中的副词一般情况下不作补语，但有一些程度副词，由于虚化之前常位于补语的位置，所以虚化之后有时也可充当补语”①。

（四）关于副词修饰名词

副词能否修饰名词曾作为区分形容词和副词的一条重要标准。对此，语言学界存在着不同的看法。主要有三种意见：一是修饰名词是副词的基本功能，以张静先生为代表。二是副词可以修饰某些特殊类型的名词，而且副词也有一定条件的限制，以邢福义先生为代表。三是“副词修饰名词的时候，实际上是修饰名词或名词性词语作为谓语”；“副词修饰的是句子成分，不是把词作为词，短语作为短语来加以修饰的”，② 以赵元任先生为代表。此后，李一平（1983）、桂诗春（1995）、张伯江和方梅（1996）、储泽祥和刘街生（1997）、杨永林（2000）、肖奚强（2001）、施春宏（2001）等分别从语义、语用、认知等各个角度对其做出了合理性解释，并肯定了其作为一种新兴现象而具有独特的语用价值。杨梅（1998）的《“副+名”的诗意存在》甚至还从美学的角度出发，研究了其合理性。

我们认为副词修饰名词这一语言现象，在现代汉语中是客观存在的。对于这一现象，仅仅用动词的省略或脱落来解释，显然是不够的。因此，第三种说法是合理的，即副词可修饰名词性谓语。张谊生（1996）认为，副词之所以能够修饰名词，其深层的原因和制约的因素其实并不仅仅在于修饰语副词，而主要在于那些被修饰的名词或者是具有特定的语义基础，或者是功能发生了转化。他从顺序义、类别义、量度义、动核化、性状化等五个不同的方面逐一阐释了各类副名结构之所以可以组合的原因。③

三、副词与相关词类的划界

副词一般只能做状语，但能作状语的却不限于副词。也就是说，副词的句法功能和别的词类的某些词的句法功能有交叉现象。为了更清楚地认识汉语副词在功能、分布上的特点，用副词和其他词类进行比较，是非常必要的，也是非常有效的。

---

①高育花. 中古汉语副词研究[M]. 合肥：黄山书社，2007：12.

②赵元任. 汉语口语语法[M]. 北京：商务印书馆，1979：340.

③张谊生. 名词的语义基础及功能转化与副词修饰名词[J]. 语言教学与研究，1996（4）：57-75.

（一）副词与形容词的区别

从王力、吕叔湘的语法专著到现在大学里通用的《现代汉语》教材，几乎都涉及此问题。人们通过研究总结，得出较为一致的看法是：形容词可以作谓语、定语，副词不能；形容词可以单独回答问题，副词除“不”“也许”“当然”“未必”等少数几个，一般不能单独回答问题；形容词能作动词的补语，副词一般不能作动词的补语，只有“很”“极”可以作形容词和心理动词的补语，如“好得很”“喜欢极了”。

（二）副词与连词的区别

由于有一部分连词是由副词转化而来的，同时，有些副词也具有关联作用。因此，副词与连词也存在划界的问题。

黄盛璋（1957）曾提出了连词跟副词划分的四条原则，郭翼舟（1984）也论述过此问题，李泉（1996）认为二者难以区分的情况主要有以下三种。[①]：

第一种：“又”“也”“不”“刚”“越”“就”等。对此，主要有三种看法：一是认为这些词是副词，即承认副词有关联作用。这是大多数人的看法。例如，张志公（1959）、吕叔湘（1980）、刘月华（1983）、钱乃荣（1990）、房玉清（1992）等。二是认为这些词是连词，即不承认副词有关联作用，如张静（1961）。三是认为这些词是副词性连词，即认为关联副词是副词性连词，如赵元任（1968）。李泉认为这些词既有关联作用，也有限制作用。但由于它们修饰和限制的主要是动词、形容词或动词性词组、形容词性词组，而连词连接的不限于动词、形容词，因此把这些词看作两个相同或不同的起关联作用的副词连用更好些。

第二种：“无论（无论/不管）……都……”“只有……才……”“既然……就……”“即使……也……”“虽然……却……”。这组词出现在“X……Y……”的复句格式中。张静（1961）认为后一分句的Y是连词；但大多数人认为前一分句的X（“无论”“只有”等）是连词，后一分句的Y（“都”“才”“就”“也”“却”等）是副词，如张志公（1959）、钱乃荣（1990）等。李泉认为这种看法是可取的。因为X有关联作用，但没有修饰作用，而Y不但有关联作用，而且对所在分句的动词还有修饰作用。

---

①李泉，副词和副词再分类[A]．词类问题考察[M]．北京：北京语言学院出版社1996，转引自齐沪扬，张谊生，陈昌来．现代汉语虚词研究综述[M]．合肥：安徽教育出版社，2002，24-25.

第三种："也""又""再""才""都""却""就"等。这些词有关联作用，连接前后两个成分后分句，但同时都用在动词前起修饰作用，并且前后有主语的话也不能用在主语前。因此，李泉认为这些词可以看作是有关联作用的副词。

以上的各个观点主要还是从两者的语法特征来划分副词和连词的，因此，我们可以说"总而言之，副词起修饰作用，修饰的对象是单一的，并且主要是修饰动词；连词起连接作用，连接的对象应是两个或多个成分，并且不限于连接动词"①。

（三）副词与时间名词的区别

对于副词与时间名词的区别，冯成林（1980）提出了四条标准："从意义上划分，属于时刻意义者为时间名词而非时间副词。从结构上划分，在句子中的位置可以移动而基本意义不变的为时间名词而非时间副词。时间名词可以独立回答问题，而时间副词则不能单独回答问题。时间副词在句中紧紧扣住动词、形容词以及属于谓语的名词，起积极的限制或修饰作用，时间名词则无此作用。"② 之后，周小兵（1987）、李少华（1996）、李泉（1996）都做过相应的研究。张谊生（2000a）提出两条区别标准：凡是只能充当状语和句首修饰语，不能充当主宾语（包括介宾结构），并且不受其他词语修饰的，是时间副词。凡是经常充当状语和句首修饰语，但同时可以充当定语或主语、宾语及介词宾语的，是时间名词。

目前，较为一致的看法是：副词一般只能充当谓词性结构中的修饰成分，而时间名词除此之外，还可以充当体词性结构中的修饰成分，一般都能和介词组成介宾结构，副词则不能，只能作状语。③

四、副词的分类

对副词进行再分类是非常有必要的，因为"各个词类所包括的词在语法特征和语义特征上并非完全相同，同一词类内部存在着各种差异，特别是像副词这个词类，个别副词都有很强的语法个性。划分副词次类，目的就是要更好地认识副词内部所具有的不同现象，更好地阐述这个词类的共性和内部

①齐沪扬，张谊生，陈昌来．现代汉语虚词研究综述[M]．合肥：安徽教育出版社，2002：25.

②冯成林．试论汉语时间副词和时间名词的划分标准——从"刚才"的词性谈起[J]．语言教学与研究，1980（2）：90-98.

③杨荣祥．近代汉语副词研究[M]．北京：商务印书馆，2005：13.

相互之间的差异及其对有关语法现象的影响，从而更好地论证各副词的特征，以有助于全面深入地阐述语言结构的有关规律”①。

但对副词进行再分类并不是一件容易的工作，吕叔湘（1979）曾指出：“副词的内部需要分类，可是不容易分得干净利索，因为副词本身就是个大杂烩。”② 在副词分类这个问题上，陈承泽（1922）分 3 类，黎锦熙（1924）分 6 类，王力（1943）分 8 类，张志公（1959）分 6 类，丁声树（1961）分 5 类，赵元任（1979）分 9 类，吕叔湘等（1980）分 8 类，朱德熙（1982）分 4 类，胡裕树（1979）、黄伯荣和廖序东（1991）以及北京大学（1991）的《现代汉语》教材均分 6 类。以上各种分类，一般都采取了意义的标准，但这种分类难于避免主观，因此分出的类别还是有很大的差异。

对于以上分类的不一致，杨荣祥（1999）指出：“副词词类的划分，仅仅以语义为标准是不够的，还应该从功能方面分析各次类特征。也就是说，要结合语义和功能两方面的特点，互相渗透，互为印证，以确定各个副词应归入哪个次类。”③ 据此，他将副词分为 11 个次类。几乎同时，张谊生（2000b）也认识到“仅仅以语义为标准是不够的，还应该兼顾功能、分布、位序等各方面的特征”④，“副词的分类标准应该以句法功能为主要标准，以相关意义为辅助标准，以共现顺序为参考标准”⑤，并据此将现代汉语副词分为三个大类：描摹性副词、限制性副词和评注性副词。赖先刚（2000）从结构和语义角度将现代汉语副词分为词族副词和非词族副词两类。李泉（2002）从分布的角度将副词分为程度副词、否定副词、关联副词和情态副词四类，其中情态副词又包括范围、语气、时间、方式四个小类。张亚军（2002）则显然受了认知语言学的影响，将其划为典型副词和非典型副词。以上标准的运用，丰富了词类划分的方法，扩大了研究的视野。

对此，我们同意并采取杨荣祥和张谊生的分类原则，即在以语义为标准分类的基础上，找出各次类在功能特征方面的共性以及它们对有关语法格式的制约作用，从而证明所作分类的合理性。

---

①唐贤清.《朱子语类》副词研究[D]. 长沙：湖南师范大学博士学位论文，2003.

②吕叔湘. 汉语语法分析问题[M]. 北京：商务印书馆，1979：36.

③杨荣祥. 现代汉语副词次类及其特征描写[J]. 湛江师范学院学报，1999（1）：78-86.

④张谊生. 现代汉语副词的性质、范围与分类[J]. 语言研究，2000b（2）：51-63.

⑤张谊生. 现代汉语副词的性质、范围与分类[J]. 语言研究，2000b（2）：51-63.

第三节　北京话副词的分类

根据北京话副词的特点和语义特征与功能特征相结合的副词划分原则，同时参照前人和时贤已取得的分类成果，我们将副词分为六大类：范围副词、程度副词、时间副词、情状方式副词、语气副词、否定副词。共统计出 781 项。每一大类又根据实际情况，贯彻运用语义特征与功能特征相结合的划分原则，再分为若干小类。下面，我们就对六大类副词分别加以论述。

一、范围副词

范围副词是对主语（施事者）或宾语（受事者）与谓语发生关系时的范围、数量或动作行为、性质、状态的范围、数量进行总括、限定或统计的副词。我们按照语义、语义指向、被修饰对象和语法功能的不同，又将其分为三类，共有 72 项。

（一）表总括

这类副词的语义特征是表示总括、一律，没有例外。

其语法功能是主要修饰动词性谓语（VP）、形容词性谓语（AP）、名词性谓语（NP）和句子形式（S），有时也能修饰数量名结构（NumP）。总括对象一般都位于总括范围副词之前。其语义大多指向主语，但有时也指向其他对象，如状语、兼语、宾语或谓语所表示的性质状态本身等。

在我们考察的三部语料（《红楼梦》《儿女英雄传》《正红旗下》，后简称为《红》《儿》《正》）的北京话副词系统（1750—1950）中，表示总括的范围副词主要有 44 项，列表如下：

表总括范围	著作		
	红楼梦（词频）	儿女英雄传（词频）	正红旗下（词频）
备	5	0	0
比比	1	0	0

续表

表总括范围	著作		
	红楼梦（词频）	儿女英雄传（词频）	正红旗下（词频）
毕	2	1	0
遍	3	1	0
处处	4	5	1
大半	2	3	0
大抵$_1$	1	1	0
大概$_1$	9	11	0
大都	0	1	0
大凡	2	20	0
大略$_1$	0	4	0
到处	1	4	6
都$_1$	1076	724	218
凡	97	18	2
凡是	1	23	1
概	0	1	2
共	73	11	1
共总$_1$	6	1	0
浑	1	0	0
皆	374	38	3
尽$_1$	18	22	1
尽皆	1	0	0
尽情$_1$	2	3	0
尽行	2	0	0
俱	77	13	0
另	96	74	5

续表

表总括范围	著作		
	红楼梦（词频）	儿女英雄传（词频）	正红旗下（词频）
另外	16	2	0
全	86	51	25
全然	3	2	0
随处	0	1	0
通	7	0	0
通共	18	29	0
通盘	0	2	0
通同	1	2	0
统	0	1	0
统统	0	0	1
无非	4	20	0
悉	10	1	0
悉皆	5	0	0
咸	1	1	0
一概	58	18	0
一共	17	7	0
在在	1	0	1
总$_3$	27	12	0

（二）表限定

这类副词在语义上表示对事物范围、数量或动作行为的限定，并且均位于限定对象之前。

其语法功能是主要修饰动词性谓语（VP）和数量名结构形式的谓语（NumP），修饰 NumP 时，Nump 所含的数量可以大于“一”，也可以是“一”，是“一”的时候可以隐含不现。一般不修饰形容词性谓语（AP），也不能修饰句子形式（S）。

其语义指向既可以是谓语动词本身，表示主语只施行某种动作行为而不做别的，也可以指向句子的宾语，表示对谓语所施及的宾语的数量上的限定，还可以指向句子的主语，直接用在主语的前面，而且主语必须是NumP。

表示限定的范围副词主要有23项，列表如下：

表限定范围	著作		
	红楼梦（词频）	儿女英雄传（词频）	正红旗下（词频）
不过	388	181	13
才$_2$	92	185	17
单$_2$	76	19	0
单单$_1$	0	1	0
单管	1	0	0
但	117	43	0
但只	26	0	0
独$_1$	69	22	3
独独	0	1	0
独自	0	1	0
光	0	1	6
仅	4	3	0
净	0	4	0
偏$_1$	12	0	0
惟（唯）	24	20	0
惟有	17	6	0
无过	0	2	0
直$_1$	5	8	1
止	11	65	0
只	2864	2031	86

续表

表限定范围	著作		
	红楼梦（词频）	儿女英雄传（词频）	正红旗下（词频）
只是	74	41	10
只有	114	86	18
左不过	5	0	0

（三）表类同

这类副词在语义上表示相类同。

其语法功能是修饰动词性谓语、形容词性谓语、名词性谓语、数量名结构。一般不能修饰句子形式。

其语义指向既可以是主语、宾语、处置对象和整个谓语，可以是位于其前的句法成分，也可以是位于其后的句法成分。

表示类同的范围副词主要有 5 项，列表如下：

表类同范围	著作		
	红楼梦（词频）	儿女英雄传（词频）	正红旗下（词频）
也$_1$	2741	2108	307
也自	7	9	0
亦	305	37	0
亦复	1	0	0
亦自	2	0	0

二、程度副词

程度副词是表示性质状态或某些动作行为所达到的各种程度的副词。其语义特征表示性质状态的程度或某些动作行为的程度。

在现代汉语中，程度副词一般可以修饰单个形容词（主要是性质形容词），还可以修饰助动词、部分心理动词和某些具有特定语义特征的名词。

此外，“具有性状义的动词和动词短语也都可以受程度副词的修饰”①。所以，朱德熙（1982）曾指出：“程度副词的语法功能是修饰形容词以及少数动词和述宾结构（很有本事，非常听话，太不懂事）。”而在近代汉语中，程度副词修饰动词所受到的限制较少，可以比较自由地修饰动词性结构，少数还能修饰充当谓语的名词性谓语。

“不同的程度副词，除了语义上表示的程度有差别外，语法功能也不完全一样。”② 我们根据前人时贤的研究和副词所表程度的不同，将北京话中的程度副词为三类：表强度、极度，表比较度，表微度、弱度。共有 78 项。

（一）表强度、极度

这类副词在语义上表示程度很高、过甚或至极，在句法结构中主要修饰形容词，有时也修饰部分特定的动词或动词性结构。这类副词共有 44 项，列表如下：

表强度、极度	著作		
	红楼梦（词频）	儿女英雄传（词频）	正红旗下（词频）
不胜	7	5	0
大	481	367	93
大大	4	14	0
大为	0	1	1
顶	1	2	8
非常	22	7	25
分外	3	1	1
格外	0	7	1
过	19	39	4
过于	16	22	1
过逾	0	3	0
好	63	86	13

①张谊生. 现代汉语副词探索[M]. 上海：学林出版社，2004：3.
②朱德熙. 语法讲义[M]. 北京：商务印书馆，1982：196.

续表

表强度、极度	著作		
	红楼梦（词频）	儿女英雄传（词频）	正红旗下（词频）
好不	10	29	10
好生	4	8	0
何其	2	1	0
很（狠）	121	68	137
极	154	61	27
极其	4	3	3
极是	3	0	0
极为	0	0	1
尽$_2$	0	7	0
绝$_1$	2	12	0
可煞	0	6	0
酷	5	1	0
老	3	8	0
老大	0	6	0
良	0	18	0
颇$_1$	4	15	16
颇为	0	2	8
煞	0	15	0
深	51	21	1
深为	7	1	0
甚	82	43	0
甚是	5	0	0
十分	116	73	25
太	132	16	15

续表

表强度、极度	著作		
	红楼梦（词频）	儿女英雄传（词频）	正红旗下（词频）
忒	14	10	0
特$_1$	3	1	1
挺	0	10	3
相当	0	0	15
异常	13	5	0
最	121	61	50
最是	16	7	0
最为	1	2	1

（二）表比较度

这类副词在语义上表示程度的加深，在句法结构中既可以修饰形容词性谓语，也可以修饰动词性谓语。这类副词共有 19 项，列表如下：

表比较度	著作		
	红楼梦（词频）	儿女英雄传（词频）	正红旗下（词频）
更$_1$	203	86	48
更加	6	15	4
更是	1	24	0
更为	2	0	0
更自	0	1	0
较	0	3	5
较比	0	0	4
一发$_1$	2	0	0
益发	19	53	0
益加	0	7	0

续表

表比较度	著作		
	红楼梦（词频）	儿女英雄传（词频）	正红旗下（词频）
尤	0	2	0
尤其	0	26	0
愈	14	10	0
愈发	1	0	0
愈加	2	0	0
越	15	89	80
越发	165	24	0
越加	0	2	0
越益	0	1	0

（三）表微度、弱度

这类副词在语义上表示程度轻微，在句法结构中一般修饰形容词、动词谓语。共有 15 项，其中 2 项（稍微、略微）未在表中表述。

表微度、弱度	著作		
	红楼梦（词频）	儿女英雄传（词频）	正红旗下（词频）
略	94	27	1
略略	4	11	0
略为	0	2	0
颇$_2$	4	7	0
颇颇	1	9	0
稍	19	7	6
稍加	2	0	2
稍稍	0	1	2
少	8	8	0

续表

表微度、弱度	著作		
	红楼梦（词频）	儿女英雄传（词频）	正红旗下（词频）
少微	0	1	0
微	13	8	6
微微	5	4	1
些微	3	4	0

此外，还有“稍微”“略微”。这两个词虽然在三部著作中没有出现，但是在这一时期的北京话中确实存在。例如：

就是地上的一根麻绳，他也乐意拾起来，即使没用，还能【稍微】安慰他一下，至少他手中有条麻绳，不完全是空的。（老舍《骆驼祥子》）

或者他自己也【略微】知道点这个情形，所以把衣服裁缝得极讲究，还随时的做出许多灵动的身段，要用风度补救姿色上的缺陷。（老舍《蜕》）

三、时间副词

时间副词是副词系统中一个较大的次类，它是表示动作发生的时间及与时间有关情况的副词，其语义特点就是表示“时间观念”①，其功能特征是都能修饰动词或动词性结构，除表“持续”义的小类外，一般都不能修饰纯粹的形容词或形容词性结构，有些小类还可修饰句子形式和数量名结构。在句法结构中，时间副词既可以放在谓语之前，也可以放在谓语之后，有时还可以放在句首。

我们根据语义和功能两方面的差别，并参照前人时贤的研究成果，将时间副词分为 10 个小类进行分析。时间副词共有 199 项。

（一）表过去、已然

这类副词在语义上表示过去，指动作行为或情况在说话之前或某一特定时间之前已发生、存在或完成。

语法功能上，此类副词一般只修饰动词性谓语，少数偶尔修饰形容词性谓语，但这时形容词谓语一定是表示某种变化或过程。共有 21 项，列表

①王力. 中国现代语法[M]//王力. 王力文集（第二卷）. 济南：山东教育出版社，1985：193.

如下：

表过去、已然	著作		
	红楼梦（词频）	儿女英雄传（词频）	正红旗下（词频）
尝	1	1	0
既	19	7	38
既已	4	0	0
皆曾	1	0	0
也曾	31	23	0
业经	2	0	0
业已	3	0	0
已	571	289	33
已经	93	104	27
已然	0	0	1
已是	15	25	2
已早	3	0	0
已曾	1	0	0
亦曾	9	0	0
预先	6	70	0
早	187	409	4
早就	5	42	2
早已	75	66	4
曾	40	118	3
曾经	1	75	2
曾也	1	0	0

（二）表现在、进行

这类副词在语义上表示动作行为发生在说话的当时或说话的时候动作正在进行。

在语法功能上，此类副词一般只修饰动词性谓语。共有6项，列表如下：

表现在、进行	著作		
	红楼梦（词频）	儿女英雄传（词频）	正红旗下（词频）
正$_2$	183	117	9
正然	1	1	0
正当	0	0	0
正是$_2$	16	26	2
正在	6	74	4
正自	19	1	0

（三）表将来、未然

这类副词在语义上表示动作行为或情况将要进行或出现。

在语法功能上，此类副词一般只修饰动词性谓语。共有21项，列表如下：

表将来、未然	著作		
	红楼梦（词频）	儿女英雄传（词频）	正红旗下（词频）
不日	3	4	0
而后	0	0	17
刚要	8	0	4
将$_1$	21	16	1
将近	2	12	0
将要	1	9	0
将欲	1	0	0
就好	1	2	0
就要	23	65	1
堪堪	2	0	0
看看	2	11	0

续表

表将来、未然	著作		
	红楼梦（词频）	儿女英雄传（词频）	正红旗下（词频）
快$_2$	4	6	5
临时	2	4	1
然后	100	69	9
想要	3	24	0
眼见	2	0	0
眼看	1	4	1
眼前	1	0	0
欲待	1	6	0
正待	1	16	0
指日	0	2	0

（四）表短时、突发、迅疾

这类副词在语义上表示动作行为或情况在很短的时间内发生或出现。

在语法功能上，此类副词主要修饰动词性谓语，少数还能修饰句子形式。共有64项，列表如下：

表短时、突发、迅疾	著作		
	红楼梦（词频）	儿女英雄传（词频）	正红旗下（词频）
匆匆	0	22	0
匆忙	0	1	1
当下	63	57	0
登时	29	68	0
兜的	1	4	0
顿	2	5	0
俄	2	2	0

续表

表短时、突发、迅疾	著作		
	红楼梦（词频）	儿女英雄传（词频）	正红旗下（词频）
俄而	1	0	0
赶紧	0	19	24
赶快	0	0	4
赶忙	7	0	0
忽	255	26	4
忽的（地）	0	2	0
忽而	0	8	0
忽然	45	124	16
及时	1	0	2
即$_1$	31	1	1
即便	2	1	0
即刻	24	5	0
即忙	3	1	0
即时	12	0	0
即行	1	1	0
亟	0	1	0
急急	2	12	0
急忙	8	2	8
急切	0	3	3
急切里	0	5	0
疾忙	1	0	0
就便	1	12	0
遽	1	1	0
快$_1$	298	104	6

续表

表短时、突发、迅疾	著作		
	红楼梦（词频）	儿女英雄传（词频）	正红旗下（词频）
快快	6	12	1
冷不防	1	5	1
立	11	6	0
立地	0	5	0
立刻	29	52	3
连忙	118	190	0
马上	1	1	22
忙忙	41	55	0
猛	5	2	0
猛地	0	0	1
猛可	1	3	0
猛可里	0	2	0
猛然	7	2	0
猛然间	0	1	0
蓦	0	2	0
霎时	0	6	0
霎时间	0	5	0
倏尔	4	0	0
倏忽	1	0	0
倏然	1	0	0
随即	0	15	0
托地（的）	0	3	0
旋	2	1	0
旋即	0	2	0

续表

表短时、突发、迅疾	著作		
	红楼梦（词频）	儿女英雄传（词频）	正红旗下（词频）
一旦	6	1	0
一时	31	83	3
一时间	0	7	0
一下子	1	3	3
早早	2	7	0
骤然	1	0	0
转瞬	0	1	0
转眼	3	10	0
转眼间	3	3	0

（五）表持续、不变、时长

这类副词在语义上表示动作行为持续或长时间内经常进行，某种情况持续存在，或事物持续、长时间内保持某种性质状态不变。

在语法功能上，此类副词除了修饰动词性谓语外，还可以比较自由地修饰形容词性谓语。但它们一般都不能修饰瞬间动词。共有 42 项，列表如下：

表持续、不变、时长	著作		
	红楼梦（词频）	儿女英雄传（词频）	正红旗下（词频）
从此	32	26	2
不住	4	26	6
从来	31	40	2
还自	2	1	0
久久	0	0	1
刻刻	0	4	0
历来	3	0	0

续表

表持续、不变、时长	著作		
	红楼梦（词频）	儿女英雄传（词频）	正红旗下（词频）
连连	7	34	2
连日	20	11	0
连夜	10	13	0
连着	0	1	1
陆续	2	1	1
仍	107	28	1
仍待	0	1	0
仍复	4	0	0
仍旧	23	3	0
仍然	1	1	3
仍是	28	6	0
时刻	1	5	0
始终	0	17	6
素来	0	9	0
素日	164	9	0
素昔	4	0	0
素习	24	0	0
向	2	1	1
向来	1	46	4
一连	9	17	0
一向	14	27	2
一直	22	84	5
依旧（就）	5	12	0
依然	2	92	2

续表

表持续、不变、时长	著作		
	红楼梦（词频）	儿女英雄传（词频）	正红旗下（词频）
永远	4	5	7
犹	82	10	0
犹自	1	0	0
照常	0	2	0
照旧	4	13	1
照例	1	7	0
直$_3$	59	89	13
至今	5	8	3
自来	9	16	0
总$_1$	37	48	28
总是	8	11	22

（六）表逐渐、渐次

这类副词在语义上表示动作行为或状况缓慢而又不间断地进行或出现。

在语法功能上，此类副词一般修饰动词性谓语，也可以修饰形容词性谓语，但这时，形容词性谓语表示变化。还可以修饰表时间的名词性谓语，但这时名词性谓语也表示变化。共有 5 项，列表如下：

表逐渐、渐次	著作		
	红楼梦（词频）	儿女英雄传（词频）	正红旗下（词频）
渐	26	6	1
渐次	11	3	0
渐渐（儿）	35	25	3
日渐	1	0	0
逐渐	0	0	6

（七）表不定时

这类副词在语义上表示时间的不确定、不定时。

在语法功能上，此类副词主要修饰动词性谓语和句子形式，一般不能修饰形容词性谓语、数量名结构。共出现6项，列表如下：

表不定时	著作		
	红楼梦（词频）	儿女英雄传（词频）	正红旗下（词频）
偶	36	5	0
不时	12	3	0
偶尔	0	0	2
偶然	27	30	6
有时	17	4	0
早晚	1	4	0

（八）表暂且、权且

这类副词一般只能修饰动词性谓语，在语义上表示动作行为或状况在短时间内存在或进行，表示动作行为是权宜、临时之策。共有10项，列表如下：

表暂且、权且	著作		
	红楼梦（词频）	儿女英雄传（词频）	正红旗下（词频）
姑	2	3	0
聊	8	1	0
聊复	1	1	0
且	307	162	0
且自	2	12	0
权	6	1	0
权且	1	4	0
暂	31	15	1
暂且	37	19	2
暂时	3	0	0

（九）表初始、初次

这类副词在语义上表示动作行为或事物的发展变化刚刚开始或第一次进行。

在语法功能上，此类副词一般只修饰动词性谓语，少数还可以修饰数量名结构。共有 19 项，列表如下：

表初始、初次	著作		
	红楼梦（词频）	儿女英雄传（词频）	正红旗下（词频）
才$_1$	731	1249	39
才刚	25	2	0
才将	1	0	0
初	8	31	0
方	418	172	0
方才	187	272	0
甫	0	2	0
刚	117	34	12
刚才	13	0	4
刚刚	4	52	7
将$_2$	3	34	0
将才	0	6	0
将将	0	2	1
将然	0	1	0
恰才	0	1	0
始	7	5	0
适$_1$	4	0	0
乍$_1$	2	7	0
乍乍	1	0	0

（十）表最终、终竟

这一小类副词在语义上表示某种动作行为或情况最终发生、进行或某种结果最终出现。

在语法功能上，此类副词一般主要修饰动词性谓语和句子形式。共有5项，列表如下：

表最终、终竟	著作		
	红楼梦（词频）	儿女英雄传（词频）	正红旗下（词频）
竟$_3$	37	14	0
终	29	16	0
终归	2	1	0
终久	20	0	0
终是	16	1	0

四、情状方式副词

情状方式副词是表示动作行为进行的方式、形式、手段（如“递相”“共同”“互相”“单独”“分别”“逐一”等），或进行时的情景状态（如“暗自”“匆匆”“大肆”“苦苦”“反复”），以及进行后结果的状态（“如白”“白白”“徒然”“枉自”）的副词。

这类副词在整个副词系统里，意义相对来说更具体，也更“实”一些。在语法功能上，此类副词只能用于状语的位置。一般只修饰动词性谓语，一般不能修饰形容词性谓语、句子形式和数量名结构。

在句法结构上，此类副词一般都紧靠动词，语义指向较为单一，即指向被修饰的动词。

根据具体语义的不同，我们又将其分为11个小类。共有172项。

（一）表频率、反复、惯常

这类副词在语义上表示动作状态或行为反复出现和进行，主要有21项，列表如下：

表频率、反复、惯常	著作		
	红楼梦（词频）	儿女英雄传（词频）	正红旗下（词频）
常	92	33	1
常常	12	0	4
从新	6	3	1
反复	1	1	0
复	56	7	0
复又	20	1	0
更$_2$	21	23	0
更又	12	0	0
更自	0	1	0
屡次	0	1	0
屡屡	0	0	1
每常	6	0	0
每每	21	0	2
频	5	1	0
时常	40	10	4
时时	6	0	3
往往	1	15	0
又自	5	0	0
再三	12	17	0
重	7	28	0
重新	0	35	0

（二）表极力、特意、故意

这类副词在语义上表示动作行为是竭尽全力或有意而发的，主要有 37 项，列表如下：

表极力、特意、故意	著作		
	红楼梦（词频）	儿女英雄传（词频）	正红旗下（词频）
百般	30	3	0
备细	2	0	0
趁便	10	1	0
趁机	2	0	0
趁空（儿）	1	1	0
趁势（儿）	11	3	0
趁早（儿）	15	9	0
断$_1$	6	2	0
故意	41	4	3
好好	4	19	2
好生$_2$	76	10	0
狠狠	0	0	5
极力	2	4	0
竭诚	0	5	0
竭力	4	1	0
尽力	6	2	0
尽情$_2$	1	3	0
苦	17	14	0
苦苦	3	27	0
力	1	7	0
偏$_3$	33	5	3
生生	3	5	0
死	5	4	0
死活	7	0	0
特$_2$	33	23	1

续表

表极力、特意、故意	著作		
	红楼梦（词频）	儿女英雄传（词频）	正红旗下（词频）
特地	0	5	0
特特	6	8	0
特为	1	2	0
特意	2	0	0
痛	18	6	0
痛痛	1	5	0
悉心	0	1	0
一力	1	1	0
硬	4	15	0
执意	19	5	0
重重	3	3	0
着实$_2$	7	11	0

（三）表任意、恣意、随意

这类副词在语义上表示动作行为的发出者的态度是任意的、肆意的、随意的。这类副词主要有 14 项，列表如下：

表任意、恣意、随意	著作		
	红楼梦（词频）	儿女英雄传（词频）	正红旗下（词频）
大肆	1	0	0
动辄	0	4	0
胡	88	25	0
胡乱	19	4	0
尽管	0	1	0
尽可	1	4	0

续表

表任意、恣意、随意	著作		
	红楼梦（词频）	儿女英雄传（词频）	正红旗下（词频）
贸然	0	1	0
轻易	7	15	6
任意	11	2	0
随意	9	7	0
听凭	0	1	0
妄	17	13	1
妄自	1	0	0
瞎	8	7	4

（四）表亲自、躬亲

这类副词在语义上表示动作行为由主语本身亲自发出，主要有 6 项，列表如下：

表亲自、躬亲	著作		
	红楼梦（词频）	儿女英雄传（词频）	正红旗下（词频）
亲	28	11	0
亲口	1	2	0
亲身	10	10	0
亲手	0	2	1
亲眼	1	2	0
亲自	64	49	10

（五）表交互、相关

这类副词在语义上表示动作行为以相互轮迭的方式进行，动作具有相关性，主要有 4 项，列表如下：

表交互、相关	著作		
	红楼梦 （词频）	儿女英雄传 （词频）	正红旗下 （词频）
互	1	1	0
互相	6	3	3
厮	23	8	0
相与	5	0	0

（六）表暗自、公然、自然

这类副词在语义上表示动作行为是暗地里或公然、自然而然发出的，主要有 18 项，列表如下：

表暗自、公然、自然	著作		
	红楼梦 （词频）	儿女英雄传 （词频）	正红旗下 （词频）
暗暗	26	0	0
暗地	1	0	0
暗地里	3	7	0
暗自	1	1	0
不禁	36	54	0
不觉（得）	127	55	0
不由	1	4	0
不由的（地）	5	37	10
公然	4	6	0
默	5	16	0
默默	14	12	3
默然	1	9	0
悄地里	0	1	0
悄悄	136	34	0

续表

表暗自、公然、自然	著作		
	红楼梦（词频）	儿女英雄传（词频）	正红旗下（词频）
悄然	1	0	0
窃	5	9	0
三不知	2	0	0
自然	207	215	5

（七）表直接、专一

这类副词在语义上表示动作行为是直截了当、简洁明了或专门、专一、一个劲儿地进行，主要有 18 项，列表如下：

表直接、专一	著作		
	红楼梦（词频）	儿女英雄传（词频）	正红旗下（词频）
从实	0	1	0
剪直	0	4	0
径（迳）	1	3	0
竟$_2$	69	31	0
竟一	2	0	0
就近	1	3	0
就势儿	0	2	0
顺便	7	1	0
顺手	8	4	2
随手	10	12	0
一径	53	1	0
一味	25	9	0
直$_2$	37	41	7
直接	2	1	0

续表

表直接、专一	著作		
	红楼梦（词频）	儿女英雄传（词频）	正红旗下（词频）
只顾	45	31	2
专	39	22	7
专门	0	1	0
专一	0	1	0

（八）表单独、各自、逐一

这类副词在语义上表示两个或两个以上的施事者分别发出动作，或者表示动作行为一个一个地进行，主要有18项，列表如下：

表单独、各自、逐一	著作		
	红楼梦（词频）	儿女英雄传（词频）	正红旗下（词频）
次第	0	3	0
单$_1$	0	5	0
独$_2$	22	12	1
独力	0	0	3
独自$_2$	6	0	6
分别	1	0	0
分头	4	11	0
各	53	37	7
各各	11	0	0
各自	51	9	0
一壁	11	0	0
一壁里	2	0	0
一壁厢	0	4	0
一边	11	17	20

续表

表单独、各自、逐一	著作		
	红楼梦（词频）	儿女英雄传（词频）	正红旗下（词频）
一面	661	218	0
一一	59	46	0
依次	6	0	0
逐一	1	0	0

（九）表徒然、无据

这类副词在语义上表示动作行为没有效果，是枉然的或没有根由的，主要有 15 项，列表如下：

表徒然、无据	著作		
	红楼梦（词频）	儿女英雄传（词频）	正红旗下（词频）
巴巴	14	0	0
白	93	58	12
白白	5	1	0
干	6	8	3
空	15	8	1
空自	1	0	0
平白	2	3	0
平空	4	0	0
凭空	1	3	0
凭空里	0	3	0
徒	5	3	0
枉	20	41	0
枉自	2	0	0
罔	2	3	1
无端	2	33	0

(十) 表齐同

这类副词在语义上表示动作行为是共同进行、一起发出的，主要有 14 项，列表如下：

表齐同	著作		
	红楼梦（词频）	儿女英雄传（词频）	正红旗下（词频）
并$_1$	3	3	2
公同	1	2	0
齐	22	19	0
同	59	72	1
一并	33	8	0
一发$_2$	1	0	0
一块（儿）	2	10	0
一例	3	2	0
一齐	71	27	9
一起	0	3	0
一起一起	4	1	0
一体	1	3	0
一同	29	35	4
一总	2	6	0

(十一) 表恰好、恰巧

这类副词在语义上表示动作行为正好、恰好在某时刻发出，主要有 7 项，列表如下：

表恰好、恰巧	著作		
	红楼梦（词频）	儿女英雄传（词频）	正红旗下（词频）
恰	23	10	0
恰好	14	71	0

续表

表齐同	著作		
	红楼梦（词频）	儿女英雄传（词频）	正红旗下（词频）
恰恰	4	19	0
恰巧	0	15	1
正$_1$	117	202	31
正好	9	17	2
正是$_1$	112	179	3

五、语气副词

语气副词就是用在句中表示各种语气，使句子传递出某种感情色彩的副词，如“毕竟”“定然”“断断”“千万”等。语气副词是副词中最大的一个类。

我们根据所表示的语气不同对语气副词加以分类，将其分为 5 个不同的小类。共有 225 项。

（一）表肯定、强调

这是语气副词中最大的一个小类。这类副词在语义上表示对某一事件或性质状态、属性的肯定或强调。

在语法功能上，这些副词可修饰动词性谓语、形容词性谓语，多数可修饰句子形式，少数能修饰充当谓语的名词性谓语。这类副词主要有 91 项，列表如下：

表肯定、强调	著作		
	红楼梦（词频）	儿女英雄传（词频）	正红旗下（词频）
本	64	92	10
本来	21	8	5
本自	4	0	0
必	118	186	13

续表

表肯定、强调	著作		
	红楼梦（词频）	儿女英雄传（词频）	正红旗下（词频）
必得	8	12	0
必定	45	3	9
必竟	1	0	0
必然	5	0	0
必是	42	7	7
必须	9	3	9
毕竟	0	13	2
并$_2$	172	45	63
不愧	0	2	0
才$_3$	151	294	21
诚	3	4	0
诚然	0	3	0
当然	0	0	11
当真	6	1	0
到（倒）底	129	132	20
的确	0	1	20
等闲	0	10	0
抵死	0	2	0
定	47	67	1
定然	0	2	0
都$_2$	317	179	43
端的	2	7	0
断$_2$	49	114	0
断断	3	27	0

续表

表肯定、强调	著作		
	红楼梦（词频）	儿女英雄传（词频）	正红旗下（词频）
断乎	9	9	0
断然	6	1	0
反正	0	0	9
分明	21	25	3
根本	0	0	5
共总$_2$	0	2	0
固	11	4	0
固然	14	6	2
固是	3	7	0
管	8	5	0
管必	1	0	0
管保	5	15	0
管定	1	1	0
管就	1	0	0
管情	1	1	0
管取	0	8	0
果	61	31	0
果的	0	10	0
果然	129	104	6
果真	17	8	0
横竖	58	15	0
即$_2$	30	19	0
坚决	0	0	3
决	0	1	9

续表

表肯定、强调	著作		
	红楼梦（词频）	儿女英雄传（词频）	正红旗下（词频）
决$_2$	1	35	0
决然	0	1	0
绝对	0	0	10
绝绝（乎）	0	3	0
可不	44	31	1
可是	90	53	23
明	8	5	6
明明	4	6	0
莫不	5	2	0
乃	81	8	0
其实	14	27	0
确	2	2	6
实实	2	1	0
实在	39	57	10
势必	0	2	0
是必	5	2	0
丝毫	0	7	0
索性	3	53	0
特别$_2$	0	0	5
无不	23	18	0
一定	41	124	14
一定说	0	1	0
原本	3	1	0
越性	32	0	0

续表

表肯定、强调	著作		
	红楼梦（词频）	儿女英雄传（词频）	正红旗下（词频）
真	46	80	26
真个	16	25	0
真是	47	28	1
真真（的）	36	28	0
真正	3	3	0
正$_3$	306	382	10
终究	0	2	0
准	0	8	5
准保	0	0	3
准是	1	8	2
着实$_1$	21	14	0
总$_2$	4	11	0
总得	0	6	4
足足	1	1	0
左右	3	11	0

（二）表委婉、揣测

这类副词在语义上表示对某种事件、情况、性质状态或数量进行一种大致的判断或推测，不十分肯定，具有委婉表达的意思。

在语法功能上，此类副词一般都可以修饰动词性谓语、形容词性谓语、句子形式，少数能修饰数量名结构。

这类副词一共有 55 项，列表如下：

表委婉、揣测	著作		
	红楼梦（词频）	儿女英雄传（词频）	正红旗下（词频）
不大	89	36	43
别是	12	3	0
不妨	4	7	0
不免	56	31	0
不要$_2$	0	6	0
差不多	0	1	8
大抵$_2$	1	1	0
大概$_2$	1	28	18
大料	0	3	0
大略$_2$	1	2	0
大似	2	2	0
大约	26	133	1
大致	0	0	2
殆	0	2	0
多半	8	1	1
多分	0	1	0
多少	4	2	3
仿佛	1	6	17
盖	0	5	0
敢	0	1	0
敢怕	0	5	0
敢是	14	29	0
敢则	0	26	0
好像	1	11	0
好一似	1	5	0

续表

表委婉、揣测	著作		
	红楼梦（词频）	儿女英雄传（词频）	正红旗下（词频）
还算	5	7	1
儿	0	1	0
几乎	6	11	19
就许	0	1	0
恐	17	11	0
恐防	0	1	0
恐怕	33	10	7
谅	1	4	0
莫不是	5	7	0
难免	0	12	3
庶	4	1	0
庶乎	0	1	0
庶几	1	0	0
似乎	8	15	47
未必	51	41	0
未尝$_1$	2	4	0
未免	56	37	0
未始	0	1	0
想必	28	2	0
想来	29	25	0
想是	30	27	0
也$_2$	1072	1053	82
也还	25	57	5
也许	0	1	17

续表

表委婉、揣测	著作		
	红楼梦（词频）	儿女英雄传（词频）	正红旗下（词频）
约	10	7	0
约略	0	3	0
约莫	0	15	0
只恐	2	5	0
只怕	118	93	0
总算	0	0	1

（三）表疑问、反诘

这类副词在语义上表示疑问或反问。

在语法功能上，此类副词一般可以修饰动词性谓语，少数能修饰句子形式。这类副词一共有 26 项，列表如下：

表疑问、反诘	著作		
	红楼梦（词频）	儿女英雄传（词频）	正红旗下（词频）
不见得	0	7	2
怪不得	10	2	2
怪道	43	2	0
何必	62	22	3
何不	41	25	0
何尝	21	14	0
何妨	3	2	0
何苦	24	4	0
何消	0	5	0
何须	2	6	0
何以	3	23	0

续表

表疑问、反诘	著作		
	红楼梦（词频）	儿女英雄传（词频）	正红旗下（词频）
何曾	37	13	0
何至	1	4	0
何至于	0	6	0
几曾	2	0	0
究竟	44	74	2
可曾	5	6	0
难道	160	189	7
难怪	1	0	1
岂	81	107	1
岂不	169	126	4
岂非	2	3	0
焉	18	14	0
怨不得	24	0	0
怎好	7	13	0
终不成	2	0	0

（四）表评价

评价语气表示说话人对所诉说的内容表达某种情感或态度，如祈使、感叹、惊讶、侥幸、无可奈何等。这一小类副词多用在祈使句、感叹句中。

在语法功能上，该类副词一般修饰动词性谓语。

这类副词一共有 45 项，其中 1 项（竟然）未在表中表述。

表评价	著作		
	红楼梦（词频）	儿女英雄传（词频）	正红旗下（词频）
不亏	3	16	0

续表

表评价	著作		
	红楼梦（词频）	儿女英雄传（词频）	正红旗下（词频）
单单$_2$	2	6	0
多亏	1	4	2
多么	0	1	29
敢情	1	0	4
好歹	29	5	3
恨不得	12	5	0
恨不能	4	0	1
简直	0	0	1
竟$_1$	211	137	6
竟还	6	5	0
竟是	49	31	0
竟要	4	5	0
竟自	4	15	6
居然	0	6	7
可巧	86	9	0
亏	59	40	0
亏得	0	4	0
亏是	2	1	0
偏$_2$	113	22	0
偏偏	5	28	1
偏生	36	2	0
偏是	7	6	0
千万	22	13	2
切	0	9	0

续表

表评价	著作		
	红楼梦（词频）	儿女英雄传（词频）	正红旗下（词频）
切切	0	11	0
却好	1	0	0
适$_2$	2	5	0
万万	3	2	0
务	5	1	0
务必	6	11	0
务要	2	1	0
险些（儿）	0	16	0
幸	9	6	0
幸得	2	8	0
幸而	39	32	3
幸亏	18	4	0
幸是	0	4	0
幸喜	1	8	0
原来	220	232	8
只得	317	207	0
只好	43	46	19
只索	0	1	0
至少	3	1	8

此外，还有“竟然”。“竟然”虽然在我们考察的语料中没有出现，但在北京话中却是较为常用的副词。例如：

白巡长悔恨自己【竟然】起了杀人的念头，也埋怨自己勇气不足，下不去手。(老舍《四世同堂》)

对我来说，挨一顿打倒不是什么特别不能容忍的羞辱，促使我下决心离

开他的动机是我发现他、一个小人物【竟然】也如此热衷捞功名捞地位，费尽心机往上爬。（王朔《玩的就是心跳》）

（五）表承接或转折

这类副词在语义上表示所在的小句与预期或常情相反，表示前后两项为转折关系，也有的表示顺承、承接关系。

在语法功能上，此类副词一般修饰动词性谓语或形容词性谓语。

这类副词一共有 8 项，列表如下：

表承接或转折	著作		
	红楼梦（词频）	儿女英雄传（词频）	正红旗下（词频）
倒	782	417	12
倒是	122	71	1
可就	10	98	6
却	322	627	12
却倒	6	5	0
却是	68	132	0
却也	23	68	1
殊	13	6	0

六、否定副词

否定副词是副词当中数量最少的一类，它同其他几类副词都存在比较大的差异。它的主要语义特征是表示否定。当然，并不是每个否定副词都表示单纯的否定，其内部构成也是很复杂的。

否定副词的功能特征是都能修饰动词性短语，均不能修饰句子形式和数量名结构。少数表单纯否定的副词也可以修饰形容词性短语，如“不”。

借鉴先贤和时人的分类，从语义和功能相结合的角度，我们将其大体分为单纯否定和禁止否定两大类，共有 34 项。

（一）单纯否定

这类副词在语义上表示对行为或状态的否定，主要有 26 个，列表如下：

表单纯否定	著作		
	红楼梦（词频）	儿女英雄传（词频）	正红旗下（词频）
并非	4	4	0
不	9703	8911	1262
不必	127	178	11
不消	10	32	0
不须	3	13	0
不用	168	125	6
不曾	86	394	1
非	56	41	1
没	371	508	83
没得	2	22	0
没的	41	15	0
没及	0	6	0
没有	46	40	53
没曾	1	0	0
靡	0	1	0
莫$_1$	5	5	0
尚未	34	3	0
未	377	71	4
未尝$_2$	1	8	0
未从	0	10	0
未及	9	3	0
未曾	19	15	0
无	702	814	2
无从	1	14	1
无的	0	3	0
无可	18	19	6

（二）禁止否定

这类副词在语义上表示一种否定的请求、祈使，其功能特征是一般只修饰动词性短词。

该类副词的代表性副词是“别”“莫$_2$”“毋”“勿”“休”，都可以表示劝阻和禁止，大都用于祈使句。

这类副词一共有 8 项，列表如下：

表禁止否定	著作		
	红楼梦（词频）	儿女英雄传（词频）	正红旗下（词频）
别	281	137	29
不要$_1$	58	64	4
莫$_2$	24	78	0
切莫	1	12	0
切勿	2	0	0
毋	0	3	0
勿	0	10	0
休	31	92	0

| 第二章 | 北京话范围副词历时发展（1750—1950）

第一节　“凡”类副词的历时嬗变①

北京话（1750—1950）中的“凡”类副词主要包括“凡”“大凡”“凡是”这 3 个总括副词，下面一一进行论述。

一、副词“凡”

“凡”是“凡”类副词的根词，其他的“凡”类副词都由此词生发、演变而来。副词“凡”是“凡”类副词语法意义和语法功能的主要承担者。《说文解字》：“凡，最括也。”段玉裁注：“（凡）聚括之谓，举其凡，则若网在纲。”其本义为概括之辞、纲要，后由此引申、虚化出副词的用法。先秦时即有用例。例如：

【凡】我国能射御之士，我将赏贵之；不能射御之士，我将罪贱之。（墨子·尚贤下）

《现代汉语虚词例释》（以下简称《例释》）释为：表示在某个范围内无一例外，有“只要是”的意思。句中常用“就”“便”“都”“一律”“没有不”等词语同“凡”呼应。

（一）《红楼梦》

发展到曹雪芹时代，在《红楼梦》（以下简称《红》）中，“凡”的用

①此节部分内容曾以论文形式发表，参见刘冬青. 北京话“凡”类副词的历时嬗变（1750—1950）[J]. 语文学刊，2003（1）：39-47.

例较多，共出现97例。在语法功能上，“凡”主要修饰名词性谓语、动词性谓语，又可以修饰数量名结构和句子形式等。分析如下：

（1）修饰名词性谓语的有57个，约占总数的58.8%。

其中，修饰单纯名词8例，约占名词性谓语总数的14.0%。例如：

谁知上回所表的那位老太妃已薨，【凡】诰命等皆入朝随班按爵守制。（《红》58回）

修饰的字短语的有10例，约占名词性谓语总数的17.5%。例如：

贾母道：“没姓林的来，【凡】姓林的我都打走了。”（《红》57回）

修饰者字短语的有6例，约占名词性谓语总数的10.5%。例如：

如今【凡】作地方官者，皆有一个私单，上面写的是本省最有权有势、极富极贵的大乡绅名姓，各省皆然；（《红》4回）

修饰定中短语的有33例，约占名词性谓语总数的57.9%。例如：

二则现任族长乃是贾珍，彼乃宁府长孙，又现袭职，【凡】族中事，自有他掌管；（《红》4回）

（2）修饰动词性谓语的有21例，约占总数的21.6%。

其中修饰单纯动词的有3例，约占动词性谓语总数的14.3%。例如：

……甚至于叫出“野驴子”来，引的合园中人【凡】听见无不笑倒。（《红》63回）

修饰动词性并列短语的有1例，约占动词性谓语总数的4.8%。例如：

如今这两首诗虽无考，【凡】说书唱戏，甚至于求的签上皆有注批，老小男女，俗语口头，人人皆知皆说的。（《红》51回）

修饰动宾短语的有17例，约占动词性谓语总数的81.0%。例如：

此回中【凡】用“梦”用“幻”等字，是提醒阅者眼目，亦是此书立意本旨。（《红》1回）

（3）修饰数量名结构的仅有1例，约占总数的1.0%。例如：

窃思女儿自临浊世，迄今【凡】十有六载。（《红》78回）

（4）修饰句子形式的有18例，约占总数的18.6%。

其中，修饰主谓句的有10例，约占句子形式总数的55.6%。例如：

雨村拍案笑道：“怪道这女学生读至【凡】书中有‘敏’字，皆念作‘密’字，每每如是；……”（《红》2回）

其他形式的小句共8例，约占句子形式总数的44.4%。例如：

【凡】堆山凿池，起楼竖阁，种竹栽花，一应点景等事，又有山子野制

度。(《红》16回)

由此可以看出,《红》中的范围副词“凡”具有较强的组合能力,可以修饰动词性谓语、名词性谓语、数量名结构以及句子形式,其中,以修饰动词性谓语与名词性谓语居多,而修饰数量名结构很少。在语义上,“凡”都后指总括的对象,并使句子成分之间、分句与分句之间的联系更加紧凑,并“将句首成分话题化”①。

从在句中所出现的位置来看,出现在句首出现的“凡”有63例,约占总数的65.0%;出现在句中位置的“凡”有34例,约占35.1%,两者比例接近2∶1。

一般“凡”后面要有“皆”“都”“总”“俱”“个个”“一总”“一概”“一并”“莫不”“未有不”“只”“便”等词与其相呼应,表示总括的情形。有呼应的有71例,约占73.2%;没有呼应的有26例,约占26.8%。其中,“凡”与“都”“皆”呼应的最多,分别有25例和18例,分别占有呼应总数的35.2%和25.4%。对于“都”与“皆”的关系,杨荣祥(2005)曾指出:“总括副词‘都’从东汉产生后,随着汉语的发展演变,它的使用频率逐渐增高,而其他总括副词则与之相反,使用频率逐渐降低。到了元代,唐代以前那些比较常用的总括副词,几乎都已经衰落,而‘都’成了最常用的总括副词。可见,‘都’的兴起,对整个总括副词的兴衰消长是起着决定性作用的。”② 这个结论,大体是没问题的,而且在《红》中,“都”出现了1076例,而“皆”仅有374例。但在小范围的具体考察中,在与“凡”搭配,构成“凡……都……”和“凡……皆……”句型中,二者的比例为25∶18,应该说是相差无几的。

(二)《儿女英雄传》

发展到文康时代,“凡”的用例大幅度减少,在《儿女英雄传》(以下简称《儿》)中只有18例。“凡”的语法意义和功能没有发生大的变化,修饰动词性谓语与名词性谓语仍是其主要语法功能,偶尔用于修饰数量名结构,但未出现修饰句子形式的例子。分析如下:

(1)修饰动词性谓语的共4例,约占总数的22.2%,都为动宾短语。例如:

①熊迎辉.《齐民要术》中的副词“凡”[J].井冈山学院学报,2008,29(4):49-51.

②杨荣祥.近代汉语副词研究[M].北京:商务印书馆,2005:316.

学海八年出就外敷，五十成名，其间读书四十余年，【凡】遇古人豪侠好义事，辄心向往之，而窃以生今之世闻其语而未尝一见其人为憾。（《儿》39回）

（2）修饰名词性谓语的有12例，约占总数的66.7%。

其中，修饰代词“此”的有1例，约占名词性谓语用例的8.3%。例如：

【凡】此皆不足为公荣，所喜免此万里长征，洵为眼前一大快事！（《儿》40回）

修饰者字短语的有3例，占名词性谓语用例的25.0%。例如：

所以【凡】有志科甲者，既中了举，那进士中与不中虽不可预知，却不可不预存个必中之心，早尽些中后的人事。（《儿》36回）

修饰定中短语的有8例，约占名词性谓语用例的66.7%。例如：

会女母氏又见背，有岌岌焉不可终日势，【凡】货财筋力之礼，翁悉锐身任之。（《儿》39回）

（3）修饰数量名结构的有2例，约占总数的11.1%。例如：

计女得翁以获安全者，【凡】三年八月有奇。（《儿》39回）

就出现的句法位置来说，其中在句首出现的“凡”有14例，约占77.8%；句中出现的有4例，约占22.2%，两者比例接近4∶1。“凡”的后面也有“都”“皆”“一概”“总是”“多”等词以相呼应。有呼应的有14例，约占77.8%；没有呼应的有4例，约占22.2%。其中“凡”后接“都”的有5例，约占有呼应总数的35.7%；后接“皆”的仅有1例，约占有呼应总数的7.1%。例如：

【凡】此皆不足为公荣，所喜免此万里长征，洵为眼前一大快事！（《儿》40回）

两者比例约为5∶1。至此，我们可以较为保险地说，“都”全面超越了“皆”，成为最常用的总括副词。

（三）《正红旗下》和《老舍合集》

发展到老舍时代，“凡”使用的数量进一步减少，语法功能发生了一些变化。分析如下：

《正红旗下》（以下简称《正》）中“凡”仅见2例，都是修饰名词性谓语，其中一例有“必”呼应。例如：

①除了我大姐没有随便赊东西的权利，其余的人是【凡】能赊者必赊之。（《正》2回）

②我年轻的时候，【凡】事用不着婆婆开口，该作什么就作什么！（《正》4回）

“凡”在《老舍合集》（以下简称《老》）中出现37例，虽然绝对数量比《儿》中的18例多了一倍多，但是，由于《儿》是总数约55万字的小说（18∶55≈33.0%），而《老》的总字数却有160万字（37∶160≈23.0%），约为《儿》的3倍。因此，相对来说，《老》中“凡”的用例还是比《儿》大约减少10个百分点。

在语法功能上，与《红》《儿》不同的是，《老》中的“凡”全部修饰名词性谓语。

其中，修饰单纯名词的有27例，约占总数的73.0%，其中修饰名词“事”，组成“凡事”有25例，约占单纯名词总数的92.6%，约占所有用例的67.6%。例如：

【凡】事总要彼此商量，才有前途！（老舍《春华秋实》）

正因为“凡事”有如此高的“复呈率”，我们认为它出现了词汇化的倾向，正在由短语慢慢凝固成词。

修饰定中短语的有3例，约占8.0%。例如：

……我不用说是谁的发动，【凡】男女的事，除了强占外，很少有不是双方凑合的。（老舍《赵子曰》）

修饰的字短语的有4例，约占11.0%。例如：

依着她的辩证法，【凡】作媒人的还得附带立个收养所。（老舍《离婚》）

修饰者字短语的有3例，约占8.0%。例如：

在他的眼中，【凡】为姑娘者必有个相当的丈夫，【凡】为小伙子者必有个合适的夫人。（老舍《离婚》）

在句法位置上，出现在句首的“凡”有30例，约占总数的81.0%；出现在句中的“凡”仅有7例，约占18.9%。两者的比例约为4∶1。而且“凡”的后面大多有“都”“全”“必”“永”“应当”“概不”“总”“必须”与其相呼应，组成“凡……都……”“凡……全……”“凡……总……”等格式，共有26例，约占总数的70.3%；没呼应的有11例，约占总数的29.7%。

（四）结论

通过以上分析，我们可以得出以下结论：

（1）中国社会科学院语言研究所古代汉语研究室编著的《古代汉语虚词词典》（以下简称《古虚》）将“凡”在上古汉语作范围副词的用法列为四

个义项，分别可以修饰名词性谓语、名词或名词性短语、动词（表动作次数总和）、动词（表示所述事实按照规律或经验会是怎样或应该怎样）。[①] 熊迎辉（2008）将其概括为两个义项[②]：①可表“总共；总计”，如《史记·陈涉世家》：“陈胜王凡六月。”用于数量词之前，在该句中总括时量。②表“皆；一切”，如《诗经·小雅·棠棣》：“凡今之人，莫如兄弟。”修饰名词或名词性词组，总括对象，强调没有例外。熊迎辉在考察了中古时期的著作《齐民要术》后得出结论：“范围副词‘凡’具有较强的组合能力，可以修饰动词VP、名词NP、数量词NumP、形容词AP以及复句的分句，其中以修饰动词VP与名词NP居多，而修饰AP很少。”[③] 在杨荣祥（2005）考察的4部作品中，只有《朱子语类》和《新编五代史平话》出现了“凡”的用法。另外，杨荣祥指出“只修饰数量结构”[④]，并据此将“凡”列为“统计副词”。

在我们的考察中，“凡”基本上保留了其在上中古时的语法功能，尤其是在《红》和《儿》中，“凡”都可以修饰动词性谓语、名词性谓语、数量名结构和句子形式（修饰形容词性谓语的功能却已消失）。但后来发展到老舍时期，“凡”主要集中于修饰名词性谓语这一种功能，修饰动词性谓语、句子形式罕见，而杨荣祥所指出的修饰数量名结构的主要语法功能已基本消失。在我们考察的《王朔合集》中也未见到用例。“凡”后接数量短语的情况，基本上只保留在文言色彩的书面语中。因而，《现代汉语词典》第7版（以下简称《现汉》）作出如下解释：

【凡^2】❶副凡是：～年满十八周岁的公民都有选举权与被选举权。❷副〈书〉总共：不知～几｜全书～二十卷。❸〈书〉大概；要略：大～｜发～

（2）我们在考察当中发现，“凡”主要用于句首位置，在语义上都后指总括的对象。在《红》《儿》《老》中，“凡”在句首和句中的比例分别为2∶1、4∶1和4∶1，而且在《老》中有近70.0%的例句，后接“都”“全”“总”等与之相呼应。因而，我们建议《现汉》中的解释，应该像“大凡”的解释一样，补充一点——“常用于句首，常跟‘总’‘都’‘全’等呼应”。而张斌（2001）主编的《现代汉语虚词词典》（以下简称《现虚》）

①中国社会科学院语言研究所古代汉语研究室编. 古代汉语虚词词典[Z]. 北京：商务印书馆，1999：131-132.

②熊迎辉.《齐民要术》中的副词“凡”[J]. 井冈山学院学报，2008（4）：49-51.

③熊迎辉.《齐民要术》中的副词“凡”[J]. 井冈山学院学报，2008，29（4）：49-51.

④杨荣祥. 近代汉语副词研究[M]. 北京：商务印书馆，2005：419、431.

的释义“用于句首”，又过于绝对，建议也改为“常用于句首”。

二、副词“大凡”

“大凡”为复合虚词，由副词“大”（大体义）和“凡”（“总共”“所有”“凡是”义）复合而成，义为“总的来说”“凡是”“大体上说”等。先秦就有用例。例如：

【大凡】生于天地之间者，皆曰命。(《礼记·祭法》)

这种用法一直沿用至今。

(一)《红楼梦》

发展到曹雪芹时代，“大凡”在《红》中共出现2例，都是修饰名词性谓语。1例用在句首，1例用在句中。语义一般为统摄整个句子，表示总括一般的情形。例如：

①……【大凡】那王公卿相人家的子弟，只一生长下来，暗里便有许多促狭鬼跟着他，得空便拧他一下，或掐他一下，……(《红》25回)

②贾母又命人来吩咐：“以后【大凡】宝玉出门的日子，拿几串钱交给他的小子们带着，遇见僧道穷苦人好舍。”(《红》25回)

(二)《儿女英雄传》

发展至文康时代，“大凡”的用例开始增多，《儿》中共出现了20例。在语法功能上，“大凡”也呈现出多样性的特点，除了能修饰名词性谓语，还可以修饰动词性谓语、句子形式和数量名结构。

(1) 修饰动词性谓语的有5例，占总数的25.0%，均为动宾短语。例如：

书里交代过的，这和尚原是个滚了马的大强盗，【大凡】作个强盗，也得有强盗的本领。(《儿》6回)

(2) 修饰名词性谓语的有6例，占总数的30.0%。

其中，修饰单纯名词的有1例，约占名词性谓语总用例的16.7%。例如：

【大凡】毛竹，都是一头儿粗一头儿细。(《儿》37回)

修饰偏正短语2例，约占名词性谓语总用例的33.3%。例如：

【大凡】主儿贴身儿的东西，全靠咱们当丫头的经心。(《儿》38回)

修饰名词性的字短语的有3例，占名词性谓语总用例的50.0%。例如：

【大凡】作强盗的，敢于拦路劫财，了断不是三个五个，内中有瞭高的、把风的、动手的、接赃的，至少也有二三十个人，岂有大家挤擦在一块子的

理？（《儿》11 回）

（3）修饰数量名结构的有 2 例，占总数的 10.0%。例如：

列公，【大凡】一个人，无论他怎样的理直气壮，足智多谋，只怕道着心病。（《儿》5 回）

（4）修饰句子形式的有 7 例，占总数的 35.0%。例如：

你在这院上当巡捕也不是一年咧，【大凡】到工的官儿们送礼，谁不是绛绣、呢羽、绸缎、皮张，还有玉玩、金器、朝珠、洋表的，怎么这位爷送起这个来了？（《儿》2 回）

这时，“大凡”的主要语法功能已由《红》中单纯修饰名词性谓语为主，转变为主要修饰名词性谓语和句子形式。

“大凡”在句子中出现的位置也表现出一定的差异性。同《红》相比，《儿》中“大凡”出现在句首位置的情况明显增多，有 19 例，占 95.0%；用在句中的仅有 1 例，仅占 5.0%。例如：

原来【大凡】大江以南的朋友见了人，是个见过的，必先叫一声。（《儿》37 回）

同时，“大凡”还开始出现与现代汉语中的用法相一致的现象，即与“都”等总括范围副词相呼应，共有 9 例，占总数的 45.0%。例如：

①【大凡】和尚学的【都】是少林拳。（《儿》6 回）

②【大凡】于礼不合，天下人【都】讲得。（《儿》17 回）

（三）《正红旗下》和《老舍合集》

发展到老舍时代，虽然《正》和《老》中都没有出现“大凡”，但它并未消失，仍存在于现代汉语中，而且位置较为固定，一般只用在句首。例如：

①【大凡】“假革命的反革命”，钻进革命营垒的“蛀虫”，为了爬上高位，总是挂起假面，给自己戴上红帽子，伪装成“左派”，欺世惑众，蛀蚀革命。（冯江《假“旗手”真罪魁》）

②男孩谆谆告诫我，【大凡】栖在这个城市的北佬十有八九不是好鸟。（王朔《玩的就是心跳》）

《现汉》释为：

【大凡】副用在句首，表示总括一般的情形，常跟“总”“都”等呼应：~搞基本建设的单位，流动性都比较大。

《现虚》也指出：“用于句首，……。”

但在我们所考察的现代汉语语料中，也有用于句中的情况，如：

你瞧【大凡】人家有扔筷子扔碗的，没有扔彩电冰箱的就是这道理。（王朔《过把瘾就死》）

因而，我们认为在“大凡”的释义中添加“常用于句首”比较妥当。

三、副词“凡是”

“凡是”是由副词“凡”与判断动词“是”复合而成的。《现汉》解释为“总括某个范围内的一切”。等同于《现汉》中“凡”的第一个义项。《例释》和《现虚》都做如上解释。

以上用法较早的例子见于唐代。例如：

①【凡是】和雇，无不皆然。（韩愈《论变盐法事宜状》，转引自《汉语大词典》，以下简称“《汉大》”）

②一一皆实录，事事无孑遗。【凡是】为善者，闻之恻然悲。（白居易《和答诗十首·和阳城驿》）

后这种用法在明代得到进一步发展。例如：

③你不曾走过冰凌，不晓得；【凡是】冰冻之上，必有凌眼。（《西游记》48回）

④天下【凡是】有钱的人，再没一个不贪财好色的。（《拍案惊奇》卷十八）

“凡是”在明代的使用情况见下表：

副词	著作									
	水	西	金	醒$_1$	警	喻	初	二	型	醒$_2$	总计
凡是	0	2	2	1	0	0	9	9	14	28	65

注：以上语料分别为《水浒传》《西游记》《金瓶梅词话》《醒世恒言》《警世通言》《喻世明言》《初刻拍案惊奇》《二刻拍案惊奇》《型世言》《醒世姻缘传》

从上表可以看出，“凡是”在明代的用例是递增的。

（一）《红楼梦》

发展到曹雪芹时代，“凡是”在《红》中出现的用例却很少，仅有1例，为修饰名词性者字短语。例如：

谁知自从在此住了不上一月的光景，贾宅族中凡有的子侄，俱已认熟了一半，【凡是】那些纨绔气习者，莫不喜与他来往，今日会酒，明日观花，甚至聚赌嫖娼，渐渐无所不至，引诱的薛蟠比当日更坏了十倍。（《红》4回）

我们认为这可能与作者的写作习惯有关。

（二）《儿女英雄传》

发展到文康时代，“凡是”的用例较多，《儿》中共出现23例。语法功能较《红》中丰富得多。

（1）修饰名词性谓语仍然是其主要语法功能，共有13例，约占总数的56.5%。

其中，修饰单纯名词的有1例。例如：

古无“面”字，【凡是】面食，一概都叫作“饼”。（《儿》28回）

修饰名词性并列短语的有1例。例如：

原来他家的规矩，【凡是】婆儿媳妇们，无事都在廊下听差。（《儿》40回）

修饰的字短语的有5例。例如：

一天开开店门，【凡是】落我这店的，无论腰里有个一千八百，以至一吊两吊，都是店家的干系。（《儿》5回）

修饰定中短语的有6例。例如：

……过起日子来，【凡是】出入的银钱，严谨个里外，甚至穿件衣裳的厚薄，吃个东西的冷热，这些事情都算个外场儿。（《儿》40回）

（2）修饰动词性谓语的有4例，约占总数的17.4%。

其中修饰动宾短语的有1例。例如：

……方才插进窗户来的这枝香是枝熏香，【凡是】要使熏香，自己先得备下这桩东西，不然那不自己先把自己熏背了气了吗？（《儿》31回）

修饰状中短语的有1例。例如：

安老爷说：“怎的没有！【凡是】老圈地，都有部颁龙票，那上面东西南北的四至都开得明白。……”（《儿》33回）

修饰由动宾结构组成的并列短语的有2例。例如：

你两个须听我说：【凡是】决大计议大事，不可不师古，不可过泥古。（《儿》33回）

（3）修饰句子形式的有6例，全是主谓结构，约占总数的26.1%。例如：

原来【凡是】师老爷吃烟，不大懂得从烟袋荷包里望外装，都是从那个口袋里捏出一撮子来，塞在烟袋锅儿里。（《儿》37回）

（三）《正红旗下》和《老舍合集》

发展到老舍时代，“凡是”没有发生大的变化，基本保持了《红》《儿》

时期的语法功能。分析如下。

《正》中仅有 1 例，用于修饰定中短语。例如：

【凡是】他不愿明说的地方，他便问一声“啊”，叫客人去揣摩。（《正》10 回）

《老》中出现 49 例。

（1）修饰名词性谓语仍是其主要语法功能，有 46 例，约占总数的 93.9%。

其中又以修饰定中短语和的字短语最为常见，分别有 18 例和 25 例，各占名词性谓语用例的 39.1%和 54.3%。例如：

①在他的心里，【凡是】坐火车去的地方必是很远，无论怎样她也追不了去。（老舍《骆驼祥子》）

②【凡是】上西洋来念书的，都是以宣传中国文化为主，念鬼子书不过是那么一回事。（老舍《二马》）

还可以修饰单纯名词，共有 3 例，约占名词性谓语用例的 6.5%。例如：

王德以为【凡是】老人都可恨，他的父亲因为他说“研究”就打得他脸上开花。（老舍《老张的哲学》）

（2）修饰数量名结构的有 2 例，约占总数的 4.1%。例如：

淑菱，现在是抗战期间，【凡是】一个国民都该以最大的努力，去救亡图存！（老舍《残雾》）

（3）修饰句子形式的仅有 1 例，约占总数的 2.0%。例如：

因此，在他的眼中，【凡是】未婚的人脸上起了几个小红点，或是已婚的眉头不大舒展，必定与婚事有关，而马上应当设法解决。（老舍《离婚》）

四、“凡”类副词小结

“凡”“大凡”“凡是”在我们考察的语料中的频率如下表：

单位：例

副词＼著作	红楼梦	儿女英雄传	正红旗下	老舍合集
凡	97	18	2	37
大凡	2	20	0	0
凡是	1	23	1	49

通过上表，我们可以较为清楚地看出，在曹雪芹时代，北京话“凡”类总括副词的语法功能主要以“凡”来承担，“凡”是以压倒式的优势占据主导地位。“大凡”“凡是”只是一些零散的用例。经过一百年左右的发展，到了文康时代，“大凡”“凡”“凡是”基本上是“三足鼎立”，共同承担了“凡”类副词的语法功能。而到了老舍时代，“大凡”已非常罕见，几近消失,“凡”类副词的成员基本上只剩下“凡”和“凡是”两个。而其中“凡”主要用于书面语，“凡是”则在书面语和口语中都存在。

“凡是”和“凡”的用法基本一致。在《儿》之前，二者都可以修饰动词性谓语、名词性谓语和句子形式，到《老》之时，都未见到二者修饰动词性谓语的用例，主要修饰名词性谓语。不同点在于，“凡”在《红》《儿》中还可以修饰数量名结构，即为《现虚》所列的“凡”的第二义项。同时，《现虚》《现汉》还规定“凡是”只等同于“凡”的第一义项，“所有；一律”义，不修饰数量名结构。“凡是”在《红》《儿》《正》中没有用于修饰数量名结构，但在《老》中却出现了2例（见上文）。

“凡是”的出现一方面是词汇双音化的结果，另一方面也涉及“是”的词尾化问题。志村良治（1984）说：“在副词复合词化的现象中，最活跃的是词尾化。这给副词词汇带来很大的变化。”① 关于“是”作词尾，太田辰夫（1958）在讨论副词时，先介绍了“后缀”，共有“然”“来”“是”“为”“也”“且”“而”“乎”“在”“其”“经”② 11个，关于“是”提到了“还是”“也是”“总是”“却是”“或是”5个，没有提“凡是”。“从整体上看，中古时期‘～自’‘～为’‘～在’‘～地’‘～来’‘～然’‘～经’‘～复’‘～是’等词尾化的现象极为明显。”③

志村良治（1984）说：“与‘～是’有关的词尾化的过程，还不能明确掌握，但中古初期用‘～是’构成的词汇激增。”④ 并列举了《法华经》中的“皆是”“即是”“则是”“乃是”“若是”“实是”“悉是”等，《世说新语》中的“定是”“必是”“正是”“便是”“自是”“直是”“本是”“皆是”“则是”等，《游仙窟》中的“直是”“终是”“实是”“既是”“乃是”“即

---

①志村良治. 中国中世语法史研究[M]. 江蓝生，白维国，译，北京：中华书局，1995：71.

②太田辰夫. 中国语历史文法（修订译本）[M]. 蒋绍愚，徐昌华，译. 北京：北京大学出版社，2003：249.

③志村良治. 中国中世语法史研究[M]. 江蓝生，白维国，译. 北京：中华书局，1995：78.

④志村良治. 中国中世语法史研究[M]. 江蓝生，白维国，译. 北京：中华书局，1995：75.

是”“定是”，杜甫诗中的“应是”“犹是”“自是”“因是”“已是”“会是”“尽是”“俱是”“最是”“只是”“恐是”“疑是”“似是”“知是”“反是”“况是”“岂是”等。

“到了晚唐五代，‘～是’的词尾化倾向愈加发展。”① 志村良治举了“须是”“既是”“自是”“本是”“始是”“合是”“实是”“恰是”“犹是”“好是”“赖是”“幸是”“俱是”“皆是”“共是”“浑是”“应是”“多应是”“总是”“尽是”“全是”“终是”“只是”“还是”“却是”“莫是”“知是”“说是”“为是”“恐是”“便是”“况是”“但是”“早是”“所是”等众多例子，并说明“上面举例的‘～是’当中包括一些还没有完全词化的例子，但可以看出词尾化正是从这样一些‘～是’的习惯用法中发展起来的”②。

对于“是”的语法化和作词内成分的问题，董秀芳（2004）曾指出：“‘是’从历史上看，是从指代词发展为判断词，又从判断词发展为焦点标记。变为词内成分，可以看作是进一步语法化了。因为作为判断词或焦点标记时，‘是’是一个独立的虚词或者说是语法词（grammatical word），变为词内成分之后，其依附性增强；而且在语音上也弱化了：作为词内成分的‘是’一般都读轻声。从语法词发展为词内成分，这符合语法化的一般规律，语法化的一个常见的渐变链条（cline）是：词汇词>语法词>附着形式（clitic）>屈折词缀（inflectional affix），从左到右，语法化程度逐渐加深（Hopper 和 Traugott，1993）。虽然我们在这不能肯定地说‘是’就是一个词缀，但我们可以明确地说‘是’是词内成分，而且其性质在词汇意义极为弱化这一点上与词缀极为相似。”③ 另外，她举了“只是”“总是”“准是”“真是”“别是”“硬是”“也是”“仍是”“怕是”“光是”“老是”“愣是”“倒是”“很是”“说是”等“×是”式双音节副词的例子。

张谊生（2003b）分析了现代汉语中实际上存在五种不同性质的“F是”，并指出“凡是”属于“摹状性 F 是”当中的表范围的副词。④

但是，综观以上几位学者的研究，不是对“凡是”没有关注，就是对其的研究不够深入。下面，我们通过分析一些具体的例子来揭示“凡是”所发

①志村良治. 中国中世语法史研究[M]. 江蓝生，白维国，译. 北京：中华书局，1995：76.

②志村良治. 中国中世语法史研究[M]. 江蓝生，白维国，译. 北京：中华书局，1995：77.

③董秀芳. “是”的进一步语法化：由虚词到词内成分[J]. 当代语言学，2004（1）：35-44，94.

④张谊生. “副+是”的历时演化和共时变异——兼论现代汉语“副+是”的表达功用和分布范围[J]. 语言科学，2003b（3）：34-49.

生的词汇化的过程。

①如今说着姓名，【凡是】人皆总识。(《敦煌变文集·太子成道变文》四)

②【凡是】修行诸弟子，经中唤作善男身。(《敦煌变文集·妙法莲华经讲经文》三)

以上例中，“凡”是副词，“是”是判断词，“凡是”义为“但凡是；只要是”。

①【凡是】富贵贫贱有不当得而得者，皆不处不去。(《朱子语类》卷26《论语八》)

②【凡是】物事，才是有两件，定是废了一件。(《朱子语类》卷91《杂仪》)

此例中的“是”可以看成一个焦点标记，“凡是”仍可以分析为两个词，但也有分析为一个词的可能，这两例可以看作过渡中的例子。

①【凡是】王夫人开口，没有不依的。(《型世言》7回)

②【凡是】做法事、破狱、放斛，都是他主行。(《醒世姻缘传》30回)

以上诸例中“凡是”已变为一个副词，凝固成词。《现汉》也将其收录，释为“总括某个范围内的一切”。

第二节　副词“一概”的历时嬗变

一、“一概”一词产生和发展的过程

关于“一概”的来源，一般词典认为其是由表示总括的同义副词“一”和“概”组成①。谭翠、郑贤章（2006）则认为，情况远非如此简单。他们认为“‘一概’一词的产生和发展过程大致经历了以下几个主要的阶段：

“先秦两汉：一+ 概——偏正结构。此阶段‘一’‘概’仍是两个独立的词。

“魏晋南北朝：一+ 概——‘一概’凝固化的重要环节，既可以用作形容词，也可以用作副词，但都明确了‘一概’这一组合的整体性。

①中国社会科学院语言研究所古代汉语研究室编. 古代汉语虚词词典[M]. 北京：商务印书馆，1999：702.

“唐宋：‘一概’+谓词性成分更为常见，它的主要功能为充当句子成分中的状语，说明‘一概’的副词身份已经确立，最终虚化为一个总括副词。”①

刘红妮（2008a）也曾撰文指出：“‘一概’最初的源结构应该是一个定中关系的偏正短语，‘一’修饰‘概’，表示‘一种器具’。‘概’表示总括的副词义是后来才发展出来的……”②

我们认为以上几位学者的意见是可取的，“一概”并不仅仅是总括同义副词“一”和“概”的简单复合，而是经历了词汇化、语法化的过程。

二、“一概”含义的演变

“概”的本义是指量谷物时刮平斗斛的器具。段注：“概，平斗斛者，概本器名，用之平斗斛亦曰概。凡平物曰杚，所以杚斗斛曰概。”“‘一概’作为定中结构的短语，是由数词‘一’和名词‘概’组成的，最基本的意思是表示‘一种器具’。既是刮平谷物的器具，‘概’的作用就是使相同或不同的谷物每一概的量都相等。被量的事物后来不仅是指谷物，而可以是各种不相同的事物，如玉和石，量可以相同，而本质却是完全不同的两种事物，不是一种同质单位。也就是说在作为短语的‘一概’里，最初只是表示一种关系，整个容器和里面不同质的内容之间而没有‘背景’（ground）和‘图形’（figure）之分，……两者只是一种松散的定中关系。”③ 表示“一种器具”。例如：

同糅玉石兮，【一概】而相量。（《楚辞·九章·怀沙》）④

“概”既然是一种量具，就很自然也很容易引申出“标准”的意义。因而，“一概”在后来的发展中，逐渐具备了“同一标准”的意思。例如：

自古帝王居中州者，政化各殊，赵为奸诈，秦敦信义，岂得【一概】待

①谭翠，郑贤章. 副词“一概、一律”的产生和发展[J]. 淮阴师范学院学报：哲学社会科学版，2006（3）：394-398.

②刘红妮. “一+N”的词汇化与语法化——以“一概”的个案研究为例[J]. 湛江师范学院学报，2008a（1）：86-89.

③刘红妮. “一概”的词汇化、语法化以及认知阐释[J]. 忻州师范学院学报，2008b（3）：52-54.

④谭翠，郑贤章. 副词“一概、一律”的产生和发展[J]. 淮阴师范学院学报：哲学社会科学版，2006（3）：394-398.

之乎！（《资治通鉴·晋穆帝永和十二年》）①

后来由于“一概”经常连用，“概”逐渐丧失其原来表器具的实义，“一概”慢慢地发生了词汇化，由短语凝固成一个表“一样；同样”义的形容词。例如：

至于魏文，遂发【一概】之诏，可谓有识之爽言，非帝者之宏议。（《三国志卷二·魏书二·文帝纪》）

由于“一概”在句法位置上，经常处于状语位置，因而在语法功能上就会趋向于充当状语，语义也不断地抽象、泛化和虚化，逐渐由形容词，发生语法化，进一步虚化为一个副词，表“一律；全都”义。例如：

酒有千斛，肉乃万斤，【一概】均分，食无高下。（《敦煌变文集·伍子胥变文》）

至此，“一概”的副词身份得以确立。

“一概”的主要语法功能是修饰限制动词，用在谓语前作状语。《现汉》释为：“表示适用于全体，没有例外。”

（一）《红楼梦》

《红》中共出现58个“一概”的用例，全部作状语，意义也没有变化。

（1）修饰动词性谓语仍然是其主要语法功能，有56例，约占总数的96.6%。

其中，修饰单纯动词的有25例，约占动词性谓语用例的44.6%。例如：

那宝玉本就懒与士大夫诸男人接谈，又最厌峨冠礼服贺吊往还等事，今日得了这句话，越发得了意，不但将亲戚朋友【一概】杜绝了，而且连家庭中晨昏定省亦发都随他的便了……（《红》36回）

修饰动宾短语的有9例，约占动词性谓语用例的16.1%。例如：

湘莲就将路上所有之事【一概】告诉宝玉，宝玉笑道：“大喜，大喜！难得这个标致人，果然是个古今绝色，堪配你之为人。”（《红》66回）

修饰动补短语的有7例，占动词性谓语用例的12.5%。例如：

小厮们忙至戏房将班中所有的大人【一概】带出，只留下小孩子们。（《红》54回）

修饰连动短语的有1例，约占动词性谓语用例的1.8%：

①谭翠，郑贤章. 副词“一概、一律”的产生和发展［J］. 淮阴师范学院学报：哲学社会科学版，2006（3）：394-398.

姐姐竟带了我回奶奶去，我【一概】应了完事。（《红》61回）

修饰兼语短语的有2例，约占动词性谓语用例的3.6%。例如：

凭你是谁，二爷吩咐的，【一概】不许放人进来呢！（《红》26回）

修饰状中短语的有9例，约占动词性谓语用例的16.1%。例如：

好生照看着他。若有走失逃亡，【一概】和你们算账。（《红》68回）

此外，“一概”还可以先接判断动词“是”，组成“一概是”，然后再修饰其他成分，共有3例，约占动词性谓语用例的5.4%。例如：

后接主谓短语的有2例。例如：

①幸而凤丫头不认得字，不大通，不过【一概是】市俗取笑。（《红》42回）

②那香袋是外头雇工仿着内工绣的，带子穗子【一概是】市卖货。（《红》74回）

后接形容词的有1例。例如：

因此冷眼选了半年，这些女孩子里头，就只你是个尖儿，模样儿，行事作人，温柔可靠，【一概是】齐全的。（《红》46回）

对于“双音副词+是”的形式，董秀芳（2004）曾举了“好像是”“的确是”“仅仅是”“甚至是”“特别是”“首先是”“尤其是”“主要是”“听说是”“据说是”等例子，并重点分析了“好像是”“首先是”“尤其是”“已经是”这4例，认为它们已经完成了词汇化的过程，已变为一个单位，相当于一个副词。①

但我们认为《红》中“一概是”的3例，还是分析为副词“一概”+判断动词“是”这两个独立的单位较为合理。

一方面，因为此时的“是”还是要重读的，主要是起强调作用的判断动词“是”，与董秀芳所举的虚化为词内成分的“是”有本质的不同。例如②：

①一双俊眼，水汪汪的剪水横波，【好像是】泪珠欲落。（清·张春帆《九尾龟》66回）

②【首先是】把工作做好然后再考虑其他问题。

③岑其身【尤其是】归心如箭，无精打采的上了路。（清·吴趼人《糊涂世界》12回）

④住在店里，【已经是】当卖度日，坐吃山空。（清·李宝嘉《官场现形

①董秀芳.“是”的进一步语法化：由虚词到词内成分[J].当代语言学，2004（1）：35-44.

②以下4例，均来自董秀芳（2004）。

记》28回）

以上几例，“好像是”“首先是”“尤其是”“已经是”已经变为一个单位，“是”轻读，已经虚化为词内成分。

另一方面，这也符合董秀芳所得出的“‘双音副词+是’的词汇化也发生在明清以后”① 的结论。

（2）修饰形容词性谓语仅有1例，而且是“一概”与总括范围副词“都”并用后再修饰形容词性谓语，约占总数的1.7%。例如：

东西药料【一概】都有限，只难得“可巧”二字：……（《红》7回）

（3）修饰名词性谓语仅见1例，约占总数的1.7%。例如：

我且养病要紧；便是好了，我也作个好好先生，得乐且乐，得笑且笑，【一概】是非都凭他们去罢。（《红》74回）

句式搭配上，“一概”多接否定句或修饰具有否定、消极意味的词语。此类情况共有54例，约占总数的93.1%。其修饰的具有否定、消极意味的成分，分以下几种情况：

（1）后接单纯否定副词“不”“不能”“没”“没有”“无”等的共有30例，约占总数的51.7%。陈勇（2008）曾指出：“‘一概’主要修饰‘不’类动词，表示对动作行为及情况的概述……”② 例如：

如今敬老爹【一概】不管。（《红》2回）

（2）后接禁止否定副词“别”“不用”等的共有2例，约占总数的3.4%例如：

①惟有我们说了：“【一概】不用送，等要什么再和你们要。”究竟没有要过一次。（《红》59回）

②琴儿和颦儿云儿三个人也抢了许多，我们【一概】都别作，只让他三个作才是。（《红》50回）

（3）后面所接的成分，形式是肯定的，但内涵却是具有否定、消极意味的词语或句子，共有18例，约占总数的31.0%。例如：

①东西药料【一概】都有限，只难得“可巧”二字：……（《红》7回）

②宝玉笑道：“俗说‘随乡入乡’，到了你这里，自然把那金玉珠宝【一

①董秀芳．“是”的进一步语法化：由虚词到词内成分[J]．当代语言学，2004（1）：35-44.

②陈勇．从“一律”和“一概”的语法化历程探求近义副词的异同及原因[D]．西安：陕西师范大学硕士学位论文，2008.

概】贬为俗器了。”（《红》41回）

又见各官宦家，凡养优伶男女者，【一概】蠲免遣发……（《红》58回）

（4）后接成分，形式是肯定的，内涵单独、孤立地看也没有否定、消极意味。但是从篇章语义的角度，结合上下文语境来考察，还是含有否定、消极因素或不期望发生的意思，共有4例，约占总数的6.9%。例如：

惜春便将昨晚之事细细告诉与尤氏，又命将入画的东西【一概】要来与尤氏过目。（《红》74回）

从表面看，“一概”后接的是肯定句，但仔细一分析后发现，这句话出自第74回《惑奸谗抄检大观园　矢孤介杜绝宁国府》。这一回主要内容就是王夫人严令查找十锦春意香袋的出处。“昨晚之事”就是查抄之事，而“入画的东西”即为男女钟情、隐私之物。从全篇来看，这是一件有辱门风的事件，因而“一概”在此也是处在“否定”的大环境中。再如：

因喝命：“唤他干娘来领去，就赏他外头自寻个女婿去吧。把他的东西【一概】给他。”（《红》77回）

同样，从表面来看，这是一个肯定句。但这句话出自第77回《俏丫鬟抱屈夭风流　美优伶斩情归水月》。这时，王夫人正在严厉呵斥芳官，怪罪她调唆宝玉要柳家的丫头五儿，要把她逐出荣府。此时，“一概”也是处在“否定”的大环境中。又如：

黛玉一听此言，李妈妈乃是经过的老妪，说不中用了，可知必不中用。哇的一声，将腹中之药【一概】呛出，抖肠搜肺，炽胃扇肝的痛声大嗽了几阵，一时面红发乱，目肿筋浮，喘的抬不起头来。（《红》57回）

语出第57回《慧紫鹃情辞试莽玉　慈姨妈爱语慰痴颦》。这回是紫鹃故意说与宝玉，林黛玉要回苏州了，宝玉登时如雷劈一般，呆若木鸡。当林黛玉听到宝玉“只怕这会子都死了！”时，将药一口喷出。林黛玉从小多病，一直服药，自然不希望“喷药”事情的发生，因而，“一概”在这里使用是暗合了这种语境。

“一概”后接肯定句的，仅有4例，约占总数的6.9%。例如：

……这些女孩子里头，就只你是个尖儿，模样儿，行事作人，温柔可靠，【一概】是齐全的。（《红》46回）

这与王丽香（2010）的研究是一致的。①

（二）《儿女英雄传》

发展到文康时代，“一概”在《儿》中的用例相对较少，共有 18 例，而且语法功能也较为单一，全都修饰动词性谓语。

其中，修饰单纯动词的有 13 例，约占总数的 72.2%。例如：

骡夫究竟是步行去的、骑了牲口去的？【一概】没管。（《儿》4 回）

修饰动宾短语的有 4 例，约占总数的 22.2%。例如：

其余那些仆妇丫鬟以至张老两口儿，【一概】不知影响。（《儿》23 回）

修饰动补短语的仅有 1 例，约占总数的 5.6%。例如：

……一切无益身心的事，【一概】丢开。（《儿》30 回）

句式搭配上，与曹雪芹时代也有所差异，全部都用于否定句中，没有用于肯定句的例子。例如：

不想你爬在炕上，凡是挨近的针嵛花粉，【一概】不取，只抓了那庙上买的刀儿、枪儿、弓儿、箭儿这些耍货，握在手底下，乐个不住。（《儿》19 回）

（三）《正红旗下》和《老舍合集》

到了老舍时代，情况没有发生大的变化，只是用例更加稀少，《正》文中没有用例，《老》中出现了 10 例，全部用于修饰动词性谓语。

其中，修饰单纯动词的有 8 例，占总数的 80.0%。例如：

文博士看出来，这个大汉除了焦老爷，是【一概】不晓得。（老舍《文博士》）

修饰动宾短语的有 2 例，占总数的 20.0%。例如：

①见上司，出外差，分私钱，升官，【一概】没有他的份儿。（老舍《离婚》）

②对于事情，有的乐观，有的悲观，【一概】没有下落！（老舍《文博士》）

在句式搭配上，老舍时代又与《红》时代有所相似，“一概”后面主要接否定句，有 9 例，占总数的 90.0%；但也有 1 例是后接肯定句，占总数的 10.0%。例如：

想当初，一个寒士中了状元，马上妻财位禄【一概】俱全。（老舍《文

①据王丽香调查研究“一概”句的谓语大都是否定和消极、消减类动词，在她搜集到的 1500 个例句中，这一类的句子共有 1335 例，占 89%。参见王丽香．“一概”的语义功能及句法制约[J]．语言研究，2010（2）：78-81.

博士》）

三、小结

纵观“一概”这200年的发展，修饰动词性谓语，后接否定或消极成分是其主流，就连《现汉》中的用例也是如此：

【一概】过期～作废。

因而，建议《现汉》的释义中应补充：“后多接否定词句，多用于否定、消极语境中。”

“一概”为何经常用于否定环境中？其背后的语言动因又是什么？目前，还未见有人给出分析。我们在此做一些尝试性的工作，以期抛砖引玉。

首先，我们认为这与“一概”的语义功能有很大关系。王丽香（2010）研究指出，“一概”的语义功能跟“都”明显不同。“一概”不是对复数性事物进行加合操作，而是把总括对象看成一个整体，整体中任何元素不管具有什么样的特点都必须受谓语的支配，即“一概”的语义功能是“突显整体、隐没个性”。[①] 而据石毓智（1992）研究，表示极大量的词语多用于肯定句，表示极小量的词语多用于否定句。[②]“一概”所修饰的却恰恰是“一个整体”，是单个范围的单量个体，属于极小量的范畴。因而，“一概”多用于否定句中。

其次，从语言的经济性原则来分析。社会经验告诉我们，从一个纷繁复杂的、由个体组成的整体中抽象出、概括出其共同特征、共同规律，要比直接对其进行否定评价、指出整体不具有哪些特征困难得多，即所谓的“破易立难”！沈家煊（1999）也指出“要做什么事（肯定）总有做不到的可能，而不做什么事（否定）一般没有做不到的可能”[③]。因而，从语言的经济、省力的角度来看，“一概”也倾向用于否定句。

最后，我们还要分析下“一概”中的重要语素“概”的意义。“概”，由“量谷物时刮平斗斛的器具”引申为“准则、标准”，后由此虚化为副词，表示范围，相当于“全”“都”。但与“全”“都”不同的是，副词“概”由于从“准则；标准”虚化而来，因而，其语义早已深深地烙上了“准则；标

①王丽香.“一概”的语义功能及句法制约[J].语言研究，2010（2）：78-81.

②石毓智.肯定和否定的对称与不对称[M].北京语言文化大学出版社，2001.转引自沈家煊.不对称和标记论[M].南昌：江西教育出版社，1999：49.

③沈家煊.不对称和标记论[M].南昌：江西教育出版社，1999：56.

准”义的烙印。因而，在“一概”中，虽然它也是表示“全”“都”义，但是这种“全”“都”是要求“整齐划一”“统一步伐”。但要做到真正的“整齐划一”“统一步伐”是很难的。因此，会像我们第二点提到的那样，“破易立难”，从而倾向于否定的结构。

第三节　“尽”类副词的历时嬗变

“尽”类副词主要包括“$尽_1$”“尽皆”“尽行”“$尽情_1$”等4个。

一、副词“尽”

“$尽_1$”是“尽”类副词的根词，是其语法功能和语法意义的主要承担者。《说文解字》：“尽，器中空也。”由本义引申出“终尽”之义，后虚化为副词。李宗江先生（1999）曾对其虚化过程做了详细考察，在此不再赘述。范围副词“$尽_1$”，先秦时即有用例，如：

周礼【尽】在鲁矣。（《左传·昭公二年》，转引自《古虚》，1999：306）

又如：

遭秦之暴，古帝王乐【尽】亡，惟韶乐独存，舜舞乃此舞也。（《朱子语类·卷7·学一》）

众人【尽】劝道：“死是死了，活的自要安稳过。”（《金瓶梅词话》6回）

（一）《红楼梦》

发展到曹雪芹时代，“尽”在《红》中出现了18例，全部用于修饰动词性谓语。

其中，修饰单纯动词的有12例，约占总数的66.7%。例如：

香菱笑道：“凡红圈选的我【尽】读了。”（《红》48回）

所修饰的动词中，以“述”“知”“有”最为常见，分别有2例、5例、2例，分别约占修饰单纯动词用例总数的16.7%、41.7%和16.7%。

修饰动宾短语的有4例，约占总数的22.2%。例如：

凤姐都一一【尽】知原委，便封了二十两银子与旺儿……（《红》68回）

修饰动补短语的有1例，约占总数的5.6%。此例是“尽”与时间副词

“已”连用，修饰“拆去”。例如：

荣府东边所有下人一带群房【尽】已拆去。(《红》16回)

修饰兼语短语的有1例，约占总数的5.6%。例如：

昨儿因为这里的人得罪了那府的大嫂子，我怕大嫂子多心，所以【尽】让他发放，并不为得罪了我。(《红》71回)

(二)《儿女英雄传》

发展到文康时代，“尽”的用例略有增加，《儿》中共出现了22例。语法功能较《红》也更加丰富。分析如下：

(1) 修饰动词性谓语仍是其主要语法功能，共有21例，约占总数的95.5%。

修饰单纯动词的有12例，约占动词性谓语总用例的57.1%。例如：

像你这等的世家，三妻四妾的【尽】有，也没有甚么“断断不可”的去处呀。(《儿》9回)

其中，有1例是用在成语当中。例如：

那时岂不连你这一半的万苦千辛也前功【尽】弃？(《儿》9回)

与《红》相比，修饰动词的“有”的比例大幅度增加，共有8例，约占单纯动词总数的66.7%；而修饰“知”和“述”的都仅有1例，共占单纯动词总数的16.7%。

修饰动宾短语的有4例，约占动词性谓语总用例的19.0%。其中有1例是修饰“是+名词性短语”结构的。例如：

这些顽意儿【尽】是些雕虫小技，不过解闷消闲。(《儿》18回)

修饰动补短语的有2例，约占动词性谓语总用例的9.5%。例如：

太太道：“还要房子作甚么？那边【尽】办开了。赶到过来，难道不叫他三口儿一处住吗？”(《儿》23回)

修饰状中短语的有3例，约占动词性谓语总用例的14.3%。例如：

圣人说观过知仁，原不【尽】在“党”字上讲。(《儿》12回)

(2) 修饰形容词性谓语的有1例，约占总数的4.5%。例如：

他便诧异道：“奇呀！这庙里的和尚被我杀得【尽】净，庙外又前是高山……这哭声从何而来？”(《儿》7回)

(三)《正红旗下》和《老舍合集》

发展到老舍时代，“尽”的用例有所减少。在《正》中仅出现了1例，用于修饰“是+名词性谓语”结构：

若是别人不愿意听，他便都说给我大姐，闹得大姐脑子里【尽】是春灯与风筝，以至耽误了正事……（《正》1回）

对于《老》我们抽查了《骆驼祥子》《二马》《火葬》《离婚》《蜕》《老张的哲学》《赵子曰》等7部小说，共出现了5例。例如：

①只差几十块钱就能买上车了，不能前功【尽】弃。（老舍《骆驼祥子》）

②西门太太今天晚上在家里请客，吃饭，喝酒，跳舞，音乐，应有【尽】有。（老舍《二马》）

③不只是京戏，还有些有声电影的歌片——为小姐们预备的。应有【尽】有，补足了迎时当令。（老舍《离婚》）

④两个人在德胜门关里找了一个小饭馆，老张怒气填胸，把胃的容量扩大，越吃越勇，直到“目眦【尽】裂”，“怒发冲冠”！（老舍《老张的哲学》）

⑤于是把前嫌【尽】弃，说说笑笑的一点不露痕迹。（老舍《赵子曰》）

以上诸例，“尽”全部用在成语或引用古文中，这也可以解释为什么范围副词“$尽_1$”衰落的原因。“$尽_1$”基本上被“全”等新兴副词所取代，具体分析参见李宗江（1999）。

二、副词“尽皆”

随着副词双音化的发展，“尽”类副词中，最早出现了由“尽”与“皆”两个同义副词并列组合而成的双音副词——“尽皆”。

据唐贤清（2003）考证，“尽皆”始见于先秦。① 例如：

河出孟门，大溢逆流，无有丘陵沃衍、平原高阜，【尽皆】灭之，名曰鸿水。（《吕氏春秋·爱类》，转引自何金松，1994：32）

而且据唐贤清（2003）考察，“尽皆”经历了以下发展历程②：

两汉以后使用增多，魏晋南北朝的佛经语料中出现了大量用例；唐代，“尽皆”开始大量使用；宋代“尽皆”在“尽”类双音节副词中仍然占据主导地位；明代“尽”类副词使用频率最高的仍旧是“尽皆”。

我们简单统计了“尽皆”在明代几部作品中的使用情况，列表如下：

---

①唐贤清.《朱子语类》副词研究[D]. 长沙：湖南师范大学博士学位论文，2003：134.

②唐贤清.《朱子语类》副词研究[D]. 长沙：湖南师范大学博士学位论文，2003：134.

单位：例

	水	西	金	醒$_1$	初	二	醒$_2$	总计
尽皆	69	43	4	44	12	20	0	192

注：以上语料分别为《水浒传》《西游记》《金瓶梅词话》《醒世恒言》《初刻拍案惊奇》《二刻拍案惊奇》《醒世姻缘传》

通过上表格我们可以看出，进入明末，“尽皆”的使用量急速下滑。

（一）《红楼梦》

发展到清朝曹雪芹时代，“尽皆”依然只有零星用例，在《红》中仅出现1例。修饰光杆动词“灰”，后接助词“了”。例如：

想起此言，不觉将素日想着后来争荣夸耀之心【尽皆】灰了，眼中不觉滴下泪来。（《红》31回）

（二）《儿女英雄传》

此后在文康时代也较为罕见，《儿》中没有用例。我们又考察了清末的四大谴责小说，仅在《老残游记》中出现了1例，用于修饰动词性谓语：

甲寅之后文明大著，中外之猜嫌，满汉之疑忌，【尽皆】销灭。（《老残游记》11回）

（三）《正红旗下》和《老舍合集》

发展到老舍时代，“尽皆”基本消失了，在《正》和《老》中都未见到用例。发展到王朔时代，《王》中也未出现。“尽皆”在现代汉语中，基本消失了。

三、副词“尽行”

后来“尽”类副词又产生了一个由“尽”与“行”构成的新副词——“尽行”。

（一）“尽行”含义的演变

唐贤清（2003）曾对“尽行”的虚化过程进行了分析，他认为“尽行”与香坂顺一（1997）把“行”看成词尾不同，与余志鸿（1987）、江蓝生（2000）的后置词也不是一回事。具体如下①：

“尽行”最早当为动词性偏正短语，“尽”为范围副词，修饰动词

①唐贤清.《朱子语类》副词研究[D]. 长沙：湖南师范大学博士学位论文，2003.

“行”。《说文》“行，人之步趋也”。本义为“行走”，“尽行”连用，始见于先秦，如：

不然，夫岂不知楚师之【尽行】也?（《左传·桓公十三年》）

乃大户，已责，逮鳏，救乏，赦罪，悉师，王卒【尽行】。（《左传·成公二年》）

以上“尽行”，“尽”即副词“全”，“行”当视具体上下文而定，都是动词性偏正短语。

……

但是，由于汉语的“尽”是一个非常常见的副词，在语言演变过程中，“尽”与“行”两个语素的意义相互竞争，后来“尽”占了上风，“行”逐渐虚化。“行”虚化的契机可能与江蓝生所讨论的“行”的虚化有关。

总之，“尽行”本为偏正短语，随着“行”在唐代的虚化，而使得“尽”的语义凸现，成为一个副词。“尽行”在唐代还处于萌芽阶段，《全唐诗》、《敦煌变文集》、《祖堂集》都没有出现，但《全唐文》出现了3例，《旧唐书》1例，如：

况河北残寇未平，官吏多陷，苟容漏网，适开自新之路，若【尽行】诛，是坚叛逆之党，谁人更图效顺?困兽犹斗，况数万人乎!（《旧唐书·卷一百一十二》）

连年失稔，常赋愆期，国用未充，军需不足。是行率借，以济赡供，诚非欲为，盖不获已，敕书到日，【尽行】罢征。（《全唐文·卷一百十九》）

对于以上论述，我们大体赞同，说“大体”赞同，是因为我们认为还有值得商榷之处：

(1) 对于“尽行”的虚化，我们认为应该区别两种结构。一种是“尽+行”直接结尾，后面没有其他接续成分（没有其他动词），如上文提到的《左传》中的两例；另一种是由《旧唐书》所代表的“尽+行+×”结构，义为“全部、全都+进行/施行/干/做某事”。对此，我们认为该划分为“尽+（行+×）”结构。

①对于第二种情况，即“尽+行+×”结构。由于（行+×）一般是固定结构，如“行诛”“行法”，除了《旧唐书》，又如：

吏坐里闾阅出者，污赭辄收缚之，一日捕得数百人。穷治所犯，或一人百余发，【尽行】法罚。（《汉书》卷76)

因而“尽+行+×”结构应该划为“尽+（行+×）”形式。因此，在这种结构中，“行”是语义的焦点，难以虚化。

②对于第一种情况，“尽+行”直接结尾，义为“全部走”。后面不再接续其他成分时，“行”是唯一的动词，也是语义焦点，如此“行”很难虚化。“尽”“行”在这种结构中，也较难虚化、融合为一个整体。

但是后来“尽+行”又经常用于动词之前，与后面的动词组成连动短语。那么，由于经常出现在状语位置，就具备了虚化的结构基础。但是此时的“尽+行”已不再是“全部走”的意义，“行”由“走”义（而且这个“走”是有目的的）引申、扩大为“去干/实行；进行……”义。例如：

投拜职官、人口【尽行】发遣，大金国人马抽回，议定更不以黄河为界，只将地土税赋所出，改添岁币七百万贯。(《大金吊伐录》卷1)

而当这种虚化过程完成后，又会对“尽+（行+×）”结构产生影响，使其被分为“（尽+行）+×”形式。例如：

宋江、吴用大驱人马入城，四下里搜捉南兵，【尽行】诛杀。(《水浒传》92回)

对这两种结构的分析，在下文的“即行”中也提到了，详见下文。

（2）唐贤清基于对《旧唐书》和《全唐文》例子的分析，认为副词“尽行”见于唐代，我们认为不妥。一是《旧唐书》中的例子，我们认为应当划为“尽+行诛”，义为“全部施行诛杀”，“行”的动词义还较为明显。退一步说，如果按唐贤清先生的说法，此例合格的话，那么这种用法在《汉书》中已见；二是《全唐文》在清代编纂汇集而成，其中难免有些错讹、改动之处，以它为唐代的语料，似乎要谨慎对待。

对于“尽行”出现的时间，何金松（1994）举了元代《秦并六国平话》的例子。例如：

不问士宦豪杰之家，【尽行】起发赴场。(《秦并六国平话·卷下》，转引自何金松，1994：32)

雷文治（2002）举了宋代的用例。例如：

将杨志诰札出身，【尽行】烧毁，配卫州军城。（无名氏《大宋宣和遗事》，转引自雷文治，2002：198)

综上，我们认为，“尽行”当在宋代时确立副词的地位，除了雷文治所举的例子，还有以下用例：

①至今年八月终，已纳二千八百五十余贯，其余未纳钱数，认是催纳不行，纵使【尽行】催纳，亦恐使用不足。(《苏轼集》卷62)

②高宗所欲用之人，秦皆摈去之。举朝无非秦之人，高宗更动不得。蔡京们著数高，治元祐党，只一章疏便【尽行】遣了。秦桧死，有论其党者，不能如此。（朱子语类·卷131·本朝五，转引自唐贤清，2003：131）

后到了明代，“尽行”迎来了发展时期。例如：

①他又不遵法律，将老树大桃【尽行】偷吃。（《西游记》6回）

②……马上差人下与山东巡抚侯爷，把山东沧州盐客王霁云等一十二名寄监者，【尽行】释放。（《金瓶梅词话》27回）

③县官把这一房僧众，【尽行】屠戮了。（《拍案惊奇》卷26）

明代“尽行”用法情况列表如下：

单位：例

	水	西	金	醒$_1$	初	醒$_2$	总计
尽行	19	3	4	4	4	8	42

注：以上语料分别为《水浒传》《西游记》《金瓶梅词话》《醒世恒言》《初刻拍案惊奇》《醒世姻缘传》

（二）各作品中“尽行”的用例举隅

发展到清代曹雪芹时代，“尽行”的用例开始减少，在《红》中仅出现2例。分别用于修饰动补短语和连动短语。例如：

①众人道：“谁没见那一吊钱！把这荷包赏了罢。”说着，一个上来解荷包，那一个就解扇囊，不容分说，将宝玉所佩之物【尽行】解去。（《红》17至18回）

②薛姨妈上京带来的家人不过四五房，并两三个老嬷嬷小丫头，今跟了薛蟠一去，外面只剩了一两个男子。因此薛姨妈即日到书房，将一应陈设玩器并帘幔等物【尽行】搬了进来收贮，命那两个跟去的男子之妻一并也进来睡觉。（《红》48回）

发展到文康时代，“尽行”已经较为罕见，在《儿》中未发现用例，但其“尽行”并未完全消失。

发展到晚清时代，在四大谴责小说中，我们仅在《二十年目睹之怪现状》中发现了2例，都是用于修饰动词性谓语。例如：

①县官见报的是谋反大案……带了兵役，把张百万家团团围住。男女老幼，【尽行】擒下，不曾走了一个。（《二十年目睹之怪现状》81回）

②正在踌躇设法，他那位弟妇过班的太太，不知和那一个情人一同逃走

了，把他几年的积蓄，虽未【尽行】卷逃，却已经十去六七了。（《二十年目睹之怪现状》99回）

发展到老舍时代，“尽行”已基本消失，在《正》和《老》中都未发现用例。

四、副词“尽情”

“尽情”本来是一个动宾短语，后来虚化为副词。卿显堂（2003）曾对“尽情”的词汇化、语法化的过程进行了考察，为了更好地对其进行考察和行文的方便，我们不避烦琐，兹录如下①：

“尽情”由动词“尽”与名词“情”构成，本是动宾短语，是“尽心尽力”的意思。先秦已有用例，如：

昔鲋也得罪于晋君，自归于鲁君。微武子之赐，不至于今。虽获归骨于晋，犹子则肉之，敢不【尽情】?（《左传·昭公十三年》）

大概到了宋代，这种经常处于状语位置上的“尽情”开始虚化为副词，如：

此圣人谦辞，言我无所知，空空鄙夫来问，我又【尽情】说与他。凡圣人谦辞，未有无因而发者。……此处想必是人称道圣人无所不知，诲人不倦，有这般意思。圣人方道是我无知识，亦不是诲人不倦，但鄙夫来问，我则【尽情】向他说。若不如此，圣人何故自恁地谦?（《朱子语类》卷三十六《论语十八》）

《朱子语类》的两个“尽情”似乎可以有两种理解：如果“尽情”语义指向主语“我”，那么这两个“尽情”用作形容词，是尽其性情的意思；如果“尽情”语义指向“圣人谦辞”，那么“尽情”用作副词，表范围，是“全部”的意思。这里从上下文的语境来看，“尽情”似乎应当用作范围副词。

除了《朱子语类》以外，《五灯会元》中也出现了2例，如下：

①山曰：“双明亦双暗。”师礼谢。三日后却问：“前日蒙和尚垂慈，只为看不破。”山曰：“【尽情】向汝道了也!”（《五灯会元》卷七）

②说妙谈玄，衲僧面前，望默林而止渴。际山今日去却之乎者也，更不指东画西，向三世诸佛命脉中，六代祖师骨髓里，【尽情】倾倒，为诸人说破。（《五灯会元》卷二十）

---

①卿显堂. 副词“尽情”的形式化标志[J]. 古汉语研究，2003（3）：54-56.

以上两例，“尽情”均修饰动词或者动词性短语，似乎表示范围。

不过，宋代的“尽情”副词用法还不明显，没有出现后代常见的句法上的形式标志——处置式，它的总括的语义，主要是通过语义上的数量特征加以体现的，因此这种总括的语义是模糊的。

大量的语言事实显示，副词“尽情”得以确立，有两个形式上的标志：一是句法形式上使用“将”、“把”等处置式的句子，二是语义特征上具有表示多数的数量特征。这种情形到明代得以充分的体现。

由上，我们可以看出“尽情”在宋、明这段时期，副词的语法意义主要是“表示总括”，是一个范围副词。但是，在现代汉语中，这种用法却已罕见。《现汉》中解释为：

【尽情】副尽量由着自己的情感，不加约束：~欢笑｜~发泄｜孩子们~地唱着、跳着。

由此，可以看出，“尽情”是一个情态方式副词，可以归为表极力的一类。这说明在清朝以后，“尽情”经历了一个由范围副词向情态方式副词转变的过程。

“尽情”在《红》《儿》《正》三部作品中的用例较少，分别为3例、6例、0例。语法功能也较为单一，只用于修饰动词性谓语，作状语。

《红》中的用例如下：

①湘云忙笑道：“好姐姐，你这样说，倒多心待我了。凭他怎么糊涂，连个好歹也不知，还成个人了？我若不把姐姐当作亲姐姐一样看，上回那些家常话烦难事也不肯【尽情】告诉你了。”（《红》37回）

②贾琏又将自己积年所有的梯己，一并搬了与二姐收着，又将凤姐素日之为人行事，枕边衾内【尽情】告诉了他，只等一死，便接他进去。（《红》65回）

③袭人等方欲代晴雯开时，只见晴雯挽着头发闯进来，豁一声将箱子掀开，两手捉着底子，朝天往地下【尽情】一倒，将所有之物尽都倒出。（《红》74回）

对74回中出现的第③例来说，应该说“尽情”是表总括范围的“全部”义，一方面是用在“将”字句中，有形式标志；另一方面从篇章学的角度来看，与最后一句“将所有之物尽都倒出”相呼应，更加印证了这个用法。

而对第①例和第②例来说，将“尽情”解释为表总括范围的“全部”或表极力情状的“尽量由着自己的情感，不加约束”，似乎都可以，都没有太大的问题。同样，我们从上下文语境来分析：

第①例出自第37回《秋爽斋偶结海棠社　蘅芜苑夜拟菊花题》。此时，薛宝钗正为史湘云设东拟题出谋划策，又担心湘云不信任自己，因而说道："我是一片真心为你的话。你千万别多心，想着我小看了你，咱们两个就白好了。你若不多心，我就好叫他们办去的。"对此，史湘云才有上文一答。俗话说："逢人只说三分话，未可抛全一片心。"既然遇到真心为己之人，岂可遮遮掩掩、吞吞吐吐、支支吾吾。因而，此处"尽情"解释为"全部"义比较妥当，当然，这里面也已开始包含"尽量由着自己的情感，不加约束"的成分和因素了。

第②例出自第65回《贾二舍偷娶尤二姨　尤三姐思嫁柳二郎》。此回写到贾琏偷偷迎娶尤二姐，把自己的积蓄全部给她，并在尤二姐面前狠狠地讽刺、打击自己的原配——王熙凤，将王熙凤的所作所为"尽情"告诉她。这里"尽情"，一方面是指毫无保留、全部地告诉，并且前面有形式标记"将"对应；另一方面，这些话是在"枕边衾内""尽情"告诉，还"只等一死"，这些平时打死都不敢说的话都说出来了。因此，我们可以得出结论：这里的"尽情"已不仅仅限于"全部"义，主要体现了新婚之际，贾琏在尤二姐面前，神魂颠倒、忘乎所以、口无遮拦、信口开河、恣意而为、由性而发的状态。因而，此处的"尽情"也包含了"尽量由着自己的情感，不加约束"的意思，而且我们认为这层意思要大于"全部"之义。

以上用法反映了《红》时代，"尽情"正处于"总括范围副词"向"极力情状副词"转化的过程中，是一种交织的状态。

发展到文康时代，这种转化还在进行中。《儿》中的用例如下：

①一席话，把个安太太疼的不由得赶着他叫了声："我的儿，你千万不要如此！你在庙里合咱们两家那位恩人媒人说的话，我都【尽情】的知道了。"（《儿》12回）

②及至见了褚大娘子，又是一对玲珑剔透的新媳妇到了一处，才貌恰正相等，心性自然相投，褚大娘子便背了安老爷、安太太并他父亲，把这话【尽情】的告诉了张金凤。（《儿》23回）

③说着，便把他在场里自阅卷到填榜，目击安公子那本卷子，怎的先弃后取的情形，从头至尾不曾瞒得一字，向这个门生【尽情】据实告诉了一遍。（《儿》36回）

④况且父母跟前，便是自己作错了事，岂容有一字欺隐？莫如直捷痛快

的【尽情】一吐，便是有干严怒，也合受一场教训。(《儿》12回)

⑤纪献唐一骨碌身爬起来，道：“先生，你这才叫本事！我一向直是瞎闹！没奈何，你须是【尽情】讲究讲究，指点与我！”(《儿》18回)

⑥倘然他一时高兴，在公婆面前【尽情】说出来，倒不当稳便。(《儿》37回)

①②③3例，不论从语义还是从“尽情”所处的语境来看，都解释为表总括的“全部”比较合理。尤其是第②例，还出现了形式化标记“把”，用在具有处置动作的把字句中。又如，第③例，一方面出现了形式化标记“把”，虽然离“尽情”的位置较远；另一方面从语义上分析，前半句把他在场里如何如何、怎样怎样，“从头至尾不曾瞒得一字”，交代得清清楚楚，可以说是和盘托出。自然是“全部”而不涉及人的心理状态。对第①例来说，虽然句子中没有“将”“把”等形式化标记，但是“尽情”的前面出现了一个总括范围副词“都”，构成了“都尽情”的并用，受“都”的影响和“感染”，“尽情”也解释为“全部”义的总括副词较为合理。

而后3例，则解释为“尽量由着自己的情感，不加约束”比较合理，如第④例和第⑥例分别有“直捷痛快”“一时高兴”等涉及心理状态的词语与其相呼应，所以都可以比较合理地推出此义。

发展到老舍时代，“尽情”基本上完成了向情状方式副词的转化。《正》中没有用例，《老》中仅有1例：

想到了这个，他们三步当作一步走的，急快回到庙中，好把热泪，委屈，和一切要说的话，都【尽情】的向大家倾倒出来，仿佛大家都是他们的亲手足似的。(老舍《蜕》)

从句子本身看，有“一切”“倾倒”等词语的呼应，有形式化标记“把”以及“都”相连，“尽情”似乎解释为“全部”较为合理。实际上，我们从上下文的整体环境中可以看出，作者是要将“热泪”“委屈”和憋在心里“要说的话”等涉及心理活动的东西“率性”“不加约束”地“尽情”一吐，因而将其划为情状方式副词比较合乎当时的实际。而且此处“都”和“尽情”连用与《儿》中的例子的区别在于，《儿》中后接的是非处置性动词“知道”，而且马上就结尾了，后面没有涉及心理活动等方面的词语；而《老》的例句中，后接的是处置性动词“倾倒”，而且前有“热泪”“委屈”等涉及心理活动的词语，后面有“仿佛”“亲手足”等心理活动的词语，因而此处释为“尽量由着自己的情感”较为合理。

通过以上3部著作的比较，我们发现“尽情”是个多义副词，可分为表总括的范围副词“$尽情_1$”和表极力的情状方式副词“$尽情_2$”。在《红》中$尽情_1$：$尽情_2$是2：1；《儿》文中持平，为3：3；《老》中则为0：1。而且，在我们考察的这几部作品中，“$尽情_1$”和“$尽情_2$”也不是绝对的、截然分开的，意义上存在千丝万缕的联系，在划分时会出现很大的“骑墙性”，这也反映出“$尽情_1$”向“$尽情_2$”过渡的状态。

在现代汉语中，“$尽情_1$”已经非常罕见，大部分用例都是“$尽情_2$”。例如：

①我羡慕那些来自乡村的孩子，他们的记忆里总有一个回味无穷的故乡，尽管这故乡其实可能是个贫困凋敝毫无诗意的僻壤，但只要他们乐意，便可以【尽情】地遐想自己丢失殆尽的某些东西仍可靠地寄存在那个一无所知的故乡，从而自我原宥和自我慰藉。（王朔《动物凶猛》）

②我去歇一会，实在对不起的，你们【尽情】喝吧。（贾平凹《废都》）

③然后我会去公园散步，看看自然的色彩，看看美丽的小鸟，【尽情】地享受久违的大自然。（余秋雨《文化的误导》）

④当他捧着大学录取通知书从县返回时，又一次来到村前的打麦场上，让身子躺在一堆金黄的麦秸里，【尽情】地让欢乐的眼泪刷刷的流淌。（路遥《平凡的世界》）

以上诸例，已经找不到任何“全部”含义的因素了。同时，“$尽情_2$”的意义也更加符合其字面意思，更具有理据性。

五、“尽”类副词小结

“$尽_1$”是“尽”类副词中产生最早的副词，是其语法意义和语法功能的主要承担者。据李宗江（1999）研究，“尽”在中古前一直是较为常用的范围副词，后来被“全”“都”等新兴副词所取代。在现代汉语中，一般用在成语或仿古的语句中。

“尽”类副词在发展过程中，先后产生了“尽皆”“尽行”“尽情”等双音节副词，但它们各自的发展路径是不同的。“尽皆”来自“尽”和“皆”的并列联合，先秦时已经产生，自唐至明，一直在“尽”类双音节副词中占主导地位。进入明末，“尽皆”的发展急速下滑。在现代汉语中已基本消失。“尽行”来自动词性偏正短语，宋代开始出现较为可靠的例子，明代达到发展的高峰，清代开始急速下滑，在现代汉语中也基本消失。“尽情”来自动宾短语，大概到了宋代，“尽情”开始虚化为副词，自宋至明这段时期，副词“尽情”的语法意义主要是“表示总括”，是一个范围副词，即“$尽情_1$”。清朝以后，“尽情”经历了一个由范围副词向情态方式副词转变的过程，即由“$尽情_1$”发展成“$尽情_2$”。发展到现代汉语，“尽情”已经全是情态副词的用法，“$尽情_1$”基本消失。

第四节　“另”类副词的历时嬗变

“另”类副词成员较少，一般只包括“另”和“另外”两个副词。“另”是这类副词的根词，是其语法意义和功能的主要承担者。

一、副词“另”

《正字通·口部》：“另，别异也。”《古虚》：“用作副词，用例较为晚见。”① 例如：

上谕，此次特开恩科士子因回避不得应试者，即【另】派大臣拟题于内阁，考试取中十月。（《清朝通典·选举一》，转引自《古虚》，1999：351）

太田辰夫（1958）指出：“语源不太清楚。”② 并举了以下例子：

那染房博士取得这水去，阴紫阳红，【令】别是一般娇艳。（《西湖三塔记·清平山堂话本》，转引自太田辰夫，1958：262）

太氏分析道③：这个“令”显然就是现在写作“另”的。但是后来用“另”字，可能是因为原来就有具有“别”的意思的“另”，和“令”混同了。但音仍是“令”，无法变化。

据我们所见，“另”最早的例子可能见于金元时期。例如：

①二人言：“某等非为头目，军中【另】有尊长。”（金·无名氏《刘知

①中国社会科学院语言研究所古代汉语研究室编. 古代汉语虚词词典［Z］. 北京：商务印书馆，1999：351.

②太田辰夫. 中国语历史文法（修订译本）［M］. 蒋绍愚，徐昌华，译. 北京：北京大学出版社，2003：262.

③太田辰夫. 中国语历史文法（修订译本）［M］. 蒋绍愚，徐昌华，译. 北京：北京大学出版社，2003：262.

远诸宫调·君臣弟兄子母夫妇团圆》，转引自雷文治，2002：124）

②俺这里别是个三街市井，【另】置下二等连秤，恰好的教恁一分银买一分情。（元·石君宝《紫云庭》，转引自何金松，1994：59）

又如：

①女头领扈三娘、顾大嫂同乐大娘子、李应宅眷，【另】做一席在后堂饮酒。（《水浒传》50回）

②西门庆把春梅叫到金莲房内，令他伏侍金莲，赶着叫娘。却用五两银子【另】买一个小丫头，名唤小玉，伏侍月娘。（《金瓶梅词话》9回）

③你可【另】收拾一间香房，教他两个住下，好茶好饭供待他，不可怠慢。（《醒世恒言》卷1）

太田辰夫将“另”归入范围副词中表“个别”小类中。《现汉》作如下解释：

【另】副另外❷副：~议｜~有任务｜~找门路。

【另外】❷副表示在所说的范围之外：我~又补充了几点意见。

我们认为，“另”的含义是指所涉及的范围之外的另一个领域、范围，是对其他“范围域”的总括，因而，我们认为将其归到“表总括”范围副词中是比较合适的。

（一）《红楼梦》

发展到曹雪芹时代，在《红》，中“另”共出现96例，全部用于修饰动词性谓语。

其中，修饰单纯动词的有10例，约占总数的10.4%。例如：

况且这梨香院相隔两层房舍，又有街门【另】开，任意可以出入……（《红》4回）

修饰动补短语的有9例，约占总数的9.4%。例如：

今且说凤姐儿因见邢夫人叫他，不知何事，忙【另】穿戴了一番，坐车过来。（《红》46回）

修饰动宾短语的有53例，约占总数的55.2%。而且动宾短语有个特点，其宾语大多是“数量名”或“数量”结构，共有22例，约占所有动宾短语的41.5%。例如：

①雨村【另】有一只船，带两个小童，依附黛玉而行。（《红》3回）

②他因想桂花二字是禁止不住的，须【另】换一名，因想桂花曾有广寒

嫦娥之说，便将桂花改为嫦娥花，又寓自己身分如此。（《红》79回）

修饰状中短语的有7例，约占总数的7.3%。例如：

贾赦自到家中与众门客赏灯吃酒，自然是笙歌聒耳，锦绣盈眸，其取便快乐【另】与这边不同的。（《红》53回）

修饰兼语结构的有9例，约占总数的9.4%。例如：

即【另】使名公大笔为之，固不费难，然想来倒不如这本家风味有趣。（《红》17至18回）

（二）《儿女英雄传》

修饰连动短语的有8例，约占总数的8.3%。例如：

忽见山环佛寺，忙【另】盥手进去焚香拜佛……（《儿》18回）

发展到文康时代，“另”的用例有所减少。《儿》中“另”共出现74例，语法意义和功能基本保持一致，全部用于修饰动词性谓语。其中修饰单纯动词的有10例，修饰动补短语的有3例。

修饰动宾短语的有53例，其中宾语仍有大量是“数量名”或“数量”结构，共有37例，约占所有动宾短语的70.0%，较之《红》的42.0%，有大幅度提高。

修饰兼语短语的有2例，连动短语有4例。此外，还出现了2例修饰双宾结构的例子：

①所以我想着将来【另】给他找条道儿，图个前程。（《儿》32回）

②又有安老爷【另】给程师爷、张亲家老爷送的酒备的菜，这些琐事都不消细讲。（《儿》35回）

（三）《正红旗下》和《老舍合集》

发展到老舍时代，《正》中“另”的用例较少，仅有5例，全部用于修饰动词性谓语。其中修饰单纯动词的有3例，占总数的60.0%。但都是重复用例，都是修饰动词“过”。例如：

他和哥哥分居【另】过。（《正》8回）

其余2例均为修饰动宾短语，其中1例是数量名结构，占所有动宾短语的50.0%。例如：

唉，他的声音，他的说法，可真别致，【另】有个味儿！（《正》8回）

在我们考察的《老》中，“另”的副词用法有170余例，其中修饰动宾短语的有90余例，宾语为“数量名”或“数量”结构的有48例，约占所有动宾短语的53.3%。

由此，较之以往的研究，我们可以较为清晰地看出，北京话副词“另”的主要语法功能是修饰动词性谓语，而动词性谓语中主要的组成成员是动宾短语，而动宾短语中的宾语主要是“数量名”或“数量”结构。

二、副词“另外”

随着双音化趋势的发展，“另”类副词中产生了一个新的成员——“另外”。向熹（1993）指出：“另外表示在某一范围之外，明以后才出现。例如：奶奶【另外】送你一个实地月白纱做里子。（《红》42 回）”①

而据何金松（1994）考察，“另外”在明晚期就已经产生。例如：

看了舍后一块空地，【另外】去兴造起来。（《二刻拍案惊奇》卷 22，转引自何金松，1994：59）

据我们考察，“另外”出现的时间可能还要提前，在明中期就有合格用例。例如：

①行者笑道：“我有主张。我把这牌位、香炉做个证见，【另外】再备纸状儿。”（《西游记》83 回）

②武松道：“不打紧，我既要请嫂嫂家去，就使一百两也罢。【另外】破五两银子，谢你老人家。”（《金瓶梅词话》87 回）

又如：

张大道：“还有一千两用钱未曾分得，却是如何？须得文兄分开，方没得说。”文若虚道：“这倒忘了。”就与众人商议，将一百两散与船上众人，余九百两，照现在人数【另外】添出两股，派了股数，各得一股。（初刻拍案惊奇·卷 1）

“另外”在明代著作中的词频见下表：

单位：例

	三	水	西	金	初	二	警	喻	醒	总计
另外	0	0	1	11	1	2	0	0	3	18

注：以上语料分别为《三遂平妖传》《水浒传》《西游记》《金瓶梅词话》《初刻拍案惊奇》《二刻拍案惊奇》《警世通言》《喻世明言》《醒世姻缘传》

由上表我们可以看出，“另外”大约在明中期就已经产生，但处于刚刚

①向熹．简明汉语史（下）[M]．北京：高等教育出版社，1993：419．太田辰夫（1958）也是举了《红楼梦》的这个例子。

发展阶段，用例不是很多，9 部作品中才出现了 18 例。同时，这一时期“另外”的语法功能有两个特点：一是全部修饰动词性谓语。修饰动宾短语占首位，共有 14 例，约占总数的 77.8%；二是与“另”的语法功能相类似，动宾短语的宾语部分绝大多数是“数量名”结构，共有 13 例，约占动宾短语总用例的 92.9%。例如：

①西门庆看毕，即令陈经济书房内取出人事来，同温秀才封了，将书誊付锦笺，弥封停当，印了图书。【另外】又封五两白银，与下书人王玉。（《金瓶梅词话》67 回）

②又秤了四两银子交与船上的家长，作回去的四十日饭钱，叫还在船上带他回去，将那剩的米面等物俱留与用度。跟他的小优儿，【另外】赏了二两纹银。（《醒世姻缘传》15 回）

也正因“另”和“另外”的语法意义和功能非常相似，因而在一般的词典和研究专著中，都将“另”和“另外”放在一起比对，相互释义。如上文所举的《现汉》例，又如《例释》：

【另】意义、用法跟“另外”基本相同。

（一）《红楼梦》

发展到曹雪芹时代，“另外”的用例开始增多。在《红》中共出现 16 例。

（1）主要修饰动词性谓语，共 15 例，约占总数的 93.8%。

其中，修饰单纯动词的有 3 例，占动词性谓语总数的 20.0%。例如：

宋嬷嬷听了，便拿了东西出去，【另外】穿戴了。（《红》37 回）

修饰动宾短语的有 11 例，约占动词性谓语总数的 73.3%。宾语为“数量名”结构的有 2 例，约占所有动宾短语的 18.2%，较之明代比例大幅下滑。例如：

奶奶不知道，我们家的姑娘不算，【另外】有两个姑娘，真是天上少有，地下无双。（《红》65 回）

修饰双宾短语的仅有 1 例，约占动词性谓语总数的 6.7%：

这是昨日你要的青纱一匹，奶奶【另外】送你一个实地子月白纱作里子。（《红》42 回）

（2）此外，还有一点不同于明代、也不同于副词“另”的是，出现了 1 例修饰句子形式的例子，约占总数的 6.3%。例如：

有那尚排场有钱势的，只说这里不方便，一定【另外】或村庄或尼庵寻个下处，为事毕宴退之所。（《红》15 回）

（二）《儿女英雄传》

发展到文康时代，“另外”的用例急速下滑。《儿》中“另外”仅出现2例，1例是修饰动宾短语：

一到店，必是【另外】煮些饭，熬些粥；以至起早睡晚，无不调停的周到。（《儿》4回）

还有1例是后接状中短语：

邓九公又【另外】替姑娘备了赏赐。（《儿》21回）

“另外”在晚清用例依然少见，我们考察了《老残游记》和《孽海花》两部小说，各自出现了2例，都是修饰动词性谓语。例如：

①老残进了房门，深深作了一个揖。宫保让在红木炕上首坐下。绍殷对面相陪。【另外】搬了一张方杌凳在两人中间……（《老残游记》3回）

②总算没有【另外】赔款割地，已经是他折冲樽俎的大功，国人应该纪念不忘的了！（《孽海花》6回）

（三）《正红旗下》和《老舍合集》

发展到老舍时代，“另外”的用例也不多见。

（1）《正》中没有出现用例，《老》中也仅有3例，全部是修饰动词性谓语，其中1例是修饰单纯动词“有”：

【另外】有：周巡长　检场的老赵　男女艺人数人（老舍《方珍珠》）

（2）其他2例都是修饰动宾短语，而且宾语全是“数量名”或“数量”结构，占动宾短语的100.0%。例如：

①在这些图画之间，还【另外】有一些，清楚而简短的夹在这几张中间……（老舍《骆驼祥子》）

②……二强子颇阔气了一阵，把当都赎出来，还【另外】作了几件新衣，全家都穿得怪齐整的。（老舍《骆驼祥子》）

三、“另”类副词小结

综观“另”和“另外”在北京话中的使用状况，虽然这两者在主要的语法意义和功能上是相近的，但在一些细微之处有些差异，具体如下。

首先，在使用的频率上，“另”要远远高于“另外”。它们在《红》《儿》《正》《老》四部著作里使用次数的比例分别为：96∶16、74∶2、5∶0、170∶3。这说明“另”的适用环境更广，使用频率也更高。

其次，两者都能修饰动宾短语，而且使用比例很高，这是其共同点。但动宾短语中的“宾”为“数量名”或“数量”结构是“另”的一大特点，而且所占比例很高。“另”和“另外”修饰“数量名”或“数量”结构，在《红》《儿》《正》《老》四部著作里使用次数的比例分别为：42.0%：18.0%、70.0%：0%、50.0%：0%、53.0%：100.0%。“另”的平均比例大约是53.0%，远远高于“另外”29.0%的平均比例。

最后，在语法功能上，“另外”出现了一个可以修饰句子形式的例子（见上文）；“另”除了修饰动词性谓语，还可以修饰名词性谓语，但“‘另’修饰名词成分，当中必须有数量词”（《例释》）。例如：

……车夫不会再过来争座与赛车，他们似乎是属于【另】一行业的。（老舍《骆驼祥子》）

但在此例中，“另”已不再是副词，而是指示代词了。《现汉》作如下解释：

【另】指示代词。另外①：~一回事｜~纸抄寄｜走了~一条路。

【另外】①指示代词。指所说范围之外的人或事：我还要跟你谈~一件事情。

由此可见，在修饰“数量名”性质的名词性谓语时，“另”和“另外”都是代词用法。

第五节　“单”类副词的历时嬗变①

一、单类副词的含义演变

《说文解字》：“单，大也。”段玉裁注：“引申为双之反对。”即“双”的反义词。“又假借为‘殚’，《说文通训定声》：‘单，假借为擅，……又为殚。’‘单’的虚词义就是从‘单独’、‘殚竭’二义引发出来的。”②

①此节部分内容曾以论文形式发表，参见刘冬青、曹炜. 北京话“单”类范围副词的历时嬗变（1750—1950）[J]. 殷都学刊，2022（3）：118-122.

②中国社会科学院语言研究所古代汉语研究室编. 古代汉语虚词词典[Z]. 北京：商务印书馆，1999：82.

由《古虚》的分析，我们可以看出限定范围副词“$单_2$”大致经历了以下虚化路线：

单（形容词）$\xrightarrow{引申、虚化}$ $单_1$（“单独”义情状副词）$\xrightarrow{引申、虚化}$ $单_2$（“只、仅”范围副词）

“$单_1$”的例子如下：

隳城湮溪，老弱【单】处，其谋乃离。（《逸周书·大明武解》，转引自《古虚》，1999：82）

由于“$单_1$”修饰动词性谓语时，表示的动作行为是单独进行的，即只限于某一种动作行为或某种动作行为仅限于某一范围。因而，由这种“单独”义很容易就引申出“单一”的意义，再进一步就虚化出“只、仅”等限定范围义。

关于“$单_2$”出现的时代和例证，《汉语大词典》和向熹（1993）都举了元代刘唐卿的例子：

此雪是国家之吉兆，【单】应来春天下青苗皆发，必然大收也。（刘唐卿《降桑椹·第一折》，转引自向熹，1993：418）

太田辰夫（1958）同样认为其于元代始见，并举了《元曲选·虎头牌》的例子：

我为什么语谆谆，【单】怕你醉醺醺。（虎头牌1，转引自太田辰夫，1958：261）

而据蒋冀骋（1991、1997）研究指出：“单用作范围副词，见于唐五代文献。”① 例如②：

①《诗·小雅》：“邪幅在下。”孔《疏》云：“《左传》桓二年曰：‘带裳幅舄。’《内则》亦【单】云偪，则此服名偪而已。”刘淇云：单犹只也。

②《祖堂集》卷九：“若也【单】明自己，未明目前，此人只具一只眼。”《梧桐雨》二折：“【单】要抢贵妃一个，非专为锦绣江山。”

而《古虚》却将“$单_2$”出现的时间大大提前，并举了先秦《庄子·盗跖》的例子：

此六者，天下之至害也，皆遗忘而不知察，及其患至，求尽性竭财，【单】

①蒋冀骋. 近代汉语词汇研究[M]. 长沙：湖南教育出版社，1991，173.
②以下例均引自①。

以反一日之无故而不可得也。（《庄子·盗跖》，转引自《古虚》，1999：82）

对于此例，我们有以下几点疑问：

首先，《庄子·盗跖》的例子可以说是一个孤证，在我们考察的先秦其他典籍中，暂时没有发现“单$_2$”的合格用例。

其次，如果说《庄子·盗跖》的例子是一个合格的用例，那么，在之后的自秦至唐五代这段漫长的历史时期内，“单$_2$”好像突然消失了。因为，据我们考证，秦朝至唐五代这段时期内的常见典籍中，“单$_2$”没有出现。按照一般的语法规律，一种新的副词一般是不会出现后消失约千年，然后又出现的。这样违背了语法的基本规律。

最后，据我们考察，《庄子注》中对“单”的解释为“单音丹本或作靳音析”。

正因为存在以上几点疑问，所以通过比较鉴别，我们认为《汉语大词典》和向熹、太田辰夫的例子有些迟出，而《古虚》的例子又有些过早。我们较为认同蒋冀骋先生的意见。

“单$_2$”自唐五代出现后，在历朝历代都有显现，再未消失。例如：

①言中，则正已在其中。盖无正，则做中不出来；而【单】言正，则未必能中也。（《朱子语类》卷57《孟子七》，转引自唐贤清，2003：39）

②昔大唐一个名贤，姓张名旭，作一篇《醉歌行》，【单】说那酒。（《水浒传》4回）

③一日，三月春光明媚时分，金莲打扮光鲜，【单】等武大出门，就在门前帘下站立。（《金瓶梅词话》2回）

（一）《红楼梦》

发展到曹雪芹时代，《红》中共出现了75例“单”的用例。

（1）修饰动词性谓语是其主要语法功能，共有65例，约占总数的86.7%。

其中，修饰动宾短语的有46例，约占动词性谓语用例的70.8%。例如：

黛玉只就宝玉手中看了一看，便问道：“还是【单】送我一人的，还是别的姑娘们都有呢？”（《红》7回）

修饰状中短语的有11例，约占动词性谓语用例的16.9%。例如：

这四十个人也分作两班，【单】在灵前上香添油，挂幔守灵，供饭供茶，随起举哀，别的事也不与他们相干。（《红》14回）

修饰连动短语的有1例，约占动词性谓语用例的1.5%：

湘云道："这对的也还好。只是下一句你也溜了，幸而是景中情，不【单】用'宝婺'来塞责。"（《红》76回）

修饰兼语短语的有5例，约占动词性谓语用例的7.7%。例如：

他如今也有些拿大了，【单】支使小女孩子出来。（《红》54回）

修饰双宾短语的有1例，约占动词性谓语用例的1.5%：

老太太想来未必高兴，况且咱们小顽意儿，【单】给凤丫头个信儿就是了。（《红》49回）

修饰连动短语的有1例，约占动词性谓语用例的1.5%：

至院外，命人通报了，彩明走了出来，【单】要了领票进去，批了银数年月，一并连对牌交与了贾芸。（《红》24回）

（2）修饰句子形式的有7例，约占总数的9.3%。例如：

【单】你去了，还是老世伯也去了？（《红》26回）

（3）修饰名词性谓语的有3例，占总数的4.0%。

其中，修饰名词性偏正短语的有1例。例如：

如今【单】我家里，上上下下，就有几百女孩子呢。（《红》5回）

修饰代词的有2例。例如：

平儿忙说："【单】你们，有一百个也不成个体统，难道没有两个管事的头脑带进大夫来？"（《红》56回）

此外，还有3例是"单"与限定范围副词"只"并用，构成"单只"或"只单"来表限定范围：

①怡红院别说别的，【单只】说春夏天一季玫瑰花，共下多少花？（《红》56回）

②想来谁有这个，断不【单只】有这个，自然还有别的东西。（《红》74回）

③又生平最喜啃骨头，每日务要杀鸡鸭，将肉赏人吃，【只单】以油炸焦骨头下酒。（《红》80回）

"单只""只单"这种可以互换、颠倒的用法，反映了"单""只"的并用具有"临时性、随意性"① 的特点，"带来的只是语义上的冗余"②。因而，在现代汉语中，这种用法基本消失了。

（二）《儿女英雄传》

发展到文康时代，"单"的用例大幅度减少。在《儿》中仅出现19例，

①杨荣祥. 近代汉语副词研究[M]. 北京：商务印书馆，2005：270.

②杨荣祥. 近代汉语副词研究[M]. 北京：商务印书馆，2005：270.

语法功能也相对简单，全部用于修饰动词性谓语。

其中，修饰动宾短语的有 15 例，约占总数的 78.9%。例如：

店中【单】剩下一个晋升带了两个粗笨杂使小子支应。(《儿》12 回)

修饰状中短语的有 3 例，约占总数的 15.8%。其中 1 例是“把字结构”：

十三妹嘻嘻的笑道：“哦！【单】把个‘不’字儿抹去了，这的是‘愿意’、‘愿意’，是不是？……”(《儿》9 回)

修饰兼语短语的有 1 例，约占总数的 5.3%：

既蒙苦苦相留，只好【单】叫这大令郎作我个“陈蔡及门”，你这个二令郎凭你另请高明。(《儿》18 回)

(三)《正红旗下》和《老舍合集》

发展到老舍时代，《正》中没有“单”的用例，《老》中出现了 40 例，全部用于修饰动词性谓语。其中，修饰动宾短语的有 29 例，占总数的 72.5%。例如：

车多了去啦，何必【单】买这一辆，这辆不吉祥的车，这辆以女儿换来，而因打死老婆才出手的车！(老舍《骆驼祥子》)

连动短语的有 1 例，占总数的 2.5%：

但是为什么【单】到这里来鼓逗钱，他不明白。(老舍《骆驼祥子》)

修饰兼语短语的有 3 例，占总数的 7.5%。例如：

……皇上，娘娘那些狗男女都活得有滋有味的，【单】不许我吃窝窝头，谁出的主意？(老舍《茶馆》)

修饰状中短语的有 7 例，占总数的 17.5%。例如：

什么委屈都受过了，何必【单】在这一点上叫真儿呢？（老舍《骆驼祥子》）

二、“单”类副词小结

通过以上几部作品的比较分析，我们可以得出以下结论。

首先，“$单_2$”的主要语法功能是修饰动词性谓语，这符合限定范围副词的总特征。[①] 其中又以修饰动宾短语最为常见。《现汉》中的释义例句也是用于修饰动宾短语。例如：

【单】④副只；仅：干工作不能~凭经验｜别的不说，~说这件事。

①杨荣祥. 近代汉语副词研究[M]. 北京：商务印书馆，2005：52.

动宾短语在《红》《儿》《老》中的用例分别为46、15、29，约占各自全部用例的61.3%、79.0%、72.5%。在三部作品中，修饰动宾短语的总用例为90例，约占三部作品总用例（134例）的67.2%。

其次，这一时期的“单$_2$”不具有其他限定范围副词所共同具有的语法功能，即修饰数量名结构。在我们考察的语料当中，竟然没有一例是合格的例子。

最后，“单$_2$”的语法功能还有所发展和突破，杨荣祥先生（2005）曾指出：限定副词一般不修饰形容词性谓语，也不能修饰句子形式。但在我们的考察中，“单$_2$”修饰形容词性谓语的例子未见到，但在《红》中却有修饰句子形式的例子（见上文）。

“单单$_1$”是副词“单$_2$”的重叠形式，据唐贤清先生（2003）考察，《全唐诗》《全唐文》《敦煌变文集》都没有发现用例，但是其宋代已经出现，[①]《朱子语类》中仅出现1例。例如：

【单单】说个“风乎舞雩，咏而归”，只做个四时景致，论语何用说许多事！（《朱子语类》卷117《朱子十四》）

此例中，“单单说个”与下句的“只做个”相呼应，此处“单单”解释为“只；仅”并归为“限定范围副词”无疑是正确的。但是后来的发展却是“单单”经历了一个由“限定范围副词”向“评价语气副词”转化的过程，甚至现在还处于一个交织的状态。唐贤清举的其他3例如下：

①圆通不开生药铺，【单单】只卖死猫头。不知那个无思算，吃著通身冷汗流。（《五灯会元》卷20）（按：《五灯会元》中仅此1例）

②这潘金莲【单单】把眼四下观看，影影绰绰，只见隔壁墙头上一个白脸探了探，就下去了。（《金瓶梅词话》13回）（按：《金瓶梅词话》中仅此1例）

③娲皇氏只用了三万六千五百块，只【单单】剩了一块未用，便弃在此山青埂峰下。（《红楼梦》1回）

我们认为，《五灯会元》中的“单单”还是一种单纯的表限定，表示“不干别的，只卖死猫头”。

而《金瓶梅词话》中的例子，“单单”已不再单纯地表限定。此例出自第13回《李瓶姐墙头密约　迎春女窥隙偷光》，为了更好地考察和行文的方便，我们不避烦琐，将此例的上下文兹录如下：

①唐贤清.《朱子语类》副词研究[D].长沙：湖南师范大学博士学位论文，2003.

却说西门庆天明依旧扒过墙来，走到潘金莲房里。金莲还睡未起，因问："你昨日三不知又往那里去了？一夜不来家，也不对奴说一声儿。"西门庆道："花二哥又使了小厮邀我往院里去，吃了半夜酒，脱身才走来家。"金莲虽故信了，还有几分疑龊影在心中。一日，同孟玉楼，饭后的时分，在花园里亭子上坐着做针指，只见掠过一块瓦儿来，打在面前。那孟玉楼低着头纳鞋，没看见。这潘金莲【单单】把眼四下观盼，影影绰绰，只见一个白脸在墙头上探了探，就下去了。金莲忙推玉楼，指与他瞧，说道："三姐姐，你看这个是隔壁花家那大丫头，不知上墙瞧花儿，看见俺们在这里，他就下去了。"说毕，也就罢了。

通过上下文，我们可以比较清楚地看出，此处的"单单"释为"偏偏；恰恰；正好"等比较合适，表达了一种"偏偏怎样"的语气。杨荣祥（2005）将此例"单单"归入"情状方式副词"，并用备注注明："仅见1例，义如今之偏偏。"①

《红楼梦》中的用例更多的也是表示一种语气，义同"偏偏"，理由如下。

一是从前后语句的对应来看，上句提到"娲皇氏只用了三万六千五百块"，下句用"只单单剩了一块未用"来对应。从语篇和语用学的角度来看，作者已不仅仅是表达一种平白的陈述语气，而是掺杂着自己感情的评价语气，表达了一种惋惜、事与愿违的出乎意料的情感。虽然这里的"单单"划为"限定副词"也可以解释通，但是《红楼梦》是一部文学巨著，是一部饱含作者"一把辛酸泪"，饱含作者深厚思想感情的作品，因而，此处的"单单"划为"评价语气副词"更为恰当。

二是"只"和"单单"并用，如果都为"限定副词"，则会造成一种语义上的冗余。那么合理的解释就是副词并用有加强语气的作用。"单单"受到这种语气加强的影响和感染，就更多的具有了语气副词的特点。

而同样是"只"和"单单"并用的《五灯会元》的例子，我们划为"限定副词"是基于以下考虑。

一是《五灯会元》和《朱子语类》同属于南宋时期的作品，时间相差不大。《五灯会元》由释普济（1179—1253）在他的晚年编撰而成。而《朱子语类》于南宋咸淳六年（1270）编定印出。两部著作处于同一时期，而且此

①杨荣祥. 近代汉语副词研究[M]. 北京：商务印书馆，2005，439.

时“单单$_1$”刚刚产生，刚由限定范围副词“单”重叠而成，因而受“母词”——“单”的影响比较大，发生演变的可能性比较小。《朱子语类》中“单单”为“限定副词”，《五灯会元》中的用例也理应如此。

二是《五灯会元》的体裁和主旨与《红楼梦》等文学著作有很大的不同。它是记载禅宗历史的重要著作，语言质朴俚俗，口语化程度很高。因而，它的语言多以平实的陈述为主，很少表达强烈的思想感情。基于此，书中此例不宜划为表达作者感情的语气副词。

三是其他学者研究的佐证。除了唐贤清（2003）将其划为“限定副词”外，阚绪良（2003）的博士学位论文《〈五灯会元〉虚词研究》以及刘莉妮（2006）的博士学位论文《〈五灯会元〉副词研究》也将此例划为“范围副词”。

“单单”在我们考察的4部作品中用例不多，分别为2例、7例、0例和12例，共21例。而其中为“单单$_1$”用法的仅有2例：

①他道：“先生，我也不是【单单】为此。……”（《儿女英雄传》19回）

②可是，堵先生不【单单】来找哥哥，他也老和曲时人说很长的时间。（老舍《蜕》）

在以上两例中，“单单”解释为“只；仅仅”是比较合适的。

其余的19例均为“单单$_2$”的用法，可释为“偏偏；恰恰”。例如：

①咱们明儿到阎王庙去烧香，和阎王爷说去，问他一问，叫我们托生人，为什么【单单】的给那小蹄子一张乖嘴，我们都是笨的。[①]（《红》54回）

②他果然要探你的行藏，差那一个来不了了事？【单单】的要用着我这等一个推不转搡不动的尹其明？（《儿》18回）

③哼，【单单】是在这时候，她觉到她将永远住在此地；她那点钱有花完的时候，而祥子不过是个拉车的！（老舍《骆驼祥子》）

通过以上的分析比较，我们可以比较清晰地看出“单单”由单纯的“限定范围副词”如何演变为“单单$_1$”和“单单$_2$”并存，并最终由语气副词“单单$_2$”占据优势。

在现代汉语中，这种演变还在继续，只是单纯的“单单$_1$”的用例比较

①刘莉妮（2006）将此例划为“限定范围副词”（刘莉妮.《五灯会元》副词研究[D]. 武汉：武汉大学博士学位论文，2006：57.）。我们认为此例是众人表达一种不平之气，因而表达语气的意味更重，划为“单单$_2$”较为合适。

罕见，“单单$_2$”成为主要用法。因而，《现汉》作如下解释：

【单单】副只；仅仅（表示从一般的人或事物中指出个别的）：别人都来了，～他没来｜其他环节都没问题，～这里出了毛病。

通过《现汉》的释义，我们可以看出，虽然用“只；仅仅”等“限定范围副词”来释义，但编者用括注的形式来告诉读者它的实际用法，而这个括注传递的信息正是说明“人或事物脱离常规”“与期望相反”的意思，隐含一种“偏偏”的语气。同时，通过例句，我们可以更清楚地体会到：即使在相对来说表“单纯限定”的意思较明显的第一个例句中，我们仍然可以隐约感受到那种“偏偏”的语气感，特别是在具体的语境中会更明显。例如：

①比赛还有两分钟开始，别人都来了，～他没来，真急人！

②今天上午开百年校庆大会，别人都来了，～他没来，可真够个性的！

张斌先生主编的《现虚》（2001）也采用了这种“兼而有之”的释义方式：

【单单】范围副词，意义和用法与“单”相同，但强调的意味更浓，语气更重。

鉴于语言实际和词典编纂的实践，我们建议将“单单”划为多项副词，分为“单单$_1$”和“单单$_2$”。

第六节　副词“止”的历时嬗变

一、“止”含义的演变

“止”本义为“手足”之“足”，表限定义是由动词义“停止”引申来的，上古就已产生。[①] 例如：

【止】可以一宿，而不可以久处。（《庄子·天运》）

（一）《红楼梦》

发展到曹雪芹时代，《红》中“止”的用例共出现 11 例。

（1）其中“止”经常与否定副词“不”“非”等连用，构成“不止”“非止”后再修饰谓语，此种情况共有 8 例，约占总数的 72.7%。其中，“不止”

①杨荣祥. 近代汉语副词研究[M]. 北京：商务印书馆，2005：106.

有6例，“非止”有2例，分别占这种否定情况的75.0%和25.0%。例如：

①接着回事的人来，【不止】三四次……（《红》16回）

②子兴道：“谁人不知！这甄府和贾府就是老亲，又系世交。两家来往，极其亲热的。便在下也和他家来往【非止】一日了。”（《红》2回）

“止”修饰肯定句，用在肯定环境中的有2例，约占总数的18.2%，例如：

所愿去者【止】四五人。（《红》58回）

此外，“止”还可以和“何”搭配，构成“何止”，用于反问环境中。仅有1例，约占9.1%。例如：

是日，丧仪焜耀，宾客如云，自铁槛寺至宁府，夹路看的何【止】数万人。（《红》64回）

（2）以上是从搭配句式和出现的语境来考察“止”的，在句法功能上，“止”主要修饰数量名结构，共有10例，约占总数的90.9%；剩余1例修饰动宾短语，而且“宾”也是数量（名）结构，约占总数的9.1%。例如：

于是二人起身，便从头数至尽头，【止】得十三根。（《红》76回）

（二）《儿女英雄传》

发展到文康时代，《儿》中“止”的用例相对较多，共有65例。

（1）就出现的语境和搭配句式来看，用于否定环境的有16例，约占总数的24.6%。其中与“不”结合，构成“不止”结构的有14例，占所有否定情况的87.5%；与“非”结合，构成“非止”结构的仅有1例，约占否定情况的6.3%。例如：

展转寻思，也非【止】一日，才想了个两全的办法，密密合儒人议妥。（《儿》24回）

还有1例是后接否定副词“莫”，约占否定情况的6.3%。例如：

却慢慢的再看机会，眼下【止】莫惹他说出话来。（《儿》22回）

用于肯定环境的有45例，约占总数的69.2%。

用于反问环境，与“何”搭配，构成“何止”结构的有4例，约占6.2%。例如：

只那屈死的官民何【止】六七千人，入己的赃私何【止】三四百万。（《儿》18回）

（2）句法功能上，与《红》不同的是，《儿》中“止”用于修饰动词性谓语所占比重最大，共有35例，约占总数的53.8%。

其中，修饰动宾短语的比例最大，共有 25 例，占动词性谓语总数的 71.4%，其中有 2 例是“止”与限定副词“不过”并用，构成“止不过”之后再修饰动宾短语。例如：

到了起身这日，【止】不过嘱咐了公子几句话，便逍遥自在带了一行人上路。(《儿》38 回)

修饰动补短语的共有 3 例，约占动词性谓语总数的 8.6%。例如：

从你裹着㡓子的时候，我抱也不【止】抱过一次。(《儿》19 回)

修饰状中短语的有 5 例，约占动词性谓语总数的 14.3%。例如：

大人【止】把那沿路工段教人开个节略见赐，便可照这节略略查一查回奏，就算当过这差去了。(《儿》13 回)

修饰连动短语的有 1 例，约占动词性谓语总数的 2.9%。例如：

他那相马的法子也与人两道：先不骑不试，【止】用一个钱扔在马肚子底下，他自己却向马肚子底下去拣那个钱，要那马见了他不惊不动，他才问价。(《儿》18 回)

修饰兼语短语的有 1 例，约占动词性谓语总数的 2.9%。例如：

却慢慢的再看机会，眼下【止】莫惹他说出话来。(《儿》22 回)

此外，修饰数量名结构的共有 18 例，约占总数的 27.7%；修饰句子形式的有 7 例，约占总数的 10.8%；修饰名词性谓语的共有 5 例，约占总数的 7.7%。全部都是后接代词。例如：

所以燕北闲人这部《儿女英雄传》，自始至终【止】这一个题目，【止】这几个人物。(《儿》28 回)

虽然修饰数量名结构成为退居第二位的语法功能，但是“止”所修饰的动宾短语中，或者“宾”为数量名结构，或者“宾”用数量名结构来复指，以上情况分别有 9 例和 2 例，分别占所有动宾短语的 36.0% 和 8.0%。例如：

①那邓九公今年八十七岁，膝下无儿，【止】有个女儿……(《儿》14 回)

②这位安老爷本是弟兄两个，大哥早年去世，【止】剩他一人，双名学海，表字水心，人都称他安二老爷。(《儿》1 回)

(三)《正红旗下》和《老舍合集》

发展到老舍时代，《正》中“止”的用例仅有 1 例，而且与“不”搭配，构成“不止”，修饰动词：

他不【止】生气，而且有点害怕……(《正》11 回)

《老》中“止”共出现 29 例，其中没有 1 例是用在肯定句、肯定环境中的。与“不”结合，构成“不止”的有26例，约占总数的89.7%；与“岂”结合，构成“岂止”，“用反问的语气表示‘不止’”（《现汉》对岂止的释义）的有3例，约占10.3%。例如：

被她迷住的，岂【止】我一个人呢。(老舍《残雾》)

(1) 在句法功能上：主要用于修饰数量名结构，共有14例，约占总数的48.3%。修饰动词性谓语的有6例，约占总数的20.7%。其中，修饰动宾短语共有4例，有2例比较特殊的，一例是先限定动量词然后再接动词的状中结构：

宝庆不【止】一次地看出，她那大而湿润的眼睛里，透着责备的神情。(老舍《鼓书艺人》)

另一例是直接修饰动量名结构（VumP）：

大哥你要是愿意干呢，小弟我就不【止】来个挂名的委员了不是？（老舍《残雾》）

此外，修饰动宾短语的还有1例，同上文《儿》中出现的情况一样，即“宾”是数量名结构。例如：

不然，岂【止】于是一位哲学家呢！(老舍《老张的哲学》)

综上，“止”用于修饰动词性谓语，后面所接续的成分是数量名结构的，共有3例，占修饰动词性谓语所有用例的50.0%。

(2) 修饰名词性谓语的有8例，约占总数的27.6%。其中，修饰单纯名词的有2例，占名词性谓语用例的25.0%。例如：

冼大嫂，明天，还不【止】明天，大概在这一个月里吧，咱们的工作完全是为了大哥。(老舍《残雾》)

修饰代词的有6例，占名词性谓语用例的75%。其中修饰单纯代词的仅有1例，约占代词总用例的16.7%：

不，还不【止】于此，她甚至于要去想如何停止了风暴。(老舍《火葬》)

其余5例都是修饰的代词后面用数量名结构来复指，约占代词总用例的83.3%。例如：

①大杂院里的病人并不【止】于他一个。(老舍《骆驼祥子》)

②况且想见焦委员的人绝不【止】于他俩……（老舍《文博士》）

其中，第②例比较特殊，用了一个口语数量词“俩”，我们仍将它归入此类。

(3) 修饰句子形式的仅有1例，约占总数的3.4%。例如：

她的讨厌还不【止】于说话难听，一遇上她，他就马上想用另一种眼光

去从新估量丽琳的价值。（老舍《文博士》）

二、“止”类副词小结

通过以上几部作品的考察分析，我们可以得出以下结论。

一是北京话里的限定范围副词“止”突破了近代汉语限定副词的语法功能，不仅能修饰限定动词性谓语和数量名结构，还可以修饰名词性谓语和句子形式。但是修饰限定动词性谓语和数量名结构仍然是其主要语法功能。

二是即使在修饰动词性谓语和名词性谓语时，数量名结构也经常出现在被修饰成分中。在《红》《儿》《正》《老》四部作品中，修饰的动词性谓语和名词性谓语的用例中出现数量名结构的数目分别为 1 例、14 例、0 例、8 例；四部作品中，动词性谓语和名词性谓语中出现数量名结构的总数目为 23 例，约占四部作品中“止”所有用例（106 例）的 21.7%。如果算上所有的修饰数量名结构用例 42 例，那么“止”所修饰的成分中出现数量名结构共有 65 例，约占“止”所有用例的 61.3%。由此可见，“止”所修饰的成分中经常出现数量名结构是其一大特点。

三是“止”经常与“不”连用，构成“不止”来修饰成分，其在四部作品中的用例分别为 6 例、14 例、1 例、26 例，所占比例分别为 55.0%、22.0%、100.0%、90.0%；四部作品中，“不止”总用例 47 例，约占“止”总用例 106 例的 44.3%。由此可见，“止”主要和“不”连用，构成“不止”，用于否定环境中。单纯用“止”在肯定环境中的现代汉语中更为罕见。“‘只’成为像现代汉语那样表示单独的副词，是在南北朝。恐怕是古代汉语的‘止’和‘祇’写成了‘只’。”[①] 因而我们认为，“止”的这种肯定式的表达方式，在现代汉语中已经被“只”取代，“止”只遗留在具有文言色彩的书面语中。[②] 但是，对于这种替换是如何发生和完成的，目前我们还没有

---

①太田辰夫. 中国语历史文法（修订译本）[M]. 蒋绍愚，徐昌华，译. 北京：北京大学出版社，2003，264.

②但是杨荣祥先生（2005）认为：笼统地说“只”是“止、祇”的新式写法，还有疑问。“止”与“祇”上古汉语音义都不相同。“止”属之部，“祇”属支部，到隋唐时二者才合到同一部（王力，1985），但声调仍不相同，“止”为上声，“祇”为平声。“止”表限定义是由动词义“停止”引申来的，上古就已产生；“祇”在上古汉语中是“恰好、徒然”的意思（见《词诠》），由此引申表限定义，大约始于六朝。“只”与“祇”（或写作“只、祇”等）上古中古皆同音，说“祇”写成了“只”，似可信从。但还有个问题：“只”表限定读平声（《广韵》支韵“只，专辞”；纸韵“只，语辞”），为什么后来读成了上声？是什么时候读成上声的？这个问题还需要深入研究。（《近代汉语副词研究》，106-107）对此，我们持保留意见。

确凿的证明。甚至，连《现汉》对“止”的释义例句也是与“不”搭配，具体如下：

【止】副 仅；只：这话你说过不~一次了。

这里，顺便指出《现汉》对“不止”一词释义的失误，具体如下：

【不止】动❶ 继续不停：大笑~｜血流~。❷表示超出某个数目或范围：他恐怕~六十岁了。｜类似情况~一次发生。

义项①标为“动词”是没问题的，但对于义项②就不合适了，我们认为应该标为“副词”，而且在我们考察的《儿女英雄传虚词例汇》（龚千炎，1991）和《现虚》中都将其归为“副词”。

第三章 北京话程度副词历时发展（1750—1950）

第一节 “最”类副词的历时嬗变

“最”类副词主要包括“最”“最为”“最是”3 个。“最”是其根词，也是其语法意义和功能的主要承担者。

一、副词“最”

《说文解字》：“最，犯而取也。”本义为“攻取”。“虚词‘最’与本义无关，而是‘冣’的误字。……‘最’的虚词义即由‘冣’的‘积’义引申而来。积聚必由低而高、由少而多，故可引申为程度之高或次数、时间、人事等的总合。”①

“最”作为程度副词在先秦时期就已出现。例如：

故桓公问管仲曰：“治国【最】奚患？”对曰：“【最】患社鼠矣。”（《韩非子·外储说右上》，转引自《古虚》，1999：883）

这种用法在历代都有用例。

（一）《红楼梦》

发展到曹雪芹时代，“最”已成为非常常用的程度副词，在《红》中共出现了 121 例②。

---

①中国社会科学院语言研究所古代汉语研究室编. 古代汉语虚词词典［Z］. 北京：商务印书馆，1999：882.

②此部分曾以议论文形式发表，参见杨梅，刘冬青.《红楼梦》中“最”类程度副词计量考察［J］. 苏州科技学院学报：社会科学版，2010（1）：61-63.

（1）修饰形容词性谓语是其主要语法功能，共有 61 例，约占总数的 50.4%。

其中，修饰单纯形容词的有 55 例，约占形容词性谓语总用例的 90.2%。例如：

谁知贾菌年纪虽小，志气【最】大，极是淘气不怕人的。（《红》9 回）

修饰形容词性并列短语的共有 6 例，约占形容词性谓语总用例的 9.8%。例如：

原来这贾芸【最】伶俐乖觉，听宝玉这样说，便笑道……（《红》24 回）

（2）修饰动词性谓语的有 56 例，约占总数的 46.3%。

其中，修饰单纯动词的有 5 例，约占动词性谓语总用例的 8.9%。例如：

次子贾政，自幼酷喜读书，祖父【最】疼，原欲以科甲出身的……（《红》2 回）

修饰动词性并列短语的有 1 例，约占动词性谓语总用例的 1.8%。例如：

如今凡作地方官者，皆有一个私单，上面写的是本省【最】有权有势、极富极贵的大乡绅名姓，各省皆然。（《红》4 回）

修饰动宾短语的有 37 例，约占动词性谓语总用例的 66.1%。例如：

况他是个绝风流人品，家里颇过得，素习又【最】厌恶堂客，今竟破价买你，后事不言可知。（《红》4 回）

其中，有 5 例是由判断动词“是”引导动宾短语。例如：

原来这贾瑞【最】是个图便宜没行止的人，每在学中以公报私，勒索子弟们请他。（《红》9 回）

修饰状中短语的有 12 例，约占动词性谓语总用例的 21.4%。例如：

我【最】会收拾屋子的，如今老了，没有这些闲心了。（《红》40 回）

修饰兼语短语的有 1 例，约占动词性谓语总用例的 1.8%。例如：

又着实的称赞秦钟的人品行事，【最】使人怜爱。(8 回)

（3）修饰名词性谓语的有 2 例，全部为修饰定中结构的者字短语，约占总数的 1.7%。例如：

王夫人……今忽见金钏儿行此无耻之事，此乃平生【最】恨者，故气忿不过，打了一下，骂了几句。（《红》30 回）

（4）修饰句子形式的有 2 例，约占总数的 1.7%。例如：

这样诗礼之家，岂有不善教育之理？别门不知，只说这宁、荣二宅，是【最】教子有方的。（《红》2 回）

（二）《儿女英雄传》

发展到文康时代，“最”的用例减少了近一半，《儿》中共有61例，在语法功能上也发生了些许变化，[①] 表现如下。

（1）修饰动词性谓语成为其主要语法功能，共有33例，约占用例总数的54.1%。

其中，修饰单纯动词的有7例，约占动词性谓语总用例的21.2%。例如：

若竟不先伏一笔，直待后文无端的写来，这又叫作“没来由”，又叫作“无端半空伸一脚”，为文章家【最】忌。（《儿》16回）

修饰动宾短语的有19例，约占动词性谓语总用例的57.6%。例如：

说书的【最】讲恕道话，同一个人，怎的女子就该从一而终，男子便许大妻小妾？（《儿》27回）

修饰状中短语的有5例，约占动词性谓语总用例的15.2%。例如：

到了那个长姐儿伺候老爷戴帽子，款式也【最】大有讲究。（《儿》35回）

修饰动补短语的有2例，约占动词性谓语总用例的6.1%。例如：

【最】奇不过的是这老头儿家里竟会有书……（《儿》39回）

（2）修饰形容词性谓语占据次席，共有27例，约占总数的44.3%。例如：

这日月食的道理，由于日躔【最】高，居九天第三重，月躔【最】低，居九天第八重。（《儿》34回）

（3）此外，还有1例修饰名词性谓语的例子，约占总数的1.6%。例如：

儿女无非天性，英雄不外人情；最怜儿女【最】英雄，才是人中龙凤。（《儿》缘起首回）

同《红》相比，《儿》中未出现修饰句子形式的用例。

（三）《正红旗下》和《老舍合集》

发展到老舍时代，“最”的用例大幅度增加，在7万余字的《正》中，“最”出现了50例。在语法功能上，同《儿》相比，《正》又发生了些许变化，基本上与现代汉语一致，完成了“最”从主要语法功能——作状语，到内部定型的过程。说此时“最”的语法功能已经完成了由内到外的定型，原因如下：

---

①巫洁，刘冬青.《儿女英雄传》“最”类程度副词计量考察［J］. 湖南科技学院学报，2010（7）：159-162.

《现代汉语八百词》（以下简称《八百词》）曾分析“最”的语法功能按主次关系排列为“最+形、最+动、最+方位词”三种，而且“动词限于表示情绪、评价、印象、态度等内心抽象活动的”。①

《正》中“最”的用法基本如此：

(1) 修饰形容词性谓语的共有 32 例，占总数的 64.0%，是“最”的主要语法功能。

其中，修饰单纯形容词的有 30 例，约占形容词性谓语总用例的 93.8%。例如：

今年，他们负债超过了往年的【最】高纪录。(《正》1 回)

修饰形容词性并列短语的有 2 例，约占形容词性谓语总用例的 6.3%。例如：

因作官而发了点财的人呢，“吃瓦片”是【最】稳当可靠的。(《正》5 回)

(2) 修饰动词性谓语的共有 16 例，占总数的 32.0%，占据语法功能的次席。

其中，修饰单纯动词的有 5 例，约占动词性谓语总用例的 31.3%。例如：

母亲【最】怕的是亲友家娶媳妇或聘姑娘而来约请她作娶亲太太或送亲太太。(《正》2 回)

修饰动宾短语的有 8 例，占动词性谓语总用例的 50.0%。例如：

他【最】爱花草，每到夏季必以极低的价钱买几棵姥姥不疼、舅舅不爱的五色梅。(《正》5 回)

还有 3 例是修饰兼语短语的，约占动词性谓语总用例的 18.8%。例如：

【最】使他难以把定大爷顶回去的是，他自己也不知道自己有多大力量。(《正》10 回)

这一点与《八百词》不同，但我们认为这是与现代汉语的实际情况相符的，在现实中，存在很多这样的兼语结构。例如，“最使人痛苦的”“最让人值得庆幸的”“最叫人难忘的”等。因此，我们建议《八百词》等词典能够吸收此用法。

同《红》《儿》中的“最”还可以修饰普通动词不同，《正》中的“最”全部用于修饰心理动词。例如：

①说第一用人乳和着，每日早起吃一钟，【最】补人的。(《红》60 回)

②说书的【最】讲恕道话，同一个人，怎的女子就该从一而终，男子便

---

①吕叔湘. 现代汉语八百词（增订本）[M]. 北京：商务印书馆，1999：703.

许大妻小妾？（《儿》27 回）

（3）修饰方位词的共有 2 例，占总数的 4.0%。例如：

他想一拧腰，改变飞行的方向，可是恰好落在泥塘的【最】深处。（《正》11 回）

由上，我们可以看出“最”在老舍时代，语法意义和语法功能已基本定型了。

二、副词“最为”

随着双音化趋势的发展，“最”类副词在发展过程中，“最”与词尾“为”① 结合并词汇化形成一个新的副词——“最为”，《汉大》未收录此词。据我们考证，“最为”至少在汉代就已经出现。例如：

七十子之徒，赐【最为】饶益。（《史记·货殖列传》，转引自何金松，1994：2）

再如：

①北有五老峰于庐山【最为】峻极。（《太平御览》卷 41）

②宋江道：“军师所虑，【最为】得理。何不使人连夜去北京探听虚实，我这里好做准备。”（《水浒传》67 回）

③这在诸商之中，还算【最为】轻省，造化好的，还能赚钱。（《醒世姻缘传》71 回）

明代几部著作中的“最为”用例情况见下表：

单位：例

	三	水	西	金	醒$_1$	初	二	型	醒$_2$	总计
最为	0	1	0	0	6	4	5	0	1	17

注：以上语料分别为《三遂平妖传》《水浒传》《西游记》《金瓶梅词话》《醒世恒言》《初刻拍案惊奇》《二刻拍案惊奇》《型世言》《醒世姻缘传》

通过上表，我们可以看出，“最为”的用例并不多。

发展到曹雪芹时代，“最为”用例不多的情况依然没有改观，在《红》中仅出现 1 例，用于修饰形容词。例如：

那柳家的因得此信，便慌了手脚，因思素与怡红院人【最为】深厚，故

①曹炜. 一个新兴的副词后缀——为[J]. 山东师大学报，1988（1）：70.

走来悄悄的央求晴雯、金星玻璃等人。（《红》74 回）

发展到文康时代，《儿》中也只有 2 例，一例是修饰形容词。例如：

我从作女孩儿的时候，合他两个人往来【最为】亲密……（《儿》14 回）

还有 1 例是修饰主谓短语。例如：

按子路在圣门【最为】年长，曾皙次之，冉有又次之，公西华最幼。（《儿》39 回）

发展到老舍时代，“最为”仅在《正》中出现了 1 例，用于修饰形容词。例如：

我大姐婆家门外，这种图案【最为】丰富。（《正》2 回）

“最为”在《老》中没有出现。

发展到王朔时代，“最为”在《王》中没有合格用例；《汪曾祺全集》中也仅出现 1 例，还是修饰形容词性谓语。例如：

城北的大寺共有三座。一座善固寺，庙产甚多，【最为】鲜明华丽，就是小说《受戒》里写的明海受戒的那座寺。（《汪曾祺全集·幽冥钟》）

“最为”在现代汉语中继续沿用，但是一直较为少见。

三、副词“最是”

“最”在后来的发展过程中，与词尾“是”结合，形成“最是”，《汉大》并未收录。志村良治认为在杜甫诗中已见①。例如：

【最是】楚宫俱泯灭，舟人指点到今疑。（杜甫《咏怀古迹五首》之二）

据何金松（1994）考证，“最是”最早见于宋代。例如：

此中仙景，【最是】聪明。（《大唐三藏取经诗话》，转引自何金松，1994：2）

再如：

①看官听说，原来这色【最是】怕人。（《水浒传》21 回）

②离了云华寺，直走出升平门到乐游原傍边。这所在【最是】冷落。（《醒世恒言》卷 30）

明代几部著作中的用例情况见下表：

①志村良治. 中国中世语法史研究[M]. 江蓝生，白维国，译. 北京：中华书局，1995：76.

单位：例

	三	水	西	金	醒$_1$	初	二	型	醒$_2$	总计
最是	0	5	0	1	14	15	18	4	8	65

注：以上语料分别为《三遂平妖传》《水浒传》《西游记》《金瓶梅词话》《醒世恒言》《初刻拍案惊奇》《二刻拍案惊奇》《型世言》《醒世姻缘传》

（一）《红楼梦》

发展到曹雪芹时代，“最是”在《红》中共出现了 16 例。分析如下：

（1）与“最”的语法功能有所不同的是，“最是”主要用于修饰动词性谓语，共有 7 例，约占总数的 43.8%。

其中，修饰动宾短语的有 1 例，约占动词性谓语总用例的 14.3%。例如：

我们老祖宗【最是】有眼色的……（《红》50 回）

修饰动补短语有的 1 例，约占动词性谓语总用例的 14.3%。例如：

一日，宝玉因各处游的烦腻，便想起《牡丹亭》曲来，自己看了两遍，犹不惬怀，因闻得梨香院的十二个女孩子中有小旦龄官【最是】唱的好……（《红》36 回）

修饰状中短语的有 2 例，约占动词性谓语总用例的 28.6%。例如：

看其外貌【最是】极好，却难知其底细。（《红》3 回）

修饰动词性并列短语的有 3 例，约占动词性谓语总用例的 42.9%。例如：

我们老太太【最是】惜老怜贫的，比不得那个狂三诈四的那些人。（《红》39 回）

（2）占据次席的是修饰名词性谓语，共有 5 例，约占总数的 31.3%。

其中，修饰定中结构的有 4 例，占名词性谓语总用例的 80.0%。例如：

宝玉道：“你不知道呢。你病着时，他干了好几件事……【最是】心里有算计的人，岂只乖而已。”（《红》62 回）

修饰名词性并列短语的有 1 例，占名词性谓语总用例的 20.0%。例如：

你不知道这柳二郎，那样一个标致人，【最是】冷面冷心的，差不多的人，都无情无义。（《红》66 回）

（3）而“最”主要修饰的形容词性谓语，对“最是”来说只排在第三位，共有 2 例，占总数的 12.5%。例如：

衣折裙带，手指足步，【最是】要紧。（《红》42 回）

（4）此外，还可以修饰主谓结构和数量结构，各有 1 例，分别占总数的

6.3%。例如：

①众人听了，都知道他素日善说笑话，【最是】他肚内有无限的新鲜趣谈。(《红》54 回)

②但我不放心的【最是】一件：我有一个孽根祸胎，是家里的“混世魔王”，今日因庙里还愿去了，尚未回来，晚间你看见便知了。(《红》3 回)

(二)《儿女英雄传》

发展到文康时代，“最是”的用例大幅度减少，《儿》中仅有 7 例，语法功能也有所退化。

(1) 修饰动词性谓语仍然是其最主要的语法功能，共有 5 例，约占总数的 71.4%。

其中，修饰动宾短语的有 3 例，占动词性谓语总用例的 60.0%。例如：

他最嫌人斗牌，他看见人斗牌，却也不言语，等过了后儿提起来，你可听么，不说他拙笨懒儿全不会，又是甚么“这桩事【最是】消磨岁月”了，“【最是】耽误正经”了，又是甚么“此非妇人本务家道所宜”了，绷着个脸儿，嘈嘈个不了。(《儿》29 回)

修饰状中短语的有 1 例，占动词性谓语总用例的 20.0%。例如：

这备卷前人还有个譬喻，比得【最是】好笑。(《儿》35 回)

还有 1 例我们也将其归入修饰动词性谓语的用例中，是用于修饰述补短语的，占动词性谓语总用例的 20.0%。例如：

何小姐【最是】心热不过的人……(《儿》34 回)

(2) 修饰形容词性谓语的有 1 例，是修饰形容词性并列短语的，约占总数的 14.3%。例如：

内中梅公子本是个美少年佳公子，又【最是】年轻淘气……(《儿》28 回)

(3) 修饰主谓句的有 1 例，约占总数的 14.3%。例如：

却说安老爷家向来【最是】内外严肃，外面家人非奉传唤，等闲不入中堂。(《儿》37 回)

同《红》相比，在《红》中较为常见的修饰名词性谓语的例子，在《儿》中没有出现；修饰数量结构的例子也基本消失。

(三)《正红旗下》和《老舍合集》

发展到老舍时代，“最是”的用例基本消失。在《正》中没有用例，《老》中也没有用例。陈群（2006）研究还调查了周而复《上海的早晨》等

8 部作品，只在梁斌的《红旗谱》中发现 1 例语料①。例如：

说起老套子，冯老兰【最是】喜欢这样的人。

发展到王朔时代也未见合格用例，至此，“最是”基本消失。

四、“最”类副词小结

通过上面“最为”“最是”两个词频表以及陈群（2006）的统计②可以看出，虽然程度副词“最”产生的较早，而且一直受到双音化副词的影响，但是“最”一直是最常用的“最”类副词，是其语法意义和语法功能的主要承担者。直到现在，“最”也是常用的程度副词之一。

虽然“最”产生的较早，而且其主要的语法功能已经较早地确定下来。但是，其真正定型还是在老舍时代。主要表现在两方面：一是主要语法功能的等级排序已与现代汉语基本完全一致；二是在对具体动词的修饰上，一般只限于表示情绪、评价、印象、态度等内心抽象活动。

关于“最为”的语法功能，根据语料，我们可以看出其一般只修饰形容词性谓语和动词性谓语，偶尔会修饰主谓结构。但是对于一些主谓结构，我们认为不是合格用例。例如：

①（房德）心下思想：“多感畿尉相公救了性命，如今投几谁好？想起当今惟有安禄山，【最为】天子宠任，收罗豪杰，何不投之？”（《醒世恒言》30 卷，转引自陈群，2006：65）

②关于他的下落曾有种种传闻，传得【最为】大家接受的是说他发了笔财，买了张假护照去菲律宾了。（王朔《玩的就是心跳》）

对此，陈群（2006）认为是“最为”修饰“主谓短语”③，而我们认为这是“最”修饰由介词“为”所引导的“被动句”。“最为天子宠任”“最为大家接受”即为“最被天子宠任”“最被大家接受”。因而，我们认为“最为”修饰的主谓结构，只限于以下情况：

按子路在圣门【最为】年长，曾晳次之，冉有又次之，公西华最幼。（《儿》39 回）

---

①陈群. 近代汉语程度副词研究[M]. 成都：巴蜀书社，2006：66.

②据陈群统计，《西游记》《金瓶梅词话》《儿女英雄传》中“最”共有 153 例（见陈群《近代汉语程度副词研究》，2006：56），除去我们统计的《儿》中有 61 例，仅《西》和《金》两部作品中就有 92 例。这个数字比《三遂平妖传》等明代九部作品中“最为”“最是”两者的和（81 例）还要多 11 例。

③陈群. 近代汉语程度副词研究[M]. 成都：巴蜀书社，2006：65.

第二节　“极”类副词的历时嬗变

北京话“极”类副词主要包括“极”“极为”“极其”“极是”4个。

一、副词“极”

“极”是“极”类副词的根词，也是其语法意义和功能的主要承担者。“《说文》：‘极，栋也。’徐锴《说文解字系传》：‘极，屋脊之栋也。今人谓高及甚为极，义出于此。’本义为‘屋脊之栋’，其虚词义是其本义的引申义。《说文》段注：‘引申之义凡至高至远皆谓之极。’可用作副词。”① 张谊生先生（2007）曾对其虚化的过程进行了较为详尽的描述②，在此我们不再赘述。

先秦时即有副词“极”的用例。例如：

洪泉【极】深，何以填之？（《楚辞·天问》，转引自《古虚》1999：264）

这种用法在历代都有用例。

（一）《红楼梦》

发展到曹雪芹时代，“极”已成为较为常用的程度副词，在《红》中共出现了154例③。在语法功能上，“极”主要作状语，也可以作补语。分析如下：

（1）作状语的共有118例，约占总数的76.6%。

首先，与“最”的语法功能一样，修饰形容词性谓语是其主要功能，共有96例，约占状语总用例的81.4%。

其中，修饰单纯形容词的有95例，约占形容词性谓语总数的99.0%。例如：

这女儿两个字，【极】尊贵、【极】清净的，比那阿弥陀佛、元始天尊的这两个宝号还更尊荣无对的呢！（《红》2回）

---

①中国社会科学院语言研究所古代汉语研究室编. 古代汉语虚词词典[Z]. 北京：商务印书馆，1999：264.

②张谊生. 从间接的跨层连用到典型的程度副词——“极其”词汇化和副词化的演化历程和成熟标志[J]. 古汉语研究，2007（4）：64-70.

③杨梅，刘冬青.《红楼梦》中“极”类程度副词计量考察[J]. 萍乡高等专科学校学报，2009（4）：59-61.

修饰单纯形容词中，仅仅修饰表正确的形容词“是”的就有 21 例，约占形容词性谓语总数的 21.9%。例如：

众人道：“【极】是。非胸中大有邱壑，焉想及此。”（《红》17 至 18 回）

修饰形容词性并列短语的有 1 例，约占形容词性谓语总数的 1.0%。例如：

你又是一个【极】聪明伶俐的人，不用一年的工夫，不愁不是诗翁了！（《红》48 回）

其次，修饰动词性谓语次之，共有 19 例，约占状语总用例的 16.1%。

其中，修饰单纯动词的有 3 例，约占动词性谓语总数的 15.8%。例如：

此中“潇湘馆”、“蘅芜苑”二处，我所【极】爱，次之“怡红院”、“浣葛山庄”……（《红》18 回）

修饰动宾短语的有 11 例，约占动词性谓语总数的 57.9%。例如：

因史老夫人【极】爱孙女，都跟在祖母这边一处读书，听得个个不错。（2 回）

修饰动补短语的有 1 例，约占动词性谓语总数的 5.3%：

宝玉见一个人没有，因想“这里素日有个小书房，内曾挂着一轴美人，【极】画的得神……”（《红》19 回）

修饰状中短语的有 4 例，约占动词性谓语总数的 21.1%。例如：

若论此事，还不是大事，【极】好处置。（《红》73 回）

最后，修饰主谓短语的有 1 例，约占状语总用例的 0.8%：

宝玉夜间常醒，又【极】胆小，每醒必唤人。（《红》77 回）

此外，还有 2 例修饰兼类词——明白，约占状语总用例的 1.7%。例如：

还有一件，我虽知你【极】明白，恐怕你心里挽不过来……（《红》55 回）

（2）作补语的共有 36 例，约占总数的 23.4%。

首先，同作状语类似，其与形容词性谓语搭配最多，共有 31 例，约占补语总数的 86.1%。

其中，又分以下几种情况：

用在成语中的有 1 例，约占形容词性谓语总用例的 3.2%。例如：

此亦静【极】思动，无中生有之数也。（《红》1 回）

用在表正确形容词“是”之后，组成“是极”的有 7 例，约占形容词性谓语总用例的 22.6%。例如：

有一客道：“是【极】，是【极】。竟是‘泻玉’二字妙。”（《红》17 回）

用在形容词“妙”之后，组成“妙极”的有8例，约占形容词性谓语总用例的25.8%。例如：

众人都道：“妙【极】，妙【极】！布置，叙事，词藻，无不尽美……”（《红》78回）

用在形容词“好”之后，组成“好极”的有4例，约占形容词性谓语总用例的12.9%。例如：

李氏摇了一摇，掣出一根来一看，笑道：“好【极】。你们瞧瞧，这劳什子竟有些意思。”（《红》63回）

用在“形容词+之”结构之后，组成“形容词+之+极”结构的有5例，约占形容词性谓语总用例的16.1%。例如：

众人听了，都道：“神妙之【极】！”（《红》17回）

用在其他形容词之后作补语的例子有6例，约占形容词性谓语总用例的19.4%。例如：

淡【极】始知花更艳，愁多焉得玉无痕。（《红》37回）

通过以上分析可以看出，“极”作补语主要用在“是”“妙”“好”等几个形容词之后，其用例占整个形容词性谓语总用例的61.3%。

其次，与动词性谓语搭配共有4例，约占补语总数的11.1%，主要是心理动词。例如：

回头看了看，再要穷追苦克，人恨【极】了，暗地里笑里藏刀，咱们两个才四个眼睛，两个心，一时不防，倒弄坏了。（《红》55回）

其中1例是“动词性谓语+之+极”结构。例如：

菱角花谁闻见香来着？若说菱角香了，正经那些香花放在那里？可是不通之【极】！（《红》80回）

最后，还有1例与名词性谓语搭配，用在成语结构中，约占补语总数的2.8%。例如：

婶子好痴也。否【极】泰来，荣辱自古周而复始，岂人力能可保常的。（《红》13回）

（二）《儿女英雄传》

发展到文康时代“极”的用例大幅度减少，在《儿》中共出现了52例，约为《红》的1/3。语法功能也有较大变化，分析如下：

（1）作补语成为其主要语法功能，共有30例，约占总数的57.7%。

首先，与形容词性谓语搭配的比例进一步提高，共有27例，占补语总数的90%。

其中用在“好”之后的比重大幅度增加，有22例，约占形容词性谓语总用例的81.5%；用在“是”之后的比重减少，共有3例，约占形容词性谓语总用例的11.1%。而用在“好”“是”之后的总比例高达92.6%，其他形容词仅占7.4%。例如：

①要果然是这桩事，可就算来的巧【极】了。(《儿》17回)

②老爷也连叫：“通【极】！通【极】！”(《儿》37回)

由此可见，相比《红》，发展到文康时代，“极”作补语更加集中于一两个形容词之后。而类似仿古的“形容词+之+极”的结构在《儿》中没有出现。

其次，与动词性谓语搭配的共有3例，占补语总数的10%，全部是用在成语“感极而泣”中。例如：

不想今日之下，他老人家久归道山，还来默佑这个小子，叫人怎的不感【极】而泣！(《儿》36回)

同样，在《儿》中也没有出现与名词性谓语搭配的例子。

（2）副词“极”的主要语法功能——作状语，在《儿》中却退居次席，共有22例，约占总数的42.3%。

首先，修饰形容词性谓语占据主要地位，共有18例，约占状语总数的81.8%。例如：

如今那老姑子死了，他这个徒弟因交游甚广，认得的王孙公子【极】多……(《儿》24回)

其次，修饰动词性谓语有3例，约占状语总数的13.6%。

其中，修饰单纯动词的有1例：

……难道把他【极】爱的一个干女儿给他最疼的一个外甥儿，他还有甚么不愿意的不成？(《儿》23回)

修饰动宾短语的有2例。例如：

原来那孩子【极】怕张姑娘。(《儿》37回)

最后，还有1例修饰方位词，约占状语总数的4.5%。例如：

吴大人回头指道：“这号在东边【极】北呢。”(《儿》34回)

对于以上，“极”作补语占据主要地位的情况，陈群（2006）曾指出[①]：

---

①陈群. 近代汉语程度副词研究[M]. 成都：巴蜀书社，2006：77.

就《西游记》、《金瓶梅词话》、《儿女英雄传》三部小说而言，程度副词“极”在句子中作补语占总语料的22%左右①（在三部小说中总共搜集程度副词“极”的语料167条，其中作补语37条）。值得注意的是，《金瓶梅词话》中没有“极”作补语的情况，《西游记》中“极”作补语只有1例，《儿女英雄传》中“极”作补语共有36例。

为了对程度副词“极”作补语的情况有更为详尽的了解，我们又调查了两部明代白话小说《三遂平妖传》《水浒全传》，一部清代白话小说《儒林外史》，结果发现，《三遂平妖传》中没有程度副词“极”作补语的语料，《水浒全传》中有3条相应语料，《儒林外史》中有25条“极”作补语的语料。由此，我们可以这样说，程度副词“极”在明代的句法功能主要是作状语，偶尔作补语；而在清代“极”作补语的情况就变得比较常见了。

（三）《正红旗下》和《老舍合集》

发展到老舍时代，“极”的用例大幅度增加，在7万余字的《正》中出现了27例。其语法功能基本又发生了一些变化，分析如下：

（1）主要作状语，共有26例，约占总数的96.3%。

首先，仍然是修饰形容词性谓语最多，共有23例，约占状语总数的88.5%。例如：

四叔的【极】黑【极】亮的眼珠转了几下，拍拍我的头……（《正》6回）

其中还有6例分别修饰“形容词+地”作状语的结构，主要有“用心地、亲热地、严肃地、镇定地、细心地”等。例如：

别无办法，他只好【极】诚恳地高喊：救命啊！（《正》11回）

其次，修饰动词性谓语占据末席，只有3例，约占状语总数的11.5%。

其中，修饰动宾短语有的2例，约占动词性谓语总数的66.7%。例如：

妇女们【极】讲规矩。（《正》2回）

修饰动补短语的有1例，约占动词性谓语总数的33.3%。例如：

平时，牧师【极】看不起眼睛多，可是又不能不仗着他表现自己的大慈大悲，与上帝的无所不知，无所不能。（《正》11回）

（2）“极”作补语的仅有1例，约占总数的3.7%，用在表示心理活动的动词“高兴”之后。例如：

牛牧师高兴【极】了，亲亲热热地把我拉进教堂去，管我叫迷失了的

①我们统计的《红》中“极”作补语为23.4%的比例，大体符合这个范围。

羊。（《正》8 回）

二、副词“极为”

随着双音化趋势的发展，“极”类副词发展出一个新的成员——“极为”。何金松（1994）的研究表明，早在两晋时期就有用例。例如：

齐性奢绮，尤好军事，兵甲器械，【极为】精好。（《三国志·吴书·贺齐传》，转引自何金松，1994：4）

再如：

①长者在楼上，【极为】忧愁。（《须摩提女经》，转引自蒋宗许《汉语词缀研究》，2009：206）

②若印数十百千本，则【极为】神速。（《梦溪笔谈·技艺》）

但是，“极为”的用例是非常少见的。据陈群（2006）研究，在调查的《西游记》《水浒全传》《醒世恒言》《初刻拍案惊奇》《型世言》《封神演义》《三遂平妖传》《金瓶梅词话》《三宝太监西洋记通俗演义》等 9 部明代白话小说中，没有一例程度副词“极为”的语料。①

我们又调查了《二刻拍案惊奇》《警世通言》《喻世明言》等 3 部小说，仅在《二刻拍案惊奇》发现了 1 例，为修饰形容词性谓语。例如：

就是四方名公游客，也多曾有赞叹顶礼，请求拜观，留题姓名日月的，不计其数，算是千年来希奇古迹，【极为】难得的物事。（《二刻拍案惊奇》卷 1）

发展到清代，“极为”的用例仍然很少见，据陈群（2006）调查，在 21 部清代白话小说中，共搜集到 28 条语料。② 主要为修饰形容词性谓语和动词性谓语。例如：

①只是我听人说，你公公平常待你【极为】刻薄，是有的罢？（《老残游记》16 回）

②你们两位老兄，能够从今日起，事事节俭下来，一反从前所为，兄弟极为佩服，【极为】欢喜。（《官场现形记》20 回）

③国忠说道：“此言【极为】有理，事不宜迟，烦两妹入宫计之。”

①陈群. 近代汉语程度副词研究［M］. 成都：巴蜀书社，2006：94.

②包括《儒林外史》《红楼梦》《镜花缘》《孽海花》《花月痕》《官场现形记》《二十年目睹之怪现状》《糊涂世界》《说岳全传》《海上花列传》《老残游记》《绿野仙踪》《隋唐演义》《济公全传》《七侠五义》《儿女英雄传》《荡寇志》《豆棚闲话》《飞龙全传》《品花宝鉴》《薛刚反唐》等 21 部作品。参见陈群. 近代汉语程度副词研究［M］. 成都：巴蜀书社，2006：94-95.

（《隋唐演义》89回，转引自陈群，2006：97）

在我们的考察中，《红》和《儿》中均未出现用例。

后发展到老舍时代，“极为”的用例依然少见，语法功能上未发生大的变化。但是，全部为修饰形容词性谓语，未出现修饰动词性谓语的例子。在《正》中出现了1例，为修饰双音节形容词。例如：

我们特有的名词，如牛录、甲喇、格格……他不但全懂，而且运用的【极为】正确。（《正》6回）

《老》中出现了2例，也是修饰双音节形容词。例如：

①本报记者敬聆之下，【极为】满意！（老舍《赵子曰》）

②某公园【极为】幽静的一角，王秀竹愁苦地坐在一块大石上……（老舍《全家福》）

发展到以王朔为代表的新北京话时代，“极为”的使用情况发生了变化。不仅用例大幅度增加，共出现了36例，而且语法功能也变为主要修饰形容词性谓语和动词性谓语。例如：

①“我说的是真的。”南希态度【极为】认真。（王朔《编辑部的故事》）

②马林生心中冷笑不止，对儿子施展的拙劣的笼络手段【极为】蔑视，把老子当成什么啦？（王朔《我是你爸爸》）

“极为”在《汪曾祺全集》、邓友梅的《烟壶》中都有用例。例如：

①这条河四通八达，运粮【极为】方便。（《汪曾祺全集·八千岁》）

②双黄鸭蛋、醉蟹、董糖、连万顺的茶干，凑成四色礼品，馈赠亲友，【极为】相宜。（《汪曾祺全集·茶干》）

③这前一类烧成“古月轩”未免不雅，这后一类例【极为】对路。（邓友梅《烟壶》）

三、副词“极其”

随着双音化趋势的发展，“极”类副词又发展出一个新的成员——“极其”。对于“极其”产生的时代及其成因讨论，历来都未形成真正统一的结论。对此，张谊生先生（2007）曾将其分为晚唐说与南宋说①，为了行文的方便，我们不避烦琐，兹录如下：

---

①张谊生. 从间接的跨层连用到典型的程度副词——“极其”词汇化和副词化的演化历程和成熟标志[J]. 古汉语研究，2007（4）：64-70.

对于副词“极其”形成的时代，目前有两种观点：太田辰夫、曹广顺、何金松编《虚词历时词典》、志村良治以及吴福祥、唐贤清均认为“极其”形成于晚唐，所举例句都是：

使者晏子，【极其】丑陋，面目青黑。（敦煌变文集·晏子赋）

唐贤清还列举了《敦煌变文集》中的另一个例句：

忽见一人，四体【极其】羸劣，形容瘦损，喘息不安。（敦煌变文集·八相变）

《古代汉语虚词词典》也认为“极其”形成于唐朝，但所举的例子却是：

解罗衣之际，态有余妍，低帏昵枕，【极其】欢爱。（蒋防·霍小玉传）

罗竹风主编《汉语大词典》、雷文治主编《近代汉语虚词词典》认定副词“极其”形成于宋代，所举例句是：

人之才力虽【极其】大，终有限量。（宋·张栻·增学士安国公敬简堂记）

杨荣祥也认为形成于宋代，也列举了《朱子语类》中的例句：

也是被他炼得气清，皮肤之内，肉骨皆已融化为气，其气又【极其】轻清，所以有“飞升脱化”之说。（朱子语类·中庸二）

至于副词“极其”的成因，雷文治《近代汉语虚词词典》曾引用王先慎对《韩非子》的集解，认为“其”通“甚”，“极其”是“同义连用”；而唐贤清、杨荣祥则认为“极其”是由动词“极”和代词“其”连用、虚化而成的。

通过以上分析，张谊生提出自己的观点，认为“极其”“萌芽于南宋，形成于元明，成熟于清朝”①，并佐以大量例证和分析来证明其观点。通过比较和鉴别，我们赞同张谊生先生的意见。

虽然明清时期，“极其”已经发展得较为成熟，但是用例一直不是很多。据陈群（2006）统计，在其调查的《西游记》等18部明清小说中，“极其”共出现了160例②，平均每部才出现8—9例。

发展到曹雪芹时代，情况仍然如此。《红》中共出现了4例，全部为修饰形容词性谓语。例如：

这天齐庙本系前朝所修，【极其】宏壮。如今年深岁久，又【极其】荒

---

①张谊生. 从间接的跨层连用到典型的程度副词——“极其”词汇化和副词化的演化历程和成熟标志[J]. 古汉语研究，2007（4）：64-70.

②陈群. 近代汉语程度副词研究[M]. 成都：巴蜀书社，2006：86.

凉。里面泥胎塑像皆【极其】凶恶，是以忙忙的焚过纸马钱粮，便退至道院歇息。(《红》80回)

发展到文康时代，《儿》中“极其”的用例虽然减少了1例，但是语法功能却较《红》有所丰富。

(1) 修饰形容词性谓语仍占主导地位，共有2例，约占总数的66.7%。例如：

①老爷因他这次算那地册弄得【极其】精细，……颇觉他有点儿出息。(《儿》34回)

②那时号里士子大半出去游玩去了，号里【极其】清净。(《儿》35回)

(2) 有1例是修饰动词性谓语，约占总数的33.3%。例如：

原来乌大人那位太太相貌虽是不见怎的，本领却是【极其】来得，虽乌大人那样的精明强干，也竟自有些“竖心傍儿”。(《儿》40回)

发展到老舍时代，“极其”虽然在《正》中出现了3例，就比例来说，远远高于《红》和《儿》，但是在《老》中却仅出现1例。这样看来，“极其”的用例又有所减少。在这4例中，修饰形容词性谓语的有3例，占总数的75%。例如：

小童儿年纪虽小，却穿着件扑着脚面的长衫，显出【极其】老成，在老成之中又有点顽皮。(《正红旗下》11回)

修饰动词性谓语的有1例，占总数的25%。例如：

他也没有骨头，所以也看不起骨头——他重视，【极其】重视，酱肉。(《正红旗下》9回)

发展到以王朔为代表的新北京话时代，“极其”的用例仍较少，共出现了4例，语法功能未发生大的变化，但出现了些许细微变动，如下。

一是全部修饰形容词性谓语。例如：

接着，大家开始互相道歉，【极其】诚恳，骂人的拉着挨骂的手。(王朔《编辑部的故事》)

二是未出现修饰动词性谓语的例子，但是出现了修饰“形容词+地”充当状语的例子，共2例。例如：

①但生命活动是无穷无尽没完没了的，只要活着一天，就要【极其】复杂地把做过无数遍的事再重复地做一遍，只能成功不能失败。(王朔《痴人》)

②有时我也想到杜梅，独处时或看电视时思绪会突然飘落到她身上，过去我们共同生活的一些片断会有声有色【极其】生动地出现在我眼前，令我

久久怅然。（王朔《过把瘾就死》）

四、副词“极是”

“极”类副词进一步向前发展，与词缀“是”结合，形成“极是”。《汉大》取《初刻拍案惊奇》的例子。例如：

此只讨得一半价钱，【极是】便宜的。（《初刻拍案惊奇》卷6）

但我们发现，宋代即有合格的“极是”用例。例如：

彩山【极是】华丽。（《宣和遗事·前集》，转引自雷文治，2002：213）

发展到明代，“极是”的用例较多。例如：

①真人答道：“……他是额外之人，四方显化，【极是】灵验，世人皆称为道通祖师。”（《水浒传》1回）

②西门庆娶妇人到家，收拾花园内楼下三间与他做房……白日间人迹罕到，【极是】一个幽僻去处。（《金瓶梅词话》9回）

③……他家大娘子又贤惠，平日【极是】与我女儿说得来的，敢怕也情愿？（《二刻拍案惊奇》卷15）

“极是”在明代著作中的用例词频见下表：

单位：例

	三	水	金	醒$_1$	初	二	醒$_2$	总计
极其	1	5	12	26	27	14	19	104

注：以上语料分别为《三遂平妖传》《水浒传》《金瓶梅词话》《醒世恒言》《初刻拍案惊奇》《二刻拍案惊奇》《醒世姻缘传》

发展到曹雪芹时代，“极是”的用例有所减少，《红》中共出现了3例。分别为修饰形容词性谓语（2例）和句子形式（1例），如下：

①他两家的房舍【极是】便宜的，咱们先能着住下……（《红》4回）

②谁知贾菌年纪虽小，志气最大，【极是】淘气不怕人的。（《红》9回）

③原来天子【极是】仁孝过天的，且更隆重功臣之裔，一见此本，便诏问贾敬何职。（《红》63回）

发展到文康时代，“极是”已经变得较为罕见，在《儿》中没有用例。

发展到清末时期，在晚清四大谴责小说中，只有在《二十年目睹之怪现状》中出现了1例“极是”的用例，为修饰双音节形容词。例如：

听说四川地方，民风【极是】俭朴，出产又是富足，鱼米之类，都极便

宜，不知可确？（《二十年目睹之怪现状》81 回）

“极是”在清代著作中的用例词频见下表：

单位：例

	儒	歧	红	儿	官	孽	二	老	总计
极是	6	10	3	0	0	0	1	0	20

注：以上语料分别为《儒林外史》《歧路灯》《红楼梦》《儿女英雄传》《官场现形记》《孽海花》《二十年目睹之怪现状》《老残游记》

通过上表，我们可以清楚地看出，“极是”的使用在清代是逐渐减少的。

发展到老舍时代，“极是”几乎消失。在《正》和《老》中都未出现用例。

发展到王朔时代，在《王朔合集》、《汪曾祺全集》、邓友梅的《烟壶》以及刘绍棠的《蒲柳人家》中都未见到用例。另外，陈群（2006）还调查了冯德英《苦菜花》等 8 部现代汉语作品，也没有发现一例。① 由此，我们可以说，程度副词“极是”已经基本消失了。

五、“极”类副词小结

虽然程度副词“极”自先秦时期就已经产生，但我们认为其语法功能完全定型是在老舍时代。原因在于，“极”的主要语法功能是作状语。但是在文康时代，却出现了作补语占据主要语法功能的情况，由此我们可以得出，直到清中叶，“极”的语法功能还未完全定型，而发展到老舍时代时，其作状语已经远远领先于作补语的比例。而且，之后也未发现逆转的情况。因此，我们认为“极”自老舍时代之后完全定型。

由于副词双音化趋势的发展，副词“极”产生以后，一直受到“极为”“极其”“极是”等双音节副词的竞争。但通过上文的考察和分析，我们发现，这 3 个双音节副词的发展各有千秋。

“极为”产生得最早，但是用例一直较少见，发展非常缓慢，在很多明清小说中（包括《红》和《儿》），竟然 1 例都没有。后发展到现代，用例开始增多。

“极其”自产生后，用例一直不多，不能对“极”产生真正的冲击，一直是作为“极”类副词的补充角色出现的，并沿用至今。

---

①陈群．近代汉语程度副词研究[M]．成都：巴蜀书社，2006：81.

“极是”的发展又是另外一种路径：“极是”自产生后，短时间内就获得了极大的发展。明代是“极是”产生和快速发展的时期，尤其是到了明中晚期，更是达到了发展的最高峰；此后进入清代，“极是”便开始慢慢衰落，在曹雪芹时代已不多见，发展到文康时代更是没有用例，晚清时期已经罕见；发展到老舍时代一直到现代汉语时期，“极是”已经基本消失了。这与陈群的研究基本一致。①

由这三者的发展，我们可以得出以下两点结论：

第一，虽然双音节“极”类副词都对副词“极”产生了竞争和冲击。但是，“极”一直是最常用的“极”类副词，是其语法意义和语法功能的主要承担者。直到现在，也是较常用的程度副词之一。

第二，双音节“极”类副词内部也有竞争和替换关系。“极其”一直平稳发展，似乎对另外两个未产生冲击；“极为”和“极是”却在明之前—明—清—至今这段历史长河中，发生了此消彼长的变化。最终，“极为”得以真正发展起来，而“极是”却退出历史舞台。

---

①陈群通过对 11 部明清白话小说及 8 部现代汉语作品的调查，得出结论：“极+是+其他成分”这种格式在明代比较常用，在清代便逐渐走向衰亡，现代汉语中，已经见不到（或者极少见到）这个格式了。参看陈群. 近代汉语程度副词研究[M]. 成都：巴蜀书社，2006：80-81.

第四章 北京话时间副词历时发展（1750—1950）

第一节 “曾”类副词的历时嬗变

“曾”类副词主要包括“曾”和“曾经”。

一、副词“曾”

“曾”是“曾”类副词的根词，是其语法功能的主要承担者。《玉篇》：“曾，经也。”“曾”主要用于动词或谓语前，作状语。先秦时已有用例。例如：

曷为归狱仆人邓扈乐？庄公存之时，乐【曾】淫于宫中，子般执而鞭之。（《公羊传·闵公元年》，转引自《古虚》，1999：47）

“曾”表示某种行为或情况、事实发生过或出现过。但在我们考察的语料中，“曾”不是如此简单地出现在句中。

首先，当“曾”的前面出现否定副词“不”“未”“没”时，表示动作行为或情况没有发生过。例如：

①我来迟了，【不曾】迎接远客！（《红》3回）

②宝玉笑道：“虽然【未曾】见过他，然我看着面善，心里就算是旧相识，今日只作远别重逢，亦未为不可。”（《红》3回）

③幸而琏二爷不在家，【没曾】圆房，这还无妨。（《红》69回）

其次，有时“曾”与“何”“可”“几”等连用，表示疑问、反诘语气。例如：

①凤姐道：“我【何曾】不知这焦大……”（《红》7回）

②周瑞家的又道："十五的月例香供银子【可曾】得了没有？"（《红》7回）

③不叫你进不来的地方，【几曾】有外头的媳妇子们无故到姑娘们房里来的例。（《红》73回）

《现汉》对"何曾"的解释如下：

【何曾】副 用反问的语气表示未曾：这些年来，他~忘记过家乡的一草一木？

我们认为虽然"何曾"等词也表达了否定的意义，但是它更多的是通过反问句的形式来表达一种情感，加强一种语气。

再次，有时"曾"与范围副词"亦""也""皆"等连用，表示同样发生过或存在过某情况。例如：

①那顽石【亦曾】记下他这幻相并癞僧所镌的篆文，今亦按图画于后。（《红》8回）

②黛玉虽不识，【也曾】听见母亲说过，大舅贾赦之子贾琏，娶的就是二舅母王氏之内侄女……。（《红》3回）

③惜春道："古人【曾也】说的，'不作狠心人，难得自了汉。'……"（《红》74回）

④蝌岫二人前次途中【皆曾】有一面之遇，大约二人心中也皆如意。（《红》57回）

最后，有时"曾"与时间副词"已"并用，构成"已曾"表示过去。例如：

昨日【已曾】上库上去领……。（《红》64回）

我们根据以上所分析的副词的语法意义并参考前人的分类成果，将"不曾""未曾""没曾"等主要表达否定意义的词归入否定副词一类；"何曾""可曾""几曾"等主要表达疑问、反诘语气的词，归入语气副词一类；"亦曾""也曾""曾也""皆曾""已曾"等还是看作过去时间副词。我们认为各种副词与"曾"连用或并用后，形成新的副词形式突破了"曾"本身的语法意义，形成了一个"曾"类副词的集合，分为时间副词、语气副词和否定副词三大类。

我们将其分类和在4部著作中出现的次数列表如下：

单位：例

<table>
<tr><th colspan="2"></th><th>红</th><th>儿</th><th>正</th><th>老</th><th colspan="2">总计</th><th>比例</th></tr>
<tr><td rowspan="6">时间副词</td><td>曾</td><td>40</td><td>118</td><td>3</td><td>28</td><td>189</td><td rowspan="6">260</td><td>72.7%</td></tr>
<tr><td>亦曾</td><td>9</td><td>0</td><td>0</td><td>0</td><td>9</td><td>3.5%</td></tr>
<tr><td>也曾</td><td>31</td><td>23</td><td>0</td><td>5</td><td>59</td><td>22.7%</td></tr>
<tr><td>曾也</td><td>1</td><td>0</td><td>0</td><td>0</td><td>1</td><td>0.4%</td></tr>
<tr><td>皆曾</td><td>1</td><td>0</td><td>0</td><td>0</td><td>1</td><td>0.4%</td></tr>
<tr><td>已曾</td><td>1</td><td>0</td><td>0</td><td>0</td><td>1</td><td>0.4%</td></tr>
<tr><td rowspan="3">语气副词</td><td>何曾</td><td>37</td><td>13</td><td>0</td><td>2</td><td>52</td><td rowspan="3">71</td><td>73.2%</td></tr>
<tr><td>可曾</td><td>5</td><td>6</td><td>0</td><td>6</td><td>17</td><td>23.9%</td></tr>
<tr><td>几曾</td><td>2</td><td>0</td><td>0</td><td>0</td><td>2</td><td>2.8%</td></tr>
<tr><td rowspan="3">否定副词</td><td>不曾</td><td>86</td><td>367</td><td>1</td><td>7</td><td>461</td><td rowspan="3">514</td><td>89.7%</td></tr>
<tr><td>未曾</td><td>19</td><td>15</td><td>0</td><td>17</td><td>51</td><td>9.9%</td></tr>
<tr><td>没曾</td><td>1</td><td>0</td><td>0</td><td>1</td><td>2</td><td>0.4%</td></tr>
</table>

通过以上的比较分析，我们可以得出以下结论：

一是虽然“曾”最早是以时间副词的身份出现，但在漫长的历史发展过程中，它主要与“不”结合形成“不曾”，来表达一种否定的概念，否定副词的用法成为其最主要的用法，而时间副词是第二位的，或者说，时间副词“曾”主要用在否定环境中。

二是“曾”作为一个先秦时就已经产生的时间副词，发展至今，用法虽然未有大的改变，但使用频率却是走低的，而且主要用在文言句式中。虽然其用例在《儿》中有118例，高于《红》的40例，但其总的趋势是减少的，在160万字的《老》中，仅有28例。至于“亦曾”“已曾”“曾也”等文言色彩浓厚的副词，用例更为罕见，甚至没有。

三是“曾”类副词适用的句式较为广泛，既可以用于肯定句式中，如“曾”“也曾”等，又可以用于否定句式中，如“不曾”“没曾”“未曾”等，还可以用于反问、疑问语气中，如“何曾”“可曾”等。

二、副词“曾经”

“曾”类副词在后来的发展过程中产生了双音节副词“曾经”。关于“曾经”的来源和构成形式，主要有以下两种意见：一种以太田辰夫为代表，他（1958）认为：“曾经在语源上大约是‘曾经过……’，但‘经’后缀化而‘曾经’只是成为和‘曾’意义相同了。”①；另一种以何金松（1994）为代表，认为“曾经”是一个并列复合式副词，“可能是因为看到‘经’在六朝也是一个比较常见的时间副词，义同‘曾’，因而认为‘曾经’是同义并列复合成词”②。

杨荣祥（2005）在分析了以上两位学者的观点后，认为：“（太田辰夫）对‘曾经’的语源的说法是正确的，但说‘经’是‘接尾词’（按：即后缀），则不可从。……（何金松）此说不可信。因为‘经’用作副词本身也是由动词‘经过’义发展来的，此其一；第二，‘曾经’中，说‘经’的原义为‘经历、经过’，‘曾经’由‘曾经经历’义发展为表过去的时间副词，从语义发展来看是很自然的；第三，特别是结合时间副词‘已经’（产生于宋代）来看，‘曾经’中‘经’的原义肯定是‘经历、经过’。《敦煌变文集》中还有‘曾经’作为二词连用，‘曾’为副词、‘经’为动词的例子：自从挥剑事高皇，大战【曾经】数十场。（变文，一，37）”③

因而，以杨荣祥为代表的第三派学者认为：“‘曾经’是一个重新分析复合副词，由副词‘曾’（曾经）加动词‘经’（经历、经过）演变而来。‘曾’与‘经’结合为复合副词之前是两个单音词，两词在句法结构中不是直接成分。……‘曾经’凝固为一个表过去的时间副词大约始于六朝。”④

其实，杨荣祥的观点，《古虚》中早已有所体现，解释为：

【曾经】复合虚词，由副词“曾”和动词“经”复合而成；“经”在这里虚化。仍作副词，唐时产生，至今沿用。

我们赞成杨荣祥一派的观点，但杨荣祥等对“曾经”的发展历史和虚化过程描述得较为简单，张谊生（2003c）曾对其进行过比较深入的讨论，他详细地论述了“曾经”从秦—六朝，唐—宋—明—清，清至今的虚化、演变过程，并指出“值得注意的是，‘曾经’的凝固化并不一定导致副词的产生。

①太田辰夫. 中国语历史文法（修订译本）[M]. 蒋绍愚，徐昌华，译. 北京：北京大学出版社，2003：254.

②杨荣祥. 近代汉语副词研究[M]. 北京：商务印书馆，2005：116.

③杨荣祥. 近代汉语副词研究[M]. 北京：商务印书馆，2005：116.

④杨荣祥. 近代汉语副词研究[M]. 北京：商务印书馆，2005：115.

事实上，大约在元明时期，近代白话中产生了一个凝固化的动词性‘曾经’”①，并举了《水浒传》《初刻拍案惊奇》等著作里的用例，进一步指出“这种此消彼长的竞争（按：动词性和副词性用法的竞争）一直延续到清代中叶，譬如在《红楼梦》和《儿女英雄传》中，尽管副词‘曾经’已占有相当的优势，但动词用法仍未绝迹”②。

我们认为上述结论大体是没错的。但我们怀疑动词“曾经”的存在，我们认为“曾”“经”虽然经常连用，但很难说曾凝固成动词，如张谊生举的下例：

那滕生是少年在行，手段高强，弄得狄氏遍体酥麻。元来狄氏虽然有夫，并不【曾经】着这般境界，欢喜不尽。（《初刻拍案惊奇·酒下酒赵尼媪迷花机中机贾秀才报怨》）

张谊生认为时态助词“着”是附着在双音节动词“曾经”上面的，而不是附着在单音节动词“经”上面的。③ 而我们的观点恰恰相反。我们认为，“着”正是附着在单音节动词“经”上面的，“曾”作副词修饰限制“经着”。理由有以下几点：

一是“不曾”词汇化和语法化所完成的时间要早于“曾经”。

关于“不曾”的词汇化过程，杨荣祥（2005）曾指出：“‘不曾’大约产生于六朝，《世说》中已有用例。……唐诗中，‘不曾’已很常见，到《变文》时代，‘不曾’的使用频率已大大高于‘未尝’和‘未曾’。”④

金颖（2008）也做过类似的考察：“‘不曾’出现相对较晚，西晋时才初见端倪，……至南北朝佛经文献中开始多见，但与‘未曾’相比仍居于弱势。……唐以后‘不曾’发展迅速，《敦煌变文集》中共见51次，数量已经远远超过‘未曾’（15次）成为主导。”⑤

并且据杨荣祥统计，“不曾”在《祖堂集》中出现了46次，在《朱子语类》最后40卷（101—140卷）中出现了303例。在我们的考察中，元代语料《新编五代史平话》中出现了6例。例如：

---

①张谊生. 从“曾经”的功能扩展看汉语副词的多能性[J]. 汉语学习，2003c（5）：1-9.

②张谊生. 从“曾经”的功能扩展看汉语副词的多能性[J]. 汉语学习，2003c（5）：1-9.

③张谊生. 从“曾经”的功能扩展看汉语副词的多能性[J]. 汉语学习，2003c（5）：1-9.

④杨荣祥. 近代汉语副词研究[M]. 北京：商务印书馆，2005：382.

⑤金颖.“未尝、未曾、不曾”的历时更替及其原因分析[J]. 暨南学报：哲学社会科学版，2008（3）：119-123.

无计奈何，郭威做成竹弹弓一张，拾取小石块子做弹子，待那飞禽来偷谷时分，便弯起这弓，放取弹子，打这禽雀。却【不曾】弹得雀儿，不当不对把那邻家顾瑞的孩儿顾驴儿太阳穴上打了一弹。（《新编五代史平话·周史平话卷上》）

这是“不曾”修饰动词“弹得”（动词“弹”与助词“得”结合），结构为“不曾//弹得”。

“不曾”在明代语料《金瓶梅词话》中出现了 227 例。例如：

武松见虎没力翻身回来，双手抡起梢棒，尽平生气力，只一棒。只听得一声响，簌簌地将那树枝带叶打将下来。原来【不曾】打着大虫，正打在树枝上，磕磕把那条棒折做两截，只拿一半在手里。（《金瓶梅词话》1 回）

这是“不曾”修饰动词“打着”（动词“打”与助词“着”结合），结构为“不曾//打着”。

这两例都是动词（弹、打）与助词（得、着）结合后，受副词“不曾”修饰限制。

《金瓶梅词话》中还有 1 例是“不曾”修饰动词“经过”。例如：

正说着，不想那潘金莲正在外边听见，不觉的怒从心上起，就骂道：“没廉耻、弄虚脾的臭娼根，偏你会养儿子哩！也【不曾】经过三个黄梅、四个夏至，又不曾长成十五六岁，出幼过关，上学堂读书，还是水的泡，与阎罗王合养在这里的！……”（《金瓶梅词话》57 回）

这说明在产生《初刻拍案惊奇》等著作的明代，“不曾”早已凝固为一个固定、常用的否定副词，不仅可以修饰“弹”“打”等动词，也可以修饰动词“经过”，组成“不曾经过”结构。而正因“曾”与“经”经常同时出现，且受现代汉语语法的影响，才会有将“曾经”误划为动词的可能性。《二刻拍案惊奇》中“不曾”共出现 178 例，其中也有 1 例修饰动词“经过”。例如：

孙小官自是小小年纪，【不曾】经过甚么事体，见了这个光景，岂不慌怕？（《二刻拍案惊奇》35 卷）

但是，此时的“曾经”还未完全词汇化、语法化，正处在虚化的过程中，这也是张谊生先生选取此例的原因之一。

一个是已经完成词汇化、语法化的否定副词“不曾”，一个是未完全词汇化、语法化，正处在虚化的过程中的“曾经”。当两者连用，构成“不曾经着”时，“不曾”的紧密关系要远远大于“曾经”。

二是我们认为“不曾经着”的结构关系应该为“不曾// 经着”，由否定副词“不曾”修饰、限制动词“经着”，而非张谊生所说的“不//曾经着”。

关于“不曾”，《现汉》和《八百词》分别作如下解释：

【不曾】副 没有⑦（“曾经”的否定）：我还~去过广州｜除此之外，~发现其他疑点。（《现汉》）

【不曾】对“曾经”的否定。只用于动词语的前面。动词后面常有“过”，但不用“过”意思不变，多用于书面。

这种事在历史上也~出现过｜过去~发生的问题今天也出现了｜~来过｜老张~提过他们兄弟失和的事（《八百词》）

以上两部辞书都将其解释为对“曾经”的否定，这说明古人在说话、行文时，表示“曾经经历过”之义时，用“曾//经着”的“1+2”式表达，此时的“曾经着”明显是短语的用法，而如此划分也符合冯胜利先生的研究。①当表示“没有曾经经历”之义时，则用“不曾//经着”表达。

其实，表示“没有曾经经历”之义，不仅可以前加“不曾”，还可以前加否定副词“没曾”“没”等。例如：

①金莲道：“……看不出他来？贼忘八，造化低，你惹他！生姜，你还【没曾】经着他辣手。”（《金瓶梅词话》22回）

②我从来【没】经着这们等的，我害怕。（《醒世姻缘传》92回）

特别是在对举时，这种用法更明显。例如：

寄姐道：“你不言语，是待叫我拿下等待你呀？这个不难。老娘的性子别人【没经着】，你问问做官的，他【经着】来。惹的我用那一等，待开了头，你叫我另改，可是不能的。你快着拣一等好的认了便宜！”（《醒世姻缘传》95回）

由此，张谊生先生的“并不曾经着这般境界”一例，就可以解释为“并未曾经经历过这种境界”。

三是在笔者的家乡——山东，人们的口语、对话中经常会用到动词“经”+动态助词“着”，构成“经着”的例子。例如：

①现在的孩子浪费粮食这么厉害，那是没【经着】饿啊！

②他都这么大了还担不了事，从小没【经着】锻炼啊！

“经着”还可以单独作谓语，例如下面的对话场景：

---

①冯胜利曾指出：[1+2] 式要么不能说，要么只能是短语。参看冯胜利. 论汉语的“韵律词”[J]. 中国社会科学，1996（1）：161-176.

同学甲：新来的老师可厉害了，经常体罚学生！

同学乙：不会吧？我不信！

同学甲：不信？你这是没【经着】来！

其实，这种用法在一些文学作品中也存在。例如：

①那婆子笑道："不是老身夸口，凭你天大样疑难事体，【经着】老身，一了百当。大爷有甚事，只管分付来，包在我身上与你完成。"（《醒世恒言》16卷）

②所以小户人家儿女，【经着】后母，十个到有九个磨折死了。（《醒世恒言》16卷）

③急的妇人仰身迎播，口中不住声叫："达达，快些进去罢，急坏了淫妇了，我晓得你恼我为李瓶儿，故意使这促却来奈何我，今日【经着】你手段，再不敢惹你了！"（《金瓶梅词话》27回）

"经"还可以重叠使用。例如：

①向二鬼道："着他【经经】也好，还少胡行乱跑些。……"（北京大学CCL语料库）

②你很年轻，正象苗圃里的小树苗，只要能在艰苦的环境中【经经】风雨，受受锻炼，就能够长成参天大树。（李语词《王建元的故事》）

通过以上分析，我们可以较为清楚地看出，动词"经"后接动态助词"着"是客观存在的，义为"经历过；经受过"等。"不曾经着"只不过是在动词"经着"前加否定副词"不曾"，受其修饰、限定而已。

如此，张谊生先生的"并不【曾经】着这般境界"一例，就可以解释为"并未曾经经历过这种境界"。

同理，"经"后也可以接其他动态助词"了"或表示"已经发生"的助词"来"（=来着）①，组成"经了""经来"等。例如：

①季典史极力辩洗，【经了】多少问官，后【经了】一个本府军厅同知，才问出真情，方与这季典史申了冤枉。（《醒世姻缘传》51回）

②谢希大道："自古道：强将手下无弱兵。毕竟【经了】他们，自然停当。"（《金瓶梅词话》54回）

同样，"经着""经了""经来"等也可以受时间副词"曾"的修饰、限制，组成"曾经着""曾经了""曾经来"，义为"曾经经历过""经受过"。

---

①吕叔湘. 现代汉语八百词（增订本）[M]. 北京：商务印书馆，1999：346.

这样，我们就可以较为合理地解释张谊生的另外几例。例如：

且说军师吴用传令诸将："权且收军，罢战回山。"车子上载了宋江，连夜起发。北京城内【曾经】了伏兵之计，只猜他引诱，不敢来追。（《水浒传》65回）

此处"曾经了"可以解释为"曾经经历了"之义，而且符合全文意思，即正因为经历过伏兵之计，所以不敢来追。

①这事我也【曾经】来。我家在南雄府住，丈夫富贵，也被申公摄来洞中五年。（《喻世明言·陈从善梅岭失浑家》）

②行者道："你还不【曾经】着哩。若是先吃头，一口将他咬下，我已死了，凭他怎么煎炒熬煮，我也不知疼痛；……"（《西游记》32回）

第①例中"曾"修饰限制动词"经来"，文中的"来"等同于助词"来着"，即为吕叔湘先生所说的"来³"，用在句末，表示曾经发生过什么事情①。因而"曾经来"可以解释为"曾经经历过来着"。

例②类似前例"元来狄氏虽然有夫，并不【曾经】着这般境界，欢喜不尽"。

"曾"可以修饰限制带助词"着、了、来"的动词"经"，同样可以修饰单独动词"经"，而且这是"曾经"虚化的必经之路。例如：

①原来这十路军马，都是【曾经】训练精兵，更兼这十节度使，旧日都是在绿林丛中出身，后来受了招安，直做到许大官职，都是精锐勇猛之人，非是一时建了些少功名。（《水浒传》78回）

②西门庆恭身进了大门，只见中门关着不开，官员都打从角门而入。西门庆便问："为何今日大事，却不开大门？"翟管家道："原来中门【曾经】官家行幸，因此人不敢打这门出入。"（《金瓶梅词话》55回）

以上两例"曾经"是"曾"修饰"经"，解释为"曾经过"。同样，下例也作此解释：

盖此等事作者【曾经】，批者【曾经】，实系一写往事，非特造出，故弄新笔。[《脂砚斋重评石头记》（庚辰本）77回]

此3例被张谊生先生认为是动词性"曾经"单独作谓语的例子，但我们认为是动词"经"单独作谓语。

综上，我们认为，副词性"曾经"是由结合得较为紧密的动词性短语"曾经"虚化而来的。其虚化历程如下：

---

①吕叔湘. 现代汉语八百词（增订本）[M]. 北京：商务印书馆，1999：348.

“曾”（副词）↘

“曾”“经”（动词性短语）⟶“曾经”（副词）

“经”（动词）↗

在我们考察的语料中，“曾经”在《红》中未有副词的用例，出现的2例仍是动词性短语的用法。例如：

①贾珍知道这张道士虽然是当日荣国府国公的替身，【曾经】先皇御口亲呼为“大幻仙人”，如今现掌“道录司”印，又是当今封为“终了真人”，现今王公藩镇都称他为“神仙”，所以不敢轻慢。（《红》29回）

②宝玉笑道：“固然如此说。但我知道姐姐断不许妹妹有此伤悼语句，妹妹虽有此才，是断不肯作的。比不得林妹妹【曾经】离丧，作此哀音。”众人听说，都笑了。（《红》70回）

以上两例的“曾经”显然解释为“曾经经历过”比较恰当。

发展到文康时代，动词短语和副词性用法仍然并存。《儿》中共出现了8例“曾经”用例，其中动词性短语和副词性的用法各占4例。

动词性短语的用例，如：

这个当儿，要说安公子果然不怕，没这情理。一则是【曾经】和尚那等的性命相扑，合十三妹那等的电雷交作，觉得“【曾经】沧海难为水”。（《儿》11回）

在“曾经和尚那等的性命相扑”句中，“曾经”作“曾经经历过”解，比较好理解。而对“曾经沧海难为水”中“曾经”的解释，人们却有不同的理解。

【曾经】沧海难为水，除却巫山不是云。（元稹《离思》之四）

张谊生（2003c）认为此句“在《古代汉语虚词词典》（中国社会科学院语言研究所古代汉语研究室编，商务印书馆，2001）中都被当作了一个时间副词，其实严格地讲，它们都还没有完全融合”①。他进一步指出：“刚开始，无论‘经’后面是‘动词性谓语’还是‘名词性谓语’，‘曾’都是修饰整个‘经N/动词性谓语’的。……由于‘曾’和‘经动词性谓语’经常在一

①张谊生. 从“曾经”的功能扩展看汉语副词的多能性[J]. 汉语学习，2003c（5）：1-9.

起共现，‘曾’和‘经’之间的分界就慢慢地消失（boundaryloss）了，谓词性短语‘曾经动词性谓语’的内部结构关系逐渐地由动宾转向了偏正，语义重心也相应地落到了后面‘V（P）’的上面，于是‘曾经’就虚化、融合为一个双音节的时间副词了。”①

我们同意张谊生的意见，从下例中，可以更清楚地看出其作为动词性短语的用法。例如：

请教，一个【曾经】沧海的十三妹，这些个顽意儿可有个不在行的？（《儿》31 回）

“曾经沧海”整体作定语，修饰限制“十三妹”，“曾经沧海”则为副词“曾”修饰“经沧海”，语法关系如下：

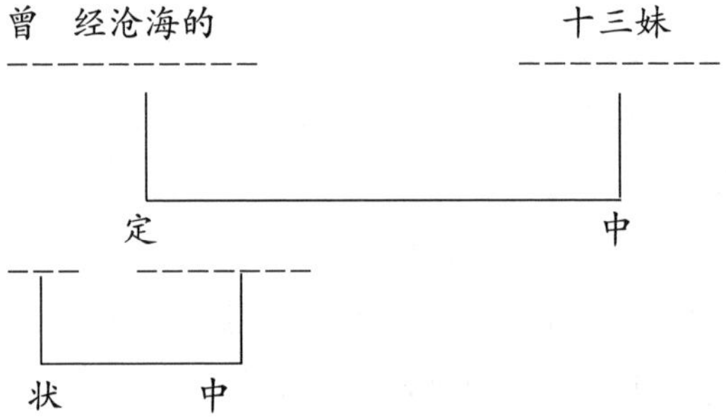

显然，全句解释为“曾经经历过沧海、世事变幻的十三妹”比较合理。

另外还有 4 例，“曾经”只有作为副词的用法，已经没有作为动词性短语的用法。其全部用在动词性谓语前，而且全部是动宾短语，作状语。

其中 3 例是与动态助词“过”搭配，表示一种“已然体”②。例如：

①那些家将也都会些撂跤打拳、马枪步箭、杆子单刀、跳高爬绳的本领，所以从前征噶尔丹的时候，【曾经】调过八旗大员家的库图扐兵，这项人便叫作“家将”。（《儿》18 回）

②想了一想，转勉强笑道：“我想起来了，记得公公在青云山合我初见的这天，【曾经】提过这么一句，那时我也不曾往下斟酌……”（《儿》29 回）

③却说安老爷……因前年【曾经】许过他临期亲去奉祝，此时不肯失这个信，便打算借此作个远游，访访一路的名胜，到他那里并要多盘桓几日，疏散疏散。（《儿》38 回）

---

①张谊生. 从“曾经”的功能扩展看汉语副词的多能性[J]. 汉语学习，2003c（5）：1-9.

②曹凤霞. 副词“曾经”与“已经”的语法意义及其他[J]. 学术交流，2003（11）：140-143.

还有1例，即使“曾经”直接修饰的动词未与动态助词“过”搭配，但是在动词后面的句法结构中，仍然有“过”。例如：

列公，我说书的【曾经】听见老辈说过一句阅历话，道是：“越是京城首善之地，越不出息人。”（《儿》25回）

这一点与现代汉语中的用法一致，《八百词》就曾指出：“‘曾经’后的动词以带‘过’为主……”① 对于其原因，曹凤霞（2003）曾分析为：“‘曾经’意在强调从前有过某种行为或情况，所表示的行为或情况在说话之前已经结束，并且说话时不如此了。就是说‘曾经’所表示的动作、行为或事件只有完成性而不具有延续性。因此，‘曾经’一般……常与表示‘完成+不延续’的体意义的‘过’共现。”②

发展到老舍时代，“曾经”的动词性短语用法基本消失，只保留了副词用法。这也符合张谊生所得出的结论：“到了19世纪末，在相互竞争中，副词‘曾经’取得了压倒性的胜利，动词‘曾经’基本消失。”③

《正》中仅有2例，都是修饰动词性谓语。其中1例修饰动词性并列短语，1例后接判断动词“是”，修饰限制动宾短语。例如：

①这种制度【曾经】扫南荡北，打下天下。（《正》3回）

②舅舅，【曾经】是偷牲口的流氓，现在不是被称为中国通么？（《正》8回）

《老》中的“曾经”用例较多，共出现了23例。其中，与动态助词“过”搭配的有14例，约占总数的60.9%，依然是表示动作或情况现在已结束的语法意义，体现动作具有一种“非延续性和非有效性”④。

第一，修饰动词性谓语是“曾经”的主要语法功能，共有21例，约占总数的91.3%。其中，又以修饰动宾短语为常，共有13例，约占动词性谓语总数的61.9%。例如：

武术先生说了：【曾经】保过镖，一把单刀，走南闯北，和“南霸天”比过武。（老舍《牛天赐传》）

修饰状中短语的有4例，约占动词性谓语总数的19.0%。例如：

他的自尊心受到很大的创伤，他几乎后悔了【曾经】那样热心帮他们的忙！（老舍《火葬》）

---

①吕叔湘. 现代汉语八百词（增订本）[M]. 北京：商务印书馆，1999：111.

②曹凤霞. 副词“曾经”与“已经”的语法意义及其他[J]. 学术交流，2003（11）：140-143.

③张谊生. 从“曾经”的功能扩展看汉语副词的多能性[J]. 汉语学习，2003c（5）：1-9.

④马真.“已经”和“曾经”的语法意义[J]. 语言科学，2003（1）：23-28.

修饰单纯动词的有 2 例，约占动词性谓语总数的 9.5%。例如：

大家都后悔了——他们【曾经】怀疑过：河岸上只有一营人，是否能挡得住敌兵？（老舍《火葬》）

修饰连动短语的有 2 例，约占动词性谓语总数的 9.5%。例如：

好几位年轻的【曾经】用钱买来过这种病，好几位中年的曾经白拾过这个症候……（老舍《骆驼祥子》）

第二，“曾经”可修饰形容词性谓语，主要修饰单纯形容词。但在句子中，主要是修饰形容词所充当的谓语，共 1 例，约占总数的 4.3%。例如：

王举人说丁家穷，梦莲就说丁家【曾经】阔绰过。（老舍《火葬》）

第三，“曾经”还可以修饰句子形式，仅有 1 例，约占总数的 4.3%。例如：

贺司令治军有年，爱民如子。（前在大名镇守使任内，【曾经】绅商赠匾一方，题曰：民之父母。）不惜性命誓与奸人狗党一决死战。（老舍《赵子曰》）

在此句中，“曾经”本应该在动词“赠”之前。状语前置，充当句首修饰语，从表达的角度来看，一方面与前句中的时间词“前”在格式和位置上相对应；另一方面，位置的异常，吸引人们关注此句（其实是讽刺）。

“曾经”发展至现代汉语中，充当句首修饰语的现象已不再是罕见的用例。例如：

①林小枫的英语考试没过，59 分，差 1 分。【曾经】，英语是林小枫的强项，她有语言天赋，没考过是因为考试那天她突然发起了高烧。（《中国式离婚》6 章）

②【曾经】，很多大学生抱怨社会法制不健全、法制观念淡薄。（北京大学 CCL 语料库）

③【曾经】，人们用“凝固的音乐”来形容外滩建筑群。（北京大学 CCL 语料库）

④【曾经】，我们为冰心老人的《小桔灯》难眠；【曾经】，我们为路遥的《平凡的世界》落泪；【曾经】，我们为一曲《长相守》神伤，而今，我们只能坐看一个个财富“明星”从眼前划过，只能在枯燥的经济学中烦躁。（《蹩脚的财富》，《人民日报》2002 年 10 月 28 日）①

针对这种现象，张谊生（2003c）曾分析道：“‘曾经’之所以被提到主

①例子摘自张谊生. 从“曾经”的功能扩展看汉语副词的多能性[J]. 汉语学习，2003（5）：1-9.

语的前面，从表达的角度看，一方面是为了突显与‘现在’的对比，所以后面常有‘如今’、‘而今’、‘现今’等用以对照的词语；另一方面则是为了承上启下，起到衔接句子或篇章功能。”①

三、“曾”类副词小结

一是“曾经”修饰动词性谓语是其最主要，也是最重要的语法功能。即使其修饰形容词性谓语，也是谓词化的形容词，没有修饰名词性谓语和数量名结构的情况。但是，语言是不断发展变化的，“曾经”也不例外。现代汉语中出现了很多类似“曾经的许诺”“曾经的方案”“曾经的专家”之类的“曾经+的+V/N”的搭配方式。例如：

①【曾经】的北京百货业老大。(《经济日报》)

②《新闻电影——我们【曾经】的年代》由中国摄影出版社出版。(《人民日报》)

③在振兴东北的战役中，作环境保护的领跑者——这样的追求，让沈阳这个【曾经】的“世界十大污染城市”，步入了全面发展的快车道。(《人民日报》2004年5月20日)

“曾经”这个典型的时间副词，为何一反常态，由只在句中谓词前面充当状语变为可以充当定语？这种特殊搭配的基本动因是什么？在表达上又有哪些独特的作用？

对此，张谊生（2003c）给出过精辟的论述，他认为“其动因大致涉及互有关联的三个方面：语言表达的语用需要；语言结构的内部调整；语言演化的发展趋势”②。

二是“曾经”虽然已经虚化为常用的时间副词，但其动词性短语的用法并未完全消失，尤其是在一些新闻标题上还较为常见。例如：

【曾经】风雨　再展鸿图(《经济日报》2000年12月28日)

“曾”和“再”相对，都是时间副词；“经”和“展”并举，都是动词。因而此处的“曾经”即为“曾经经历”之义。

山东郯城　千年银杏　【曾经】嫁接(《人民日报》2004年9月2日)

此处“曾经”也是作动词性短语，义为“曾经经过”。

---

①张谊生. 从“曾经”的功能扩展看汉语副词的多能性[J]. 汉语学习，2003c（5）：1-9.

②张谊生. 从“曾经”的功能扩展看汉语副词的多能性[J]. 汉语学习，2003c（5）：1-9.

第二节 “已”类副词的历时嬗变①

“已”类时间副词主要包括“已”“已经”“已然”3 个副词，其主要语法意义表示过去完成某事或某个动作，在语法功能上主要是修饰、限制谓语。

一、副词“已”

“已”是“已”类副词中最为常用的一个，“已”类副词的其他成员也都由“已”慢慢演变、生发出来，“已”可以说是“已”类副词的根词。因而，可以说“已”是最重要的一个“已”类副词。从古至今，“已”的用法并非一成不变的，而是发生了演变。

《尔雅·释诂》：“已，成也。”《玉篇》：“已，毕也。”《广韵》：“已，止也。”“其本义当指行为的‘完毕’、‘停止’”②。例如：

风雨如晦，鸡鸣不【已】。（《诗经·郑风·风雨》）

后来，由于“已”经常出现于动词之前，形成“已+动词性谓语”结构，“由于结构关系和句法位置的改变，实词由表核心功能转变为表辅助性功能，词义也随之变得抽象空灵，从而导致副词的产生。”③“已+动词性谓语”结构就变成了状中结构，“已”也就由动词义引申为副词用法。例如：

道之不行，【已】知之矣。（《论语·微子》）

“已”不仅可以修饰动词性谓语，还可以修饰限制名词性谓语、数量名结构、句子形式等，这种用法一直沿用至今，与现代汉语没有大的区别。但对于形容词性谓语的修饰，其语法意义却发生了变化。

在古代“已”修饰形容词性谓语，“表示程度之甚，可译作‘太’、‘过’等”④。例如：

①此节部分内容曾以论文形式发表，参见刘冬青．北京话“已”类时间副词的历时嬗变（1750—1950）[J]．河北科技师范学院学报，2022（3）：6-11.

②中国社会科学院语言研究所古代汉语研究室编．古代汉语虚词词典[Z]．北京：商务印书馆，1999：710.

③张谊生．论与汉语副词相关的虚化机制——兼论现代汉语副词的性质、分类与范围[J]．中国语文，2000c（1）：3-15.

④中国社会科学院语言研究所古代汉语研究室编．古代汉语虚词词典[Z]．北京：商务印书馆，1999：711.

①寡人愿有言，然冕而亲迎，不【已】重乎？（《礼记·哀公问》）

②于野则【已】疏，于寝则【已】重。（《礼记·檀弓上》）

而在现代汉语中，“已+形容词性谓语”与“已经+形容词性谓语”基本同义，仅仅表示一种状态的完成，没有了“太”“过”之义。例如：

孩子【已】大了/苹果【已】红了

表“太”“过”义的“已”只存在于文言的书面语中，所以《现汉》作如下解释：

【已】〈书〉副太；过：不为~甚。

二、副词“已经”

在“已”的发展过程中，产生了一个与其意义和用法相同的副词——已经[①]，并与“已”由竞争到互补分工关系，下面我们重点讨论“已经”的发展情况。

对于“已经”的成词过程，杨永龙（2002）曾总结道：

“已经”的成词过程如何？一般认为“已经”成词是“经”的“接尾词化”（太田辰夫，1958），或云“意义丧失”（龚千炎，1995），“词尾化”（蒋冀骋、吴福祥，1997）的结果，也有一些辞书释“经”为“已”，那么“已经”又似乎由“已”“经”同义复合而来。[②]

我们认为，“已经”的结构形式与“曾经”相类似，也是一个重新分析的复合副词，由时间副词“已”（业已、已经）加动词“经”（经历、经过）演变而来。杨永龙（2002）认为“已经”成词和发展的整个过程构成了一个链：功能扩展→重新分析→功能扩展。[③]

关于“已经”的成词年代，太田辰夫（1958）认为初见于清代，龚千炎（1995）甚至认为其到晚清才出现。杨永龙（2002）以“已经+时点”“施事+已经+终结动词”为标志，来判定“已经”的成词时代[④]。据他考察，“已经”成词初见于宋，至明代已相当常见。后虽有张艳（2004）对此提出不同意见，认为“已经”成词至迟见于梁朝，至唐代功能扩展，其后能接小句、

①参看《现代汉语虚词词典》（张斌 2001）“已”的解释，第 481 页.

②杨永龙.“已经”的初见时代及成词过程[J]. 中国语文，2002（1）：41-49.

③杨永龙.“已经”的初见时代及成词过程[J]. 中国语文，2002（1）：41-49.

④杨永龙.“已经”的初见时代及成词过程[J]. 中国语文，2002（1）：41-49.

数量短语及时点名词，成词的凝固性很强，已是一个典型的时间副词①。但后有徐前师（2006）撰文②对张艳的观点进行反驳，重申了杨永龙的正确性。因此，我们认为“已经”成词于宋代的观点较为可信。

据唐贤清先生的考察，《朱子语类》中共出现了6例“已经”的用例。例如：

要之，当时史官收诗时，已各有编次，但到孔子时【已经】散失，故孔子重新整理一番，未见得删与不删。（《朱子语类》卷34《论语十六》）

发展到元代，其用例仍然不多见。在《新编五代史平话》中共出现了3例，如下：

①话说李存勖袭位为晋王，【已经】一十三年。（《新编五代史平话·唐史平话卷下》）

②……在那团柏谷口下营，【已经】月余，按兵不动。（《新编五代史平话·晋史平话卷上》）

③昨嫁事刘光赞为妻，【已经】五载，生下男孩刘成保，年方七岁。（《新编五代史平话·汉史平话卷上》）

以上3例均为“已经+数量名”结构，而且数量名结构都为时量名词，因而此处的“已经”仍为短语用法，而非时间副词。

到了明代，“已经”已发展成一个较为常见的时间副词，但“已经经过；经历”的短语义仍未消失，甚至在有些作品中，“已经”作短语的用例还多于其作副词的用例。

在《水浒传》中，“已经”共出现了14例，仅有2例是副词用法。例如：

①这件事下官已受了梁府虞候的状子，【已经】差缉捕的人跟捉贼人，未见踪迹……（《水浒传》17回）

②不知近日官司如何？【已经】赦宥，必然减罪。（《水浒传》35回）③

“已经”的短语用例与副词用例的比例竟高达12：2，而且这12例中，有11例是修饰数量名结构，而且全是“时量名词”，约占短语总用例的91.7%。例如：

①张艳．也谈“已经”的初见时代[J]．中国语文，2004（4）：351-354.

②徐前师．“已经”成词于唐前说不可靠[J]．中国语文，2006（5）：407-408.

③蒋冀骋，吴福祥．近代汉语纲要[M]．长沙：湖南教育出版社，1997：413.

自蒙泰山错爱，将令爱嫁事小人，【已经】三载，不曾有半些儿差池。（《水浒传》8 回）

发展到明中期，这种情况仍未发生大的改变。在成书于明中期的著作《金瓶梅词话》中，“已经”仅出现了 1 例，而且是修饰数量名结构（时量名词）的短语用法。例如：

母既见之，不觉放声大哭，是何恶业因缘？准前把孩儿直至江边，【已经】数时，不忍抛弃。（《金瓶梅词话》59 回）

而发展到明末，情况发生了变化，在成书于明朝晚期的《型世言》中，“已经”共出现了 4 例，全部修饰动词性谓语，没有出现修饰数量名结构的用例，而且其中只有 1 例可以看作短语用法。例如：

又叫老寡妇去递呈子，道：“老年无人奉养，唐氏【已经】责罚知改，恳乞释放养老。”（《型世言》6 回）

“已经”的副词和短语用法的用例的比例达到 3∶1。

而在成书于明末清初的作品《醒世姻缘传》中，“已经”共出现了 21 例，其中，副词的用法有 20 例，短语用法仅有 1 例。例如：

果尔，汪生未住之先，不知【已经】几人几世，留此缺陷以待亡赖生之妄求哉？（《醒世姻缘传》35 回）

两者比例更是高达 20∶1。

其中，有 18 例是修饰动词性谓语，修饰数量名结构的仅有 1 例，而且是“时点名词”。例如：

小翅膀【已经】八岁，起名狄希青，请了先生读书。（《醒世姻缘传》99 回）

明代“已经”的副词和短语用法情况见下表：

单位：例

著作 用法	三	水	西	金	醒$_1$	警	二	型	醒$_2$	总计
短语	0	12	1	1	0	2	0	1	1	18
副词	1	2	2	0	7	2	3	3	20	40
总计	1	14	3	1	7	4	3	4	21	58

注：以上语料分别为《三遂平妖传》《水浒传》《西游记》《金瓶梅词话》《醒世恒言》《警世通言》《二刻拍案惊奇》《型世言》《醒世姻缘传》

通过以上分析，我们可以得出以下结论：宋代是副词“已经”开始出现的时期，宋朝至明朝是“已经”的短语用法逐渐虚化，短语与副词用法相互交织，并最终演变为时间副词的阶段。尤其是明朝300年，是“已经”由短语发展为副词的关键时期，而且其语法功能也经历了由主要修饰数量名结构到主要修饰动词性谓语的转化。这与杨永龙（2002）的研究基本一致①。

如果说宋元时期是副词“已经”的萌芽阶段，明朝是“已经”竞争、演变并最终定型的阶段。那么，清朝，尤其是1750—1950年这200年间，就是其进一步发展、巩固的时期。

（一）《红楼梦》

与明朝相比，《红楼梦》时代“已经”的第一大变化就是用例的大幅增加。在《红》中“已经”的用例共出现了95例，约为前朝《三遂平妖传》等九部著作总和（58例）的1.6倍。

其中，在《红》中作短语用法的仅2例，约占总数的2.1%。例如：

①凤姐道：“有什么不能的。外面的大事【已经】大哥哥料理清了，不过是里头照管照管，便是我有不知道的，问问太太就是了。”（《红》13回）

②小红骨贱最身轻，私掖偷携强撮成。虽被夫人时吊起，【已经】勾引彼同行。（《红》51回）

其余的93例，均用作时间副词，约占所有用例总数的97.9%。副词和短语用法的比例高达46.5∶1。

“已经”的第二大变化就是语法功能的丰富和发展。它不仅可以修饰动词性谓语和数量名结构，还可以修饰句子形式和形容词性谓语，分析如下：

（1）修饰动词性谓语是其主要语法功能，共有87例，约占副词总数的93.5%。

其中，修饰单纯动词18例，约占动词性谓语总用例的20.7%。后接单个单音节动词必带“了”，这与现代汉语相同。例如：

袭人笑回：“【已经】睡了。”黛玉听说，便要回去。（《红》22回）

修饰动宾短语的有30个，约占动词性谓语总用例的34.5%。其中也多与“了”搭配。例如：

凤姐道：“说迟了一日，昨儿【已经】给了人了。”（《红》6回）

---

①据杨永龙（2002）研究，“已经”凝固成词大体可以划为三个阶段：第一阶段，“经”与“时间/处所名词”组合，如“悉达太子，出家学道，【已经】六年”。（《杂宝藏经》卷10）；第二阶段，“经”后成分进一步扩大到表示各种事情的名词，如“【已经】江海别，复与亲眷违”。（鲍照《吴兴黄浦亭庾中郎别诗》）；第三阶段，“经”后的组合成分再进一步扩大到表示事件的谓词性成分。

其中1例为修饰判断动词“是+宾”结构。例如：

我们虽然年轻，【已经】是十来年的夫妻，也奔四十岁的人了。（《红》76回）

修饰动补短语的有20个，约占动词性谓语总用例的23.0%。例如：

大老爷原是好养静的，【已经】修炼成了，也算得是神仙了。（《红》11回）

修饰状中短语的有9个，约占动词性谓语总用例的10.3%。例如：

我才已竟和他母亲说了，他娘【已经】欢天喜地应了，难道又叫进他来不要了不成？（《红》72回）

修饰连动短语的有4个，约占动词性谓语总用例的4.6%。例如：

我和平儿说了，【已经】抬了一坛好绍兴酒藏在那边了。（《红》63回）

修饰动词性并列短语的有1个，约占动词性谓语总用例的1.1%。例如：

晴雯笑道：“也不用我唬去，这小蹄子【已经】自怪自惊的了。”（《红》51回）

修饰兼语短语的有5例，约占动词性谓语总用例的5.7%。例如：

老太太一见了，喜欢的无可不可，【已经】逼着太太认了干女儿了。（《红》49回）

（2）修饰句子形式的有2例，约占副词总数的2.2%。例如：

我的主意接了进来，【已经】厢房收拾了出来暂且住着，等满了服再圆房。（《红》68回）

（3）修饰形容词性谓语的有3例，约占副词总数的3.2%。例如：

晴雯笑道：“【已经】好了，还不给两样清淡菜吃。这稀饭咸菜闹到多早晚？”（《红》58回）

（4）修饰数量名结构的有1例，约占副词总数的1.1%。例如：

凤姐儿笑道：“外头【已经】四更，依我说，老祖宗也乏了，咱们也该‘聋子放炮仗——散了’罢。”（《红》54回）

通过对《红》中“已经”的分析，我们可以看出，曾作为“已经”第一发展阶段的“经”与“时间/处所名词”组合形式，在《红》中仅有1例，仅约占总数的1.0%。而且，是“时点名词”而非“时量名词”；而作为第三发展阶段的后接“谓词性成分”，在《红》中却出现了87例，约占总数的93.5%。同时，出现了修饰句子形式和形容词性谓语的新情况。这说明“已经”此时的语法功能得到了进一步的丰富、发展、巩固、定型，已完全脱离了其最初的状态。

（二）《儿女英雄传》

发展到文康时代，“已经”的用例和语法功能基本保持稳定，《儿》中共出现了104例。

（1）修饰动词性谓语仍是其主要语法功能，共有99例，约占总数的95.2%。

其中，修饰单纯动词的有5例，约占动词性谓语总用例的5.1%。例如：

这姑娘心里只管是这等想，但是他【已经】溺了，凭是怎样的大本领，可怎么替他出这个主意呢？（《儿》8回）

修饰动宾短语的有30例，约占动词性谓语总用例的30.3%。例如：

公子向西一望，见那太阳【已经】衔山，看看的要落下去……（《儿》5回）

其中也有1例是修饰判断动词“是+宾”结构。例如：

我爷儿三个托安公子的一点福星，蒙姐姐救了性命，【已经】是万分之幸，不见得此去再有甚么意外的事。（《儿》9回）

修饰动补短语的有30例，约占动词性谓语总用例的30.3%。例如：

我听见这信，心里【已经】急的恨不得立刻就飞到淮安，见着面才好！（《儿》3回）

修饰状中短语的有23例，约占动词性谓语总用例的23.2%。例如：

偏是这个当儿乌克斋不在家，昨日老人家【已经】恳切写了一封信，由提塘给他发了去了。（《儿》3回）

其中，由介词“把”引导的状中短语有6例。例如：

说话间，那张老婆儿【已经】把两只肥鸡撕作两盘子放好。（《儿》9回）

修饰连动短语的有1例，约占动词性谓语总用例的1.0%。例如：

程师爷【已经】到场门口看牌去了……（《儿》34回）

修饰动词性并列短语的有1例，约占动词性谓语总用例的1.0%。例如：

安老夫妻此刻看了看儿子，是【已经】登第成名……（《儿》37回）

修饰兼语短语的有9例，约占动词性谓语总用例的9.1%。例如：

张亲家老爷合褚大姑爷【已经】叫人开了正门，外面家人早将聘礼一桌桌的抬进来，摆在东边。（《儿》27回）

（2）修饰句子形式的仅有1例，约占总数的1.0%。例如：

这个当儿，就把个长姐儿忙的，又要伺候老爷太太，又要张罗两位奶奶，【已经】手脚不得闲儿了。（《儿》36回）

（3）修饰数量名结构的有4例，约占总数的3.8%。其中2例是后接“时量名词”。例如：

①难道今日是第五天？我闻古礼“殓而成服，既葬而除”，如今才得五天，既不是除服日期，况且大殓【已经】五天，又断不至于作不成一领孝服，这姑娘怎的不穿孝？（《儿》17回）

②张金凤却又是个幽娴贞静不为私情所累的，想到“春兰秋菊因时盛，采撷谁先占一筹”这两句诗，觉得自己齐眉举案【已经】一年了，何小姐正当新燕恰来，小桃初卸，怎好叫郎君冷落了他？（《儿》31回）

如果按照杨永龙（2002）“已经+时量”的判断标准，这两例中的“已经”应解释为短语用法。但根据其所处的时代是清朝中后期，此时“已经”的副词用法已经定型。因而，我们还是将其划为副词用法。

“已经”修饰形容词性谓语的情况在《儿》中没有出现。

（三）《正红旗下》和《老舍合集》

发展到老舍时代，“已经”的用例更加丰富，《正》中共出现了27例，《老》中则出现了有800余例，而且已基本形成了现代汉语中的主要用法。

《八百词》中将“已经”的用法划分为6种，即“已经+动、已经+形、已经+动+数量、已经+数量、用于否定式、后有‘快、要、差不多’等副词时，指即将完成而尚未完成”，老舍时代已都具备。但是，老舍时代的“已经”也表现出与现代汉语一些不同点，如下：

（1）《八百词》曾指出“已经+形。限于形容词带‘了’或‘下来、起来、过来’等”。但在《老》中却有不带“了”或“下来”“起来”“过来”的例子。例如：

① 他以为，敌人的请他出山，不过是“利用”他而已，他并不希望得到什么实权，他晓得自己【已经】衰老，精神体力，都已不够支持独当一面的“差事”。（老舍《火葬》）

② 至于我们的女子事业，我实在不敢说是【已经】发达，倒是要说简直没有女子事业——（老舍《赵子曰》）

（2）从清代开始，“已经”就开始修饰一些由介词“把”“被”等引导的状中短语、兼语短语等，到了老舍时代，这种用法仍然存在。例如：

① 我满月的那天，已经快到下午五点钟了，大家【已经】把关于定大爷的历史与特点说得没有什么可补充的了，金四叔来到。（《正》6回）

② 十成解开小褂，露出一条【已经】被汗沤得深一块浅一块的红布腰带来。（《正》7回）

③ 大概他是先睡着了而后坐下的，因为他的疲乏【已经】能使他立着睡

去的。（老舍《骆驼祥子》）

一直到现在，这种例子在现代汉语中俯拾皆是。例如：

① 大家【已经】把这个问题解决了。

② 这片池塘【已经】被污染了。

③ 你放心，我【已经】派人去办了。

而《八百词》中却没有收录此用法，不得不说是个遗憾。

（3）老舍时代比《红》和《儿》时期有所发展的是，出现了“已经”修饰名词性谓语的例子。例如：

定大爷的口里还有不少好几年前流行而现在【已经】不大用的土语。（《正》10回）

上例是“已经+偏正短语”。此类例子在现代汉语中也是存在的。例如：

他把那个【已经】削了皮的苹果吃了。

对此，《八百词》也没有收录。

三、“已”类副词小结

首先，“已经”最早是作为“已经经过、经历”的短语用法出现的，在六朝时已有很多用例①。例如：

华曰：“世传燕昭王墓前华表木【已经】千年。”（《搜神记》卷18）

“已经”一词在后来的虚化、语法化的过程中，“意义方面，‘经’的实义逐渐减弱，以至于失去原有的‘经过’义；句法方面，‘已’与‘经’从没有直接结构关系到最终结合在一起”②。“已经”被重新分析为一个复合时间副词，并最早在宋代出现用例。但在此后的宋朝至明朝中期的几百年里，其短语和副词用法相互竞争，并交织在一起，而短语的用法一直占优势。后经过明末到清的发展，“已经”作为时间副词的用法最终得以确定，而其短语用法只占很小的比例。

其次，“已经”的主要语法功能也经历了由主要修饰数量名结构到主要修饰动词性谓语的转变。这种转变，标志着“已经”由一个松散的短语演变为一个定型的时间副词。另外，“已经”还可以修饰句子形式、形容词性谓

①蒋冀骋，吴福祥. 近代汉语纲要［M］. 长沙：湖南教育出版社，1997：413. 认为“已”“经”连用，见于唐代。显然是有些滞后了。

②杨永龙. “已经”的初见时代及成词过程［J］. 中国语文，2002（1）：41-49.

语、数量名结构、名词性谓语等，特别是对由介词“把”“被”等引导的状中短语、兼语短语以及名词性谓语的修饰，此语法功能现在被各类虚词词典忽视，应当给予充分重视。

最后，我们通过对宋朝到现今代表语料的考察，发现了“已”与“已经”竞争、更替的过程，见下表：

	朱	平	水	金	醒	红	儿	正	过	玩
已	1573	200余	800余	500余	300余	571	289	33	12	31
已经	3	0	2	1	20	93	104	27	38	109

注：以上语料分别为《朱子语类》《新编五代史平话》《水浒传》《金瓶梅词话》《醒世姻缘传》《红楼梦》《儿女英雄传》《正红旗下》《过把瘾就死》《玩的就是心跳》。《朱子语类》的统计数字来自唐贤清的《〈朱子语类〉副词研究》(2003)

通过上表，我们可以清晰地看出“已”和“已经”的发展过程：在《红》之前，“已”的用例都大幅领先“已经”；到了《儿》时，“已经”已开始追赶“已”，但还是落后不少；但发展到《正》时代，两者基本持平；发展到以王朔为代表的新北京话时代，“已经”已经超越“已”。

但两者在不断地竞争的过程中，发展至今，已形成分工，“‘已’多用于书面语，‘已经’通用于各种语体”①。

对于“已”类副词的其他成员，我们来简单地分析一下“已然”。

对于“已然”，《现汉》作如下解释：

【已然】❶动已经这样；已经成为事实：与其补救于～，不如防止于未然。❷副已经：事情～如此，还是想开些吧。

其实，“已然”最早就是动词性用法。例如：

①抱朴子曰：“吾庸夫近才，见浅闻寡，岂敢自许以拔群独识，皆胜世人乎？顾曾以显而求诸乎隐，以易而得之乎难，校其小验，则知其大效，睹其【已然】，则明其未试耳……”（《抱朴子》卷7·塞难）

②方今年岁未可预知也，即有水旱，其忧不细，公卿有可以防其未然，救其【已然】者不？各以诚对，毋有所讳。（《汉书·于定国传》）

后来，“已然”进一步虚化，开始直接修饰动词性谓语，作状语。例如：

①代宗即召见曰：“何为隐贼，自贻其苦若此？”彝对曰：“贼臣实藏之。

①张斌．现代汉语虚词词典[Z]．北京：商务印书馆，2001：625.

【已然】诺于人，终死不可得。”遂贬之为端州高要厨。（李元《独异志》）

②天师连忙的取出来，带在颈项之上。天师【已然】出阵，国师又叫回来……（《三宝太监西洋记通俗演义》39回）

但是，“已然”产生以后，用例一直不是很多，见下表：

单位：例

	敦	朱	平	水	金	初	醒	红	儿	官	二	孽	正	老	王	总计
已然	0	0	0	0	0	0	0	0	0	0	0	0	2	6	12	20

注：以上语料分别为《敦煌变文集》《朱子语类》《新编五代史平话》《水浒传》《金瓶梅词话》《初刻拍案惊奇》《醒世姻缘传》《红楼梦》《儿女英雄传》《官场现形记》《二十年目睹之怪现状》《孽海花》《正红旗下》《老舍合集》《王朔合集》。《敦煌变文集》《朱子语类》《新编五代史平话》《金瓶梅词话》的统计来自杨荣祥（2005）的研究

已然的用例与“已”和“已经”的动辄上百例不可同日而语，因而未能同“已”“已经”产生竞争关系。

第三节　“正”类副词的历时嬗变[①]

“正”类副词主要包括“正当”“正是$_2$”“正$_2$”“正在”“正然”“正自”等6个，下面我们重点分析“正$_2$”“正在”“正然”“正自”4个。“正$_2$”是“正”类时间副词的根词，其他的“正”类副词都由它生发、衍生而来。

一、副词“正”

对于“正”的本义，《说文解字》解释为：“正，是也。”“是，直也。”《尔雅义疏》：“《考工记》注：‘正，直也。’《文选·东京赋》注：‘正，中也。’中、直皆‘是’之义也。”《辞源》解释为：“正中、平直。与偏斜相对。”《辞海》释为：“正中、平正。不偏斜。”因而，人们一般认为“正中、平直、不偏不倚”为其本义，“正”为形容词。高育花（2007）即由此义研究“正”的虚化过程，她指出：“正”字作形容词，义为“正中”“不偏斜”，由此引申为动词，相当于“当”“当着”，……由此进一步引申虚化，

①本文以论文形式发表，参见刘冬青，曹炜. 北京话“正”类时间副词的历时嬗变（1750—1950）[J]. 江南大学学报：人文社会科学版，2010（6）：117-123.

既可以表示两种以上的动作、行为或情况的巧合，相当于“恰好”“适值”等；又可以表示动作行为正在进行或状态正在持续，相当于“正在”。[①]

对此，我们不完全赞同。首先，我们认为“正”的本义不是形容词；其次，我们认为“正”的虚化路径不是如高育花所述，分析如下。

邵胜定（1988）通过对甲骨文卜辞的研究，得出“‘远行’‘长征’才是正的原始义”[②]，是为动词。而对于“正”的“不偏斜”义的来源，邵胜定认为：“这恐怕与‘正鹄’有关。自先秦文献以下，均解正鹄为射之的。《仪礼·大射仪·郑注》：‘正，鸟之捷黠者，射之难中，以中为隽，故射取名焉。’这是对以正为射的之名的一种解释，笔者以为是牵强的。言鹄是鸟那是不错的，但说正也是鸟却没有根据。‘正鹄’一语，古人原意很可能指射而中鹄。为什么叫正鹄呢？这是因为人们以箭由运行而中鹄，来与人经远行而到达目的地相比，故名之曰‘正’。但箭的正不同于人的正，如有偏斜，就不能正鹄了。《释文》说：‘正、鹄皆鸟名也。一曰：正，正也；鹄，直也。’这‘一曰’所言，就是正字‘不偏斜’这个引申义产生的由来：非要不偏不斜地命中才能‘正’，于是‘正’字就引申出一个‘不偏斜’之义来了。”[③]

由上，我们可以看出，“正”的本义是“远行；长征”（动词），后来经过分化、引申，派生出“不偏斜”之义。后由“不偏斜”义进一步的泛化、扩大，引申出形容词用法的“正中；平直；不偏不倚”义。例如：

升车，必【正】立，执绥。（《论语·乡党》）

后来，由于隐喻机制和人的认知心理的作用，“正”由表“正中；不偏斜”的空间、方位域慢慢引申、扩展出“恰好；恰巧”的时间域。例如：

①子曰：“若圣与仁，则吾岂敢！抑为之不厌，诲人不倦，则可谓云尔已矣。”公西华曰：“【正】唯弟子不能学也。”（《论语·述而》）

②至汉兴，长乐宫在其东，未央宫在其西，武库【正】值其墓。（《史记·樗里子甘茂列传》）

但此时的“正”仍然不是时间副词，而是表达“恰好”义的情态方式副词，即“$正_1$”。

而据张亚军（2002）的研究，当“‘正’表示动作正在施行或状态正在

---

①高育花. 中古汉语副词研究［M］. 合肥：黄山书社，2007：194-195.

②邵胜定. “正”字的本义及其他［J］. 辞书研究，1988（6）：136-139.

③邵胜定. “正”字的本义及其他［J］. 辞书研究，1988（6）：136-139.

持续，强调同时性、即时性，是时间副词”[①]。据付义琴等（2007）的研究，他们认为“‘正’作为时间副词不晚于南北朝”[②]，但我们看到“正”作为时间副词在汉朝即有用例。例如：

①象鄂不怿，曰：“我思舜，【正】郁陶！”（《史记·五帝纪》）

②禹梦车骑声【正】讙来捕禹，举家忧愁。（《汉书·霍光传》）

“‘正’用于表示动作行为的进行，主要侧重于同时性，表示时点，而非时段。显然，这种‘同时性’与‘正’表示‘恰好、恰恰’的情态意义有密切的关系。”[③] 换句话讲，“正”的这种时间副词用法，即由“正”的情态方式用法演变、虚化而来。因为情态方式“这类副词在整个副词系统里，意义相对来说要‘实’一些”[④]，如此发展，符合语法化的规律。

由此，我们可以看出“正”的虚化、演变轨迹如下：

“远行、长征”（动词）——分化、引申——→“不偏斜”（形容词）——泛化、扩大——→“正中、平直、不偏不倚”（形容词）——虚化——→“恰好、恰巧”（情态方式副词）

——继续保留、沿用——→正$_1$（“恰好、恰巧”义情态方式副词）

——进一步虚化——→正$_2$（现在、进行时间副词）

“正$_2$”产生之后，一直沿用至今，语法功能和语法意义未发生大的变化，但在一些后接成分的具体搭配上，发生了些许变化，如下：

在古代很多作品中，“正”可以直接修饰动词，用在“正+动词”结构中。例如：

①再循溪下，溪边香气袭人，则一梅亭亭【正】发。（《徐霞客游记·游黄山日记》）

②这士隐【正】痴想，忽见隔壁葫芦庙内寄居的一个穷儒——姓贾名化、表字时飞、别号雨村者走了出来。（《红》1回）

---

①张亚军. 时间副词“正”、“正在”、“在”及其虚化过程考察[J]. 上海师范大学学报：哲学社会科学版，2002，31（1）：46-55.

②付义琴，赵家栋. 从明代小说中的“正”、“在”看时间副词“正在”的来源[J]. 中国语文，2007（3）：237-244.

③张亚军. 时间副词“正”、“正在”、“在”及其虚化过程考察[J]. 上海师范大学学报：哲学社会科学版，2002，31（1）：46-55.

④杨荣祥. 近代汉语副词研究[M]. 北京：商务印书馆，2005：66.

③那老婆儿也是呆呆的发闷。【正】盼望，只见那女子同了那妇人拿着个火亮儿，从夹道子里领了一个人来……（《儿》7回）

发展到老舍时代，这种情况已经非常少见，在《正》中只出现了1例，而且是“正+这么+动词”的状中结构，不是“正+动词”结构的典型例子。例如：

牛牧师心里想：这顿饭大概不容易吃！他【正】这么想，两位翰林和两位喇嘛都走了出去。(《正》11回)

发展到现在，在现代汉语中，“正+动词性谓语”这种结构已非常罕见，可以说基本消失了，取而代之的是以下两种情况①：

第一种，正+动/形+着+呢。

我【正】等着呢。他【正】忙着呢。现在【正】上着课呢。

第二种，正+动/形+着。

【正】走着，听见后头有人叫我。

因此，“正”一般不能修饰光杆动词。

在许多明清白话小说中，还常用“正+动词性谓语+之间/间/之时/时/之际”类结构。例如：

①庞万春死命撞透重围，得脱性命，【正】走之间，不提防汤隆伏在路边，被他一钩镰枪拖倒马脚，活捉了解来。(《水浒传》98回)

②【正】听之间，只见玉楼从后来，蓦地来到，便问：“五丫头在这里做甚么儿?”(《金瓶梅词话》27回)

③【正】说之间，大夫醒来，口里又喃喃的骂道：“小的们打起火把，快将这贼弟子孩儿，送到厢里去!”(《二刻拍案惊奇》卷14)

这种结构在《红》《儿》时代仍然存在。例如：

①【正】胡思之间，忽听山后有人作歌曰：春梦随云散，飞花逐水流；(《红》5回)

②原来那白脸儿狼【正】走之间，路旁有棵多年的回乾老树，那老树上半截剩了一个杈儿活着，下半截都空了，里头住了一窝老枭。(《儿》5回)

而发展到老舍时代，这种结构，已经非常罕见，仅有1例，而且是非典型的“正+动词性谓语+中间”结构。例如：

大家【正】说到热闹中间，门忽然开了，进来一阵冷气。(老舍《骆驼

①吕叔湘. 现代汉语八百词（增订本）[M]. 北京：商务印书馆，1999：670.

祥子》）

在现代汉语中，这种结构已基本消失。

二、副词“正在”

“正”类副词在后来的发展中，又产生了一个新成员——“正在”。

关于“正在”的形成和发展，目前学界讨论的较多，雷冬平、胡丽珍（2010）将其讨论概括分为两派：一派持脱落说，另一派主合成说。①

脱落说又可以细分为脱落处所宾语、脱落时间和两者兼而有之三类。所谓脱落处所宾语，即认为“正在”源于“正在+NL+动词性谓语”结构中“在”后处所宾语的虚化脱落，其代表为萧斧（1957）；而脱落时间，即认为“正在”源于“正在+动词性谓语+之间/之时”中“之间/之时”的脱落，其代表为伊原大策（1986）和付义琴、赵家栋（2007）；两者兼而有之的代表即为仇志群（1991）和张亚军（2002）。

对于脱落说，雷冬平、胡丽珍（2010）评述道：脱落说需要解决的问题是脱落的动因。处所脱落说存在的问题正如付义琴、赵家栋对张亚军第一条形成途径质疑时所说：“‘在+宾’结构一般是语义焦点，不易脱落，目的处所介词包括‘在’的宾语一般是不能省略的。”而“之时/之间”脱落的动因在伊文、仇文以及张文中均未说明。付、赵文虽然给出了动因，认为“正在”的形成是受“正+动词性谓语+之时”脱落“之时”类推的结果，但其说值得商榷，因为在其用例中，“正+动词性谓语”结构（南北朝）比“正+动词性谓语+之时”结构（明代）出现得更早，故推导的顺序不正确，且“正”在“之时”脱落前后性质没有发生变化，故副词“正”的形成不是“正+动词性谓语+之时”结构脱落了“之时”的结果，因而就不能用来类推“正在”的形成。另外，“正在+动词性谓语+之时”结构在背景句中比“正在+动词性谓语”结构在表示时点的作用上更突出、更明确，这也是“之时/之间”脱落说不能很好解决的问题。

合成说则以何瑛（2007）为代表。她认为“时间副词‘正在’是‘正’和‘在’直接叠加使用的结果。……‘正’的时间副词用法在魏晋南北朝时期已经发展成熟，而‘在’做时间副词的用法也萌芽于魏晋时期，‘正’与‘在动词性谓语’连用就像副词‘尚’、‘还’等与‘动词性谓语’连用一样

①雷冬平，胡丽珍. 时间副词“正在”的形成再探[J]. 中国语文，2010（1）：67-73.

是很正常的”①。

对于合成说，雷冬平、胡丽珍（2010）评述道：合成说需要解决的问题是判定标准的问题。如果是“正”与“在”二词的“直接叠加”，那么是词汇层面的问题；如果是“‘正’与‘在动词性谓语’”，然后再形成“正在”的话，那么涉及语法层面的问题，则需要解释从“［正（在动词性谓语）］”切分到“［正在（动词性谓语）］”这个重新分析过程的动因及其判定标准。因此，合成说还有一些关键问题需要解决。

那么，时间副词“正在”究竟是怎么形成的呢？我们赞成脱落说，认为是在“正+在+这里/那里+动词性谓语”的结构中形成的。过程是：第一步，在“在+这里/那里+动词性谓语”结构中，当V是表示心理等动作性不强的动词时，“在这里/那里”虚化为进行体标记；第二步，表示时点的时间副词“正”与进行体标记“这里/那里”的强化连用，由于韵律的作用，“正+在这里/那里”重新分析成“正在+这里/那里”；第三步，已经虚化的“这里/那里”成为羡余成分而脱落，新的时间副词“正在”产生。

后雷冬平、胡丽珍用大量篇幅来论证以上三步的实现过程。通过比较、鉴别，我们赞同雷冬平、胡丽珍的研究。原因正如两位作者所说的，这个形成过程有利于解释以下两个问题：

第一，有利于解释近代汉语“正在+动词性谓语”结构中V的性质多为表示心理活动或状态的动词的现象。因为心理动词前的地点状语（这里/那里）容易虚指而形成羡余脱落。

第二，有利于解释近代汉语中“正在”的功能偏向“正”而主要表示时点参照功能的现象。“正在”在近代汉语中的功能是把“V”所表示的动作或者事情与另外的动作和事情进行比照，以起到时点参照的作用，表示行为动作正在发生的时候，另一行为动作也发生、进行了。这与时间副词“正”的功能是一致的。

对于“正在”产生的年代，有的学者认为“‘正在’是现代汉语中一个使用频率相当高的时间副词，一般认为产生于明代”②，但我们认为时间副词“正在”至少在元代就已经出现。例如：

---

①何瑛．汉语与时间相关的范畴转移研究［D］．北京：中国社会科学院研究生院博士学位论文，2007.

②付义琴，赵家栋．从明代小说中的“正”、“在”看时间副词“正在”的来源［J］．中国语文，2007（3）：237-244.

①袁天纲在司天台无事，把那世数推验，做一个图谶。【正在】推算，忽太宗到来，唬得袁天纲疾忙起来，起居圣驾。（《新编五代平话·梁史卷上》）

②登州有海市，燕守志邀朱温同看海市。忽庄客来下书，报道："张占强人下海，要觅酒食，犒设儿郎。"燕守志【正在】烦恼，朱温向燕孔目道："姊夫与家老小，且往邻村闪避。咱在此应对他不妨。"（《新编五代平话·梁史卷上》）

"正在"在以上两例中分别修饰动词和形容词，无论从语义还是从语法功能上看，"正在"都是合格的时间副词。

"正在"产生后，用例一直不是很多。元末明初的《水浒传》中仅见1例。例如：

宋江听罢，又添四个好汉，【正在】欢喜。（《水浒传》68回）

成书于明中期的《金瓶梅词话》也只出现了2例。例如：

①停一会时，伯爵【正在】迟疑，只见玳安慌不迭的奔将来，道："董家姐姐来了，不知那里寻的来。"（《金瓶梅词话》54回）

②那时酒中说话，咱也忘却多时。因为那归的忙促，不曾叩府辞别，【正在】想着。不意一诺千金，远蒙员外记忆。（《金瓶梅词话》55回）

根据付义琴等（2007）的考察，"正在"在明晚期作品《初刻拍案惊奇》《二刻拍案惊奇》《醒世姻缘传》《喻世明言》《醒世恒言》《警世通言》等6部著作中出现的用例分别为13、11、25、11、26、11例，总计97例。

（一）《红楼梦》

发展到清朝曹雪芹时代，"正在"的用例仍然不多见，《红》中共出现6例，全部为修饰动词性谓语。其中修饰单纯动词和动宾短语各3例，分别占50%。例如：

①林之孝家的【正在】为难，见贾琏和他使眼色儿，心下明白，便出来等着。（《红》44回）

②薛姨妈不知为何，心甚叹息。【正在】猜疑，宝钗从园里过来，薛姨妈便对宝钗说道："我的儿，你听见了没有？……"（《红》67回）

以上两例是修饰单纯动词，以下是修饰动宾短语的例子。例如：

故贾瑞也无了提携帮衬之人，不说薛蟠得新弃旧，只怨香、玉二人不在薛蟠前提携帮补他，因此贾瑞金荣等一干人，也【正在】醋妒他两个。（《红》9回）

（二）《儿女英雄传》

又经过100多年的发展，到文康时代，"正在"的用例大幅增加。《儿》

中共出现了73例，占付义琴等（2007）考察的明代6部作品总和的75.3%，是《红》用例的12倍多。其中，修饰动词性谓语仍是其主要语法功能，但也增加了一些新的语法功能，下面一一进行分析。

（1）修饰动词性谓语的共有64例，约占总数的87.7%。

其中修饰单纯动词的有36例，约占动词性谓语总用例的56.3%。例如：

【正在】盼望，只听得外面踏踏踏踏的一阵牲口蹄儿响，心里说："好了，是骡夫回来了！"（《儿》4回）

修饰动宾短语的有8例，占动词性谓语总用例的12.5%。例如：

那邓九公【正在】挥拳，忽见一个人从西角门儿里出来相劝……（《儿》15回）

修饰动补短语的有8例，占动词性谓语总用例的12.5%。例如：

【正在】听得有些入神儿，忽听左首坐的那个曾瑟庵望那三个说道："人生在世，既作了个盖世英雄，焉得不短如春梦！……"（《儿》39回）

修饰状中短语的有7例，约占动词性谓语总用例的10.9%。例如：

【正在】十分艳羡，忽听太太这一吩咐，乐得他从丹田里提着小工调的嗓子，答应了一声"嗻"，连忙去找盅子。（《儿》37回）

修饰连动短语的有2例，约占动词性谓语总用例的3.1%。例如：

却说安老爷拣完了字纸，自己也累了一脑门子汗，【正在】掏出小手巾儿来擦着。（《儿》38回）

修饰动词性固定短语的有1例，约占动词性谓语总用例的1.6%。例如：

程相公此时是两只眼睛不够使的，【正在】东睃西望，又听得那边吆喝："吃酪罢！好干酪哇！"（《儿》38回）

修饰兼语短语的有2例，约占动词性谓语总用例的3.1%。例如：

却说十三妹听了邓九公要拉那先生帮着劝解，又不知惹出他一片甚么谈吐来，【正在】抱怨邓九公啰嗦多事。（《儿》19回）

（2）修饰句子形式的有5例，约占总数的6.8%。例如：

老爷看毕，【正在】心里纳闷，说："我到这里不久，又调署了高堰，这是何意？"（《儿》2回）

（3）修饰形容词性谓语的有4例，约占总数的5.5%。例如：

何况玉格【正在】年轻，媳妇又都有了生子的信息，此刻怎的讲得到买人这句话上！（《儿》40回）

通过以上分析，我们可以看出，相对于《红》而言，在文康时代，一方面

“正在”的用例大幅增加；另一方面，其出现了修饰句子形式和形容词性谓语的语法功能。但修饰形容词性谓语并不是在文康时代才出现的，其实“明清白话中时间副词‘正在’可以修饰部分形容词如‘感怆、踌躇、慌张、惊骇、为难、高兴、烦闷、用功、纳闷、年轻、犹疑、诧异、得意’”①。例如：

①【正在】恼怒，忽然飞马报来，说张济、樊稠两路军马，竟犯长安，京城危急。(《三国演义》9回)

②【正在】踌躇，那门里咳嗽一声，卜良外边也接应咳嗽一声，轻轻的一扇门开了。(《初刻拍案惊奇》卷6)

(三)《正红旗下》和《老舍合集》

发展到老舍时代，“正在”在用例上没有出现大量的增加。《正》中出现了4例，《老》中出现了160余例。其在语法功能上，未发生大的变化，但相对于《儿》时代，对动补短语的修饰明显减少，甚至绝迹。在《儿》中有8个修饰动补短语的例子，约占总数的10.96%。而在《老》中出现的160余例“正在”中，只有1例勉强合格的修饰动补的例子。如下：

王德【正在】无可如何，只听啪的一声，好似从空中落下来的一个红枫叶，在老张向来往上扬着的左脸上，印了五条半紫的花纹……（老舍《老张的哲学》）

张亚军（2002）曾指出：无论是动词带状态补语还是可能补语，在现代汉语中都不能与时间副词“正在”共现，现代汉语中此类述补短语前只能出现“正”，不能出现“正在”或“在”。②

以上事实说明，老舍时代是“正在”由近代汉语向现代汉语转变的关键时期。到了王朔时代，在《王朔合集》中已见不到“正在”修饰动补短语的例子。

三、“正在”副词小结

时间副词“正在”自元代产生后，到《红》之前，用例一直不多，一直发展到《儿》以后用例才大幅度增加，真正得以发展。我们认为，其原因在于和“正”的竞争。《八百词》认为“正”“正在”在“表示动作进行或状

①张亚军. 时间副词“正”、“正在”、“在”及其虚化过程考察[J]. 上海师范大学学报：哲学社会科学版，2002，31（1）：46-55.

②张亚军. 时间副词“正”、“正在”、“在”及其虚化过程考察[J]. 上海师范大学学报：哲学社会科学版，2002，31（1）：46-55.

态持续的意思基本相同”，其区别主要在于“‘正’后不能用动词的单纯形式，‘在、正在’不限”①。但据我们的考察，在明清白话小说中，“正”可以修饰单纯动词（见上文），因此，其就会与新产生的“正在”产生竞争关系。见下表：

单位：例

	朱	平	醒	红	儿	正	玩	过
$正_2$	346	14	326	183	117	9	31	7
正在	0	2	25	6	73	4	32	14

注：以上语料分别为《朱子语类》《新编五代史平话》《醒世姻缘传》《红楼梦》《儿女英雄传》《正红旗下》《玩的就是心跳》《过把瘾就死》。《朱子语类》的统计数字来自唐贤清（2003）的研究

通过上表我们可以看出，在宋代“正在”还未出现，“$正_2$”承担了“正”类副词的主要语法功能；发展到以《平》为代表的元代，“正在”处于萌芽阶段，“$正_2$”与“正在”的用例比例为7∶1；后由《醒》《红》时代的约20∶1发展到《儿》《正》时代的2∶1；发展到以《玩》《过》为代表的新北京话时代，“$正_2$”与“正在”的用例比例不到1∶1，“正在”在现代北京话中已取得优势地位。

老舍时代是“正在”由近代汉语向现代汉语转变的关键时期，标志就是“正在”由可以自由修饰动补短语到逐渐消失。

四、副词“正然”和“正自”

对于“正”类的其他副词，我们简单地来考察一下“正然”和“正自”。

“正然”用例较少，在《红》《儿》中各出现1例，分别为修饰连动短语和动补短语。例如：

①只见鸳鸯【正然】坐在那里做针线，见了邢夫人，忙站起来。（《红》46回）

②先生道：“反了！反了！要辞馆了！”【正然】闹得烟雾尘天，恰巧纪太傅送客出来听见。（《儿》18回）

老舍时代，“正然”已非常罕见，在《正》和《老》中均未见用例，

①吕叔湘. 现代汉语八百词（增订本）[M]. 北京：商务印书馆，1999：672.

《王》中也未出现用例，在现代汉语中基本消失。

“正自”也是一个由多到少，并最终消失的副词。关于“正自”的问题，其实涉及“自”的词尾化问题。《助字辨略》曾指出，“自”是“语助，不为义也”。吕叔湘先生在《开明文言读本·导言》中说道：“附在‘故’‘正’‘终’‘犹’等副词后，本身无明显意义（此儿故自可人；正自不易言；终自有尽时）。”后王锳在《诗词曲语辞例释》（增订本）中写道：“自，词缀，多缀于单音副词之后，构成双音副词，‘自’在其中不为义。”

其实，“自”的本义是“鼻”。《说文解字》：“自，鼻也，象鼻形。”关于“自”的演变轨迹，《古虚》中这样描述：

甲骨文中的“自”正象鼻形。甲骨文中还有本义的用例。如：“贞：有疾自”（《殷墟文字乙编》6385号卜辞）。由“鼻”义引申为“自指”之义。“自指”含有“本”义和“始”义，可用为实词，如：“故法者，王之本也；刑者，爱之自也。”（《韩非子·心度》）也可用为副词和介词。这两种用法，句例可以上溯至殷商甲骨文，以后一直沿用。在副词、介词用法基础上，再进一步虚化成表连接的连词。大约从汉代开始，“自”还虚化为无义的副词后缀。但这用法一直沿用至今。①

关于“自”的词尾化问题，在《中国语文》上有过一次激烈的辩论（刘瑞明1989、1994、姚振武1993、1997、蒋宗许1994），其根本原因就在于如何看待“自”的虚化程度问题。关于这一点，杨荣祥（2005）曾指出：我们认为，词尾“～自”本是由独立的词虚化而来的，一定要“刨根问底”，当然能找出“×自”中“自”的隐隐约约的意义，但从六朝的大量的语言事实来看，这种意义显然已不是“独立”的。②“×自”的词汇意义是由“×”表现出来的，“自”只是起标志副词并使副词双音节化的作用。六朝时期的“～自”完全符合我们前面提出的确定副词词尾的三项标准，应该看作副词词尾。

但关于“自”虚化为词缀的时间，各家也有不同意见：如上文所引《古虚》指出，大约从汉代开始，“自”就虚化为无义的副词后缀。对此，刘瑞明（1989）也指出“词尾‘自’之始，似可追至汉代，亦或先秦也有可能”③；但

①中国社会科学院语言研究所古代汉语研究室编．古代汉语虚词词典［Z］．北京：商务印书馆，1999：868-869.

②杨荣祥．近代汉语副词研究［M］．北京：商务印书馆，2005：132.

③刘瑞明．词尾“自”类说［J］．语文研究，1989（4）：16-19.

杨荣祥（2005）认为“就目前掌握的材料来看，‘自’作为副词词尾产生于六朝……刘瑞明认为汉代就有副词词尾‘自’，但所举例证不太可靠”①。

通过比较鉴定，我们比较赞同杨荣祥的观点。

副词“正”与词尾“自”结合，组成一个新副词——“正自”。较早的例子见于《世说新语》。例如：

郊邑【正自】飘瞥，林岫便已皓然。（《世说新语·言语》）

“正自”产生后，用例一直不多，据我们考察，在唐代的《敦煌变文集》《祖堂集》、宋代的《朱子语类》、元代的《新编五代史平话》中均未见用例，在明朝语料《三遂平妖传》《水浒传》《金瓶梅词话》中也未见用例。但在《西游记》中出现了22例。例如：

【正自】两泪交流，只见对面树上有人叫道：“长老，你也进来了!”（《西游记》85回）

“正自”发展到明晚期于《二刻拍案惊奇》中出现了3例用例。例如：

才得两晚，一日早起，尚未梳洗，两人【正自】促膝而坐。只见外边店里一个长大汉子，大踏步踹将进来……（《二刻拍案惊奇》14卷）

“正自”在明代的使用情况见下表：

单位：例

	三	水	西	金	醒$_1$	警	喻	初	二	型	醒$_2$	总计
正自	0	0	22	0	1	1	0	6	3	2	0	35

注：以上语料分别为《三遂平妖传》《水浒传》《西游记》《金瓶梅词话》《醒世恒言》《警世通言》《喻世明言》《初刻拍案惊奇》《二刻拍案惊奇》《型世言》《醒世姻缘传》

发展到曹雪芹时代，“正自”的用例有所增加，《红》中共出现19例。修饰动词性谓语是其主要语法功能，共有18例，约占总数的94.7%。

其中，修饰单纯动词的有11例，约占动词性谓语总用例的61.1%。例如：

不言卜家夫妇，且说贾芸赌气离了母舅家门，一径回归旧路，心下【正自】烦恼，一边想，一边低头只管走……（《红》24回）

修饰动宾短语的有3例，约占动词性谓语总用例的16.7%。例如：

凤姐儿【正自】看园中的景致，一步步行来赞赏。（《红》11回）

①杨荣祥. 近代汉语副词研究[M]. 北京：商务印书馆，2005：131.

修饰状中短语的有4例，约占动词性谓语总用例的22.2%。例如：

宝玉【正自】日夜不安，此时见他又要回避，宝玉便上来笑道："好姐姐，你瞧瞧，我穿着这个好不好。"（《红》52回）

此外，还有修饰名词性谓语的1例，约占总数的5.3%，"正自"修饰的是名词性偏正短语：

话说林黛玉【正自】情思萦逗、缠绵固结之时，忽有人从背后击了一掌，说道："你作什么一个人在这里？"（《红》24回）

发展到文康时代，"正自"的用例大幅减少，仅有1例，而且不是修饰《红》中最常见的动词性谓语，而是修饰句子形式。如下：

再讲安老爷在屋里听得清楚，【正自】心中惊喜，说："不想这班强盗竟有这等见解，可见良心不死！"（《红》21回）

发展到晚清时代，"正自"的用例依然少见。我们考察了四大谴责小说，列表如下：

单位：例

	官场现形记	二十年目睹之怪现状	孽海花	老残游记	总计
正自	0	4	1	2	7

发展到老舍时代，"正自"的用例已经非常罕见，《正》中未见用例，《老》中虽然有2例，但语法意义已经发生了细微的变化。例如：

①文艺不是能瞎碰出来的东西。作家以为好的，读者未必以为好，见仁见智，【正自】不易一致。不过，作者是否用了心，他自己却知道得很清楚。（老舍《火葬》）

②桂秋虽然不能一时完全照计而行，可是至少觉得在救国的事情上自己并不用愁没有份儿；应该做的，可以做的，【正自】很多很多；即使自己懒得动手，只要肯出钱，别人就会替他办好。（老舍《蜕》）

以上两例中的"正自"归为表示现在、进行的时间副词显然不合适，解释为"反正"义较为合理和通顺。因而，在《老》中，"正自"不是时间副词用法，而是表强调的语气副词。

发展到王朔时代，"正自"已非常罕见，《王》中仅有1例，用于修饰名词性偏正短语。如下：

在徐疾有致的鼓点声中，钱康领着肖科平笑呵呵地进来，那风采活像查尔斯王子领着黛安娜王妃视察第三世界的难民营。【正自】寂寞的掌柜和伙

计一见钱康，立时眉开眼笑，齐刷迎上去，拉拉扯扯，众星捧月似地让到上座……（王朔《无人喝彩》）

在现代汉语中，“正自”已基本消失。

第四节　“将”类副词的历时嬗变

“将”类副词主要包括“$将_1$”“将次”“将要”“将欲”等4个。其中“$将_1$”是“将”类副词中最重要的一个，是“将”类副词的根词。下面我们首先分析“$将_1$”。

一、副词“将”

“将”的义项纷繁复杂，在《康熙字典》中有近20个，《汉语大词典》更是列出了45个义项。但究竟哪一个才是其本义呢？《汉语大词典》是将“扶助，扶持”义作为第一义项。例如：

乐只君子，福履【将】之。（《诗经·周南》）

《古虚》则采用了《说文解字》的解释：“将，帅也。”本义为“率领”，引申为“扶”“持”诸义。

黎锦熙（1957）先生则根据篆文字形认为“将”字的本义是“亲手抢一块肉去献给祖宗”①。例如：

吹笙鼓簧，承筐是【将】。（《诗经·小雅》）

曾晓洁（2007）对黎锦熙的观点表示赞同，并进一步指出：“‘将’的本义应该就是与祭祀有关的动作——进献、奉献。”②

通过比较鉴定，我们认同“将”的本义为“进献、奉献”义，何剑熏（1988）先生的分析也印证了这种观点的科学性：因金文中未见将字。但小篆之将，为多义字；其所以多义，是由于此字从肉，从寸，寸犹手，丬声，从手从肉，谓以手持肉以奉人，故肉在上，手在下，表示敬意。③

目前关于“将”的虚化研究有见不少成果，如《对象介词“将”的产

①黎锦熙. 释“将”[C] //黎锦熙. 汉语释词论文集. 北京：科学出版社，1957.
②曾晓洁. 从《诗经》看“将”字的意义流变[J]. 湖南第一师范学报，2007（4）：103-105.
③何剑熏. 释“将”[J]. 辞书研究，1988（4）：145-146.

生》（马贝加，2000）、《说“将”》（曾真，2006）、《明清时期动态助词“将”的发展演变及衰亡原因》（翟燕，2007）、《介词“将”的产生》（郑宏，2008）、《〈老乞大〉中“将”的语法化研究》（孟浩，2009）等。但以上成果都是对“将”如何虚化为介词、助词、连词的研究，对于其如何演变为副词，笔者仅见3例，如下：

一是何金松（1994）的《虚词历时词典》中收录了副词“将”。但美中不足的是，何先生只是对其进行举例研究。例如：

①今予【将】试以汝迁，安定厥邦。（《尚书·盘庚中》）

②子封曰：“可矣，厚将得众。”公曰：“不义不昵。厚【将】崩。”（《左传·隐公三年》）[①]

二是曾晓洁（2007）的《从〈诗经〉看“将”字的意义流变》，她指出：《诗经》中作副词的“将”有很多，如《魏风·硕鼠》“逝将去女”，《桧风·匪风》“谁将西归”，《周颂·臣工》“将受厥明”，《周颂·访落》“将予就之”等。根据宋人及清人对《诗经》所作的注释，我们发现，在上述句子中，“将”字的作用主要是表示意愿和打算，同时也含有较强的时间副词的意味，表将来时间。据此，可以说，“将”在《诗经》时代就已经开始虚化了。确实，“将”作副词在上古就不乏其例，而且表义复杂。[②]

以上观点可以说是较为准确的，但遗憾的是作者未对“将”的虚化过程进行详细考证，同时，作者引用刘坚等（1997）的观点“认为‘将’字变化的起点是动词‘将’进入连动式，处于第一动词位置的‘将’字在语境（语义、前面动词词义等）影响下动词性减弱，引起结合关系变化（对动词选择性减弱），再进一步到‘携带’义逐渐消失，在句中主要表示动作的状态、结果，最终发展成只表示完成、持续等语法意义的词语”[③]。但我们认为刘坚等的论述是来描述“将”字由动词如何虚化为动态助词的，曾晓洁在此将其作为虚化为副词的轨迹，显然是不合适的。

三是高育花（2007）的研究，她认为：“将”由“帅”义引申为推进义，如：“为人【将】车之长安。”（《史记·田叔列传》）推进的目的就是要接近或达到某一目标，由此进一步虚化，则成为表示动作或情况即将发生或进

---

①何金松. 虚词历时词典[Z]. 武汉：湖北人民出版社，1994：116.

②曾晓洁. 从《诗经》看“将”字的意义流变[J]. 湖南第一师范学报，2007（4）：103-105.

③刘坚，曹广顺，吴福祥. 论诱发汉语词汇语法化的若干因素[C]//中国语文编辑部. 庆祝中国社会科学院语言研究所建所45周年学术论文集. 北京：商务印书馆，1997：8-17.

行的时间副词，所以《集韵·阳韵》曰："将，有渐之辞。"表示未然的时间副词，经常带有主观的感情色彩，因此时间副词"将"字又可以引申为语气副词……①

整理副词"将"的虚化过程如下：

将（将帅、将领）→ 推进→表未然的时间副词 { 肯定判断语气 / 不定、推测语气 / → 反诘语气 }

高育花的研究是我们迄今为止所见的最为详细的研究，也是真实可信的。但遗憾的是未能从"将"的原始意义——"进献、奉献"来描绘。由于上古语料的缺乏，我们暂时也无法详细描绘出"将"如何由"进献、奉献"义慢慢引申出"将帅、将领"义。我们的一个推测就是"将"本意是"亲手抢一块肉去献给祖宗"，要抢势必就会带领大家去抢，由此引申出"将领"义。

（一）《红楼梦》

在《红》中"将$_1$"共出现了 21 例。

（1）修饰动词性谓语是"将$_1$"的主要语法功能，共有 18 例，约占总数的 85.7%。

其中，修饰单纯动词的有 14 例，约占动词性谓语总用例的 77.8%。例如：

宝玉虽作了些，只是自己嫌不好，又都抹了，要另作，回头看香，已【将】烬了。（《红》70 回）

修饰动宾短语的有 3 例，约占动词性谓语总用例的 16.7%。例如：

那天【将】有三更时分，贾珍酒已八分。（《红》75 回）

修饰连动短语的有 1 例，约占动词性谓语总用例的 5.6%。例如：

女学生侍汤奉药，守丧尽哀，遂又【将】辞馆别图。（《红》2 回）

（2）修饰形容词性谓语的有 2 例，约占总数的 9.5%。例如：

可叹这，青灯古殿人【将】老；辜负了，红粉朱楼春色阑。（《红》5 回）

（3）修饰名词性谓语的有 1 例，约占总数的 4.8%，修饰的是定中短语，例如：

我如今已【将】五十岁的人，只有这个孽障，必定苦苦的以他为法，我也不敢深劝。（《红》33 回）

---

①高育花. 中古汉语副词研究［M］. 合肥：黄山书社，2007：170.

（二）《儿女英雄传》

发展到文康时代，“将$_1$”的用例和《红》差不多，《儿》中共出现16例。在语法功能上也未发生大的变化，主要修饰动词性谓语，而且以修饰单纯动词为主。修饰名词性谓语的例子没有出现，修饰形容词性谓语的有2例，而且是修饰相同的形容词“满”。例如：

转眼就是安老爷假限【将】满，新河台已经到任，乌大人已经回京。（《儿》13回）

但是，“将”作为时间副词的另一种用法引起了学者的关注。谭枝宏（1988）曾将《儿》中的时间副词“将”分为两种用法①：

第一种，表示某个动作或情况很快就会出现。（按：即我们所列的“将$_1$”）

第二种，在别的书上很难见到，似乎跟“刚”“刚刚”的用法相同。

我方才【将】到碑头里看了看那碑文，怎知这些东西就会不见了呢？

睡到三更醒来，因要下地小解，便……套了双鞋下来，【将】完了事，只听院子里吧喳一声，象从高处落下一块瓦来。

褚一官过来给安太太磕头。【将】磕完了起来，褚大娘子……说道：“还有舅母合亲家妈得认亲呢，劳动你再磕俩罢！”

谭枝宏认为这种用法在方言中可以找到根据，如安庆方言，并进一步指出：“在《儿》中，‘将’可以当‘刚’讲，已如上述。在北京话中，是否能找到根据？在《红》中，在《骆驼祥子》都没有这种用法，看来在北京话中是找不到根据的。那么，是不是《儿》的作者受了方言的影响？这就不是我们所能回答的了。”②

其实，在北京话中是可以找到依据的。由陈刚等编著的《现代北京口语词典》对“将”作如下解释：

【将】刚，不久前。如：他~进门儿不大一会儿。｜~哭就笑。③

高艾军、傅民编著的《北京话词语》（增订本）还收录了“将才”和“将将儿”。④

此外，在山东方言中也随处可见“将”作“刚”的例子。例如：

---

①谭枝宏.《儿女英雄传》中虚词“将”的使用[J].安庆师范学院学报：社会科学版，1988（2）：55-61.

②谭枝宏.《儿女英雄传》中虚词“将”的使用[J].安庆师范学院学报，1988（2）：55-61.

③陈刚，宋孝才，张秀珍.现代北京口语词典[Z].北京：语文出版社，1997，179.

④高艾军，傅民编.北京话词语（增订本）[Z].北京：北京大学出版社，2001，421.

我们中学生太累了，【将】写完作业，又要去画画；【将】画完画，又要去学书法；【将】写完字，又要去参加奥数班。

而且在以山东方言写就的著作中，也能见到“将”的这种用法。例如：

真人又禀道：“太尉要救万民，休生退悔之心，只顾志诚上去。”太尉别了众人，口诵天尊宝号，纵步上山来。【将】至半山，望见大顶直侵霄汉，果然好座大山。（《水浒传》1回）

我们认为此处的“将至半山”义为“刚到半山腰”，是在半山腰上看到的风景，而非将要到半山腰。再如：

计氏呆了半晌，说：“天下怎有这等奇事！如今去了不曾?”养娘说道：“如今也【将】待起身。”（《醒世姻缘传》2回）

上例中的“将待”解释为“刚待”义较为合理、通顺。

如果说《儿》的作者文康受了方言的影响，也很难说受到哪个方言区的影响。正如太田辰夫（1991）的研究指出：“关于‘刚才’，据《汉语方言词汇》，济南、成都、昆明、合肥用‘将才’。这样看来，应考虑这四个地方把‘刚’说成‘将’的可能性。”① 其实，“将才”还涉及江苏等地的方言。傅朝阳（1987）的《方言小词典》对“将才”的解释为：

【将才】刚才：~还和老婆谈了半天。（柳青·种谷记）女儿~把信送给我看。（《扬州话评选》）②

我们认为，这种情况还是北京话自身的现象。正如太田辰夫（1991）指出：“《儿女英雄传》可能反映的是北京话内部的一种小方言。”③ 而且据我们考察，《红》《老》中也并非没有“将$_2$”的用例。例如：

于是一径往潇湘馆来看黛玉。【将】过了沁芳桥，只见雪雁领着两个老婆子，手中都拿着菱藕瓜果之类。（《红》64回）

按照谭枝宏的理解，“过了”是表示“动作已经完成”，而且下句有“只见”相呼应。此处的“将”显然是符合谭枝宏的分析方法，应解释为“刚”。参看下句：

至晚饭后，闻听宝玉来了，心里要找他问问是怎么样了。一步步行来，见宝钗进宝玉的院内去了，自己也便随后走了来。【刚】到了沁芳桥，只见

---

①太田辰夫. 汉语史通考[M]. 江蓝生，白维国，译. 重庆：重庆出版社，1991：246.

②傅朝阳. 方言小词典[Z]. 济南：山东教育出版社，1987，313.

③太田辰夫. 汉语史通考[M]. 江蓝生，白维国，译. 重庆：重庆出版社，1991：246.

各色水禽都在池中浴水，也认不出名色来，但见一个个文彩炫耀，好看异常，因而站住看了一会。（《红》26 回）

上例中的语言环境和“将”例几乎完全相同，而用“刚”，更能印证我们的理解。“将$_2$”这种用法，在《红》中还有另外 2 例：

①雨村不耐烦，便仍出来，意欲到那村肆中沽饮三杯，以助野趣，于是款步行来。【将】入肆门，只见座上吃酒之客有一人起身大笑，接了出来，口内说：“奇遇，奇遇。”（《红》2 回）

②于是凤姐儿方移步前来。【将】转过了一重山坡，见两三个婆子慌慌张张的走来，见了凤姐儿，笑说道：“我们奶奶见二奶奶只是不来，急的了不得，叫奴才们又来请奶奶来了。”（《红》11 回）

发展到文康时代，“将$_2$”的用例大幅度增加，《儿》中共出现 34 例。在语法功能上，不仅像《红》中的“将$_2$”一样可以修饰动宾短语，还可以修饰动补短语，如可以修饰动趋式，如下：

磕完头，【将】爬起来，只见他把右手褪进袖口去，摸了半日，摸出两箍香钱来，递给安太太。（《儿》13 回）

修饰动结式。例如：

【将】吃完饭，只见一个军机苏拉进来，向他说：“乌大人打发苏拉出来……”（《儿》40 回）

修饰 V 得 O 结构。例如：

【将】进得那边店门，早看见一个老头儿在那里喂驴……（《儿》12 回）

修饰 V 得 C 结构。例如：

【将】摆得齐整，公子早忙忙的进来。（《儿》30 回）

此外，还可以修饰“单纯动词+着”结构。例如：

坐了半天，说：“我这肚子里还象有一个呢！”【将】说着，爬起来又养了一个，又是个小子！（《儿》39 回）

（三）《正红旗下》和《老舍合集》

发展到老舍时代，“将$_2$”用例又突然减少了，在《正》中未见用例，但出现了 1 例“将将”作“刚刚”解释的例子：

多亏母亲会勤俭持家，这点收入才【将将】使我们不至沦为乞丐。

“将$_2$”在《老》中共出现了 6 例，虽然用例减少，但是语法功能变得更加丰富，既可以修饰动宾短语，又可以修饰动补短语。例如：

【将】出太阳，他和纪妈出了城门。天气还好，太阳虽不很热，幸而没风。（老舍《牛天赐传》）

笑【将】停住，话又跟着出来，象风儿将把花吹藏在叶下……（老舍《文博士》）

除此以外，"将$_2$"还可以修饰单纯动词。例如：

虎妞看着院中【将】化的冰，与那些破碎不堪的衣服……心中凉了半截。（老舍《骆驼祥子》）

还有2例是用在"将够"例中，义为"刚刚够"。例如：

①到了八月节结账，三个买卖全不赚，只【将】够嚼谷。（老舍《牛天赐传》）

②房钱，煤米柴炭，灯油茶水，还先别算添衣服，也就【将】够两个人用的，还得处分抠搜，不能象虎妞那么满不在乎。（老舍《骆驼祥子》）

发展到王朔时期的新北京话时代，"将$_2$"突然变得非常罕见，在《王》中未发现用例。

通过以上考察，我们认为"将$_2$"在《儿》中用例较多的原因，一方面可能正如太田辰夫所分析的那样，是北京话内部的一种小方言；另一方面，也可能与作者的写作习惯有关。

后"将$_1$"发展到老舍时代，有了进一步的发展，主要体现在用例的减少上。其在《正》中仅有1例，修饰单纯动词"到"。例如：

八月未完，九月【将】到，论天气，这是北京最好的时候。

"将$_1$"在《老》中也只出现了13例，语法功能也未发生大的变化。

（1）修饰动词性谓语仍然是其主要语法功能，共有9例，约占总数的69.2%。其中，修饰单纯动词的有4例，约占动词性谓语总用例的44.4%。例如：

大鹰低声的说："国家【将】亡，还顾得儿子！"（老舍《猫城记》）

修饰动补短语的有2例，约占动词性谓语总用例的22.2%。例如：

它也主大晴天，就是说空袭又【将】来到。（老舍《鼓书艺人》）

修饰动宾短语的有1例，约占动词性谓语总用例的11.1%。例如：

它的硬翅颤了几颤，两腿已【将】落地，白尾巴一钩，又飞起去了。（老舍《猫城记》）

修饰状中短语的有2例，约占动词性谓语总用例的22.2%。例如：

哼，单单是在这时候，她觉到她【将】永远住在此地。（老舍《骆驼祥子》）

其中有 1 例是修饰由“把”引导的状中短语。例如：

她不仅是朋友，她【将】把她的一生交给他，两个地狱中的人将要抹去泪珠而含着笑携手前进。(老舍《骆驼祥子》)

（2）修饰名词性谓语的共有 4 例，约占总数的 30.8%，都是修饰偏正短语。例如：

蓝小山把【将】吸尽的烟头，猛的吸了一口，又看了看，不能再吸，才照定痰盂掷去。(老舍《老张的哲学》)

二、副词“将次”和“将要”

在后来的发展过程中，先后产生了两个较为重要的“将”类时间副词——“将次”和“将要”。

（一）“将次”

对于“将次”的虚化过程，唐贤清（2003）曾作过研究，为了行文的方便，我们不避烦琐，兹录入如下①：

“将次”本是动词性偏正短语，“将要到”的意思，魏晋已经出现，如：

①方今岁在己巳，【将次】四仲，婚姻者竞赴良时，粲丽之观，相继于路。(《全晋文·卷 58》)

到唐代，“将次”的功能有一个较大的变化，“将次”由修饰名词性谓语到修饰动词性谓语，如：

②耆恃有千子，拓境四方，兵威乘胜，【将次】此国。(《大唐西域记·卷 7·五国》)

③怀光戮而希烈征，希烈傥平，祸【将次】及。(《全唐文·卷 472》)

前一例无疑是偏正短语，后一例有点模棱两可，从语义上看，似乎可以理解为副词，但是从音读来看，仍是偏正短语，读为“祸将——次及”。

但是宋代，“将次”已经完全凝固为一个副词了。

《语类》的例子如：

④今却去索之于杳冥无联之际，你去何处讨！【将次】思量得人成病。(《语类·卷三十一·论语十三》)

宋代及宋代以后也多有发现，如：

⑤试把翠蛾轻晕。愁满宝台鸾镜。屈指一春【将次】尽。归期犹未稳。

---

①唐贤清.《朱子语类》副词研究[D]. 长沙：湖南师范大学博士学位论文，2003：51.

（《全宋词》，周密《谒金门》）

⑥我儿，你去叫你哥嫂及早起来，前后打点。娶亲的【将次】来了。（《清平山堂话本》）

⑦宋江道：“军师所虑，实为得理。何不使人连夜去北京探听虚实，我这里好做准备?”吴用笑道：“小弟已差人去了，【将次】回也。”（《水浒传·第六十七回》）

⑧看看二更多天气，两公子【将次】睡下，忽听一片声打的河路响。（《儒林外史·第九回》）

在我们考察的《红》《儿》《老》《王》这几部作品中，“将次”都未出现，我们初步推测，可能北京话中没有“将次”这个时间副词，或者发展到《红》时期，“将次”已经在北京话中基本消失了。

（二）“将要”

下面我们来重点考察下“将要”。

关于“将要”虚化过程的研究，我们暂时没有发现。据我们考察，“将要”有以下两种可能的来源。

第一种，“将要”是由状中短语“将”“要”（将欲//要）虚化而来。在虚化的过程中，动词“要”慢慢地虚化，最终由时间副词“将”和助动词“要”（表示愿望或做某事的意愿。可译为“欲”“想”“希望”，或仍作“要”[①]）复合而成。例如：

①孔子进之以礼，退之以义，得之不得曰有命，而主雍睢与寺人脊环，是无命也。孔子不说于鲁卫，将适宋，遭桓司马，【将要】而杀之，微服过宋，是孔子尝厄，主司城贞子，为陈侯周臣。(《说苑》卷14)

②及季姒与饔人檀通而惧，乃使其妾抶己，以示秦遄之妻，曰：“公若欲使余，余不可而抶余。”又诉于公甫，曰：“展与夜姑【将要】余。”秦姬以告公之。(《左传·昭公·昭公二十五年》)

我们可以看出，以上两例中的“将要”是状中短语，动词性短语的用法非常明显。

后发展到宋代，“要”在“将要”中，已处在动词虚化为助动词的途中。例如：

①中国社会科学院语言研究所古代汉语研究室编. 古代汉语虚词词典[Z]. 北京：商务印书馆，1999：681.

一日，雪峰伺便扣门，师开门，峰蓦胸住曰："是凡是圣？"师唾曰："这野孤精！"便推出闭却门。峰曰："也【将要】识老兄。"（《五灯会元》卷4）

在上例中，"将要"后不再接名词，而是开始作状语修饰"识老兄"这个动宾短语。但此处的"将要"还未虚化彻底，可以解释为"打算、想要"等义的心理动词。如下句中的"欲识"：

铲草次，问僧："汝何处去？"曰："西院礼拜安和尚去。"时竹上有一青蛇，师指蛇曰："【欲识】西院老野孤精，将这便是。"（《五灯会元》卷4）

此例中的"欲识"与上句中的"将要识"相对应，"将要"还处在虚化的过程中，还可以解释为"将要希望认识"。

元代中，我们考察的《新编五代史平话》和《元曲选》中都未见到"将要"的用例。

发展到明代，在明前期的《西游记》中出现1个"将要"的用例。如下：

他在那云端里，咬牙切齿，暗恨行者道："几年只闻得讲他手段，今日果然话不虚传。那唐僧已此不认得我，【将要】吃饭。若低头闻一闻儿，我就一把捞住，却不是我的人了……"（《西游记》27回）

从上例中，我们可以看出，此时的"将要"已经基本上完全虚化为副词了。再如：

①里正道："剡溪里民家张某，新死入殓，尸首忽然不见。第二日却在鹿胎山上庵中，抱住佛堂柱子。见有个直秀才在山中歇宿，见得来时明白。今本家连柱取下，【将要】归家。小人们见此怪异，关系地方，不敢不报……"（《二刻拍案惊奇》卷13）

②晁夫人又不头痛脑热，又不耳聋眼花，光梳头，净洗面，照常的接待人客，陪茶陪饭，喜喜笑笑，那象一个【将要】不好的人。（《醒世姻缘传》90回）

通过以上分析，我们可以看出，"将要"大约在明前期就已经出现。相比之下，《汉语大词典》举《儿》的例子，《虚词历时词典》举《红》例子，我们认为例证过于滞后。

第二种，时间副词"将"与时间副词"要"（将要；快要。表示事物发展的趋势。①）联合，复合而成。对于"要"作时间副词的早期例子，《汉语大字典》和《汉语大词典》都引《后汉书·广陵厉王胥传》，如下：

---

①汉语大字典编辑委员会编辑．汉语大字典（八卷本）[Z]．武汉：湖北辞书出版社；成都：四川辞书出版社，1988：2806.

人生【要】死，何为苦心？

再如：

天子偏教词客赋，宫中【要】唱洞箫词。（徐铉《柳枝词》）

“要”自从魏晋时期虚化为副词之后，又与“将”组合为“将要”。

对于以上两种可能，哪一种更为合理？对此，我们对第一种和第二种意见，都有所保留地赞同。我们认为动词词组“将”“要”先期组合，并慢慢地发生虚化；后来“要”虚化为副词后，反过来也影响了“将要”的虚化，使其最终成为副词。因而，可以说我们的观点是综合了一、二种意见，是两者的组合。理由如下：

一是动词词组“将”“要”由耦合到慢慢地发生词汇化，并由此逐渐虚化为副词，其发展引申的线路清晰、合乎一般规律；而动词“要”慢慢地发生虚化，反过来也必定会影响、加速“将要”的虚化。这比第二种意见中“将”和“要”随机、“空降”、“捉对”形成的偶然性要大得多。这是符合事物发展逻辑的。

二是时间先后顺序。“将”“要”复合的动词词组用法，西汉时就已经初露端倪，而“要”作为时间副词用法，到魏晋时期也已经出现。但是，由“将”和“要”联合出现的时间副词“将要”出现的时间并非在西汉至魏晋这段时间，而是在时间更晚的元明。由此可见：

“将”“要”（动词词组　西汉）
“要”（副词　魏晋）
} ⟶ “将要”进一步虚化⟶ “将要”（副词　元明）

如此发展，也是符合时间逻辑的。①

①雷冬平等在论述“正在”的形成过程时，曾提到李宗江先生的意见：李宗江先生看本文（按：《时间副词“正在”的形成再探》）初稿时也曾向笔者提到“正在”的形成有可能是时间副词“正”和时间副词“在”“同义复合构词的结果”，并认为“要证明这一点，只要证明在‘正在’开始出现的时候，‘在’已经是时间副词就可以了。”我们认为“将要”与“正在”的情况不同：

（1）关于副词“在”出现的情况和时间，太田辰夫（1958：256）曾指出：“正在”省略了就成为单个的“在”，这样的用法直到清代还没有。龚千炎（1995）认为：“在”表示动作行为正在进行很晚，《儿》中尚未见，似乎直到现代汉语才出现……“在”也许是“正在”的省略。唐贤清（2003：41）在研究《朱子语类》时，也曾指出：和现代汉语一样，表进行、现在的时间副词非常少，现代汉语中常见的表示现在、进行的时间副词“在”还没发现。张亚军（2002）还系统地论述了“正”“正在”和“在”的出现时间：在汉语发展的历史上，“正”用作时间副词最早，不晚于南北朝；“正在”在宋元时代也已用于表示动作行为的进行。而“在”作为时间副词要远远晚于“正”“正在”……“在”作为时间副词是在现代汉语中完成的。（转下页）

三是其他副词形成过程的佐证。比如“将欲”，本来是状中短语，就可以译为“将”“欲”。例如：

①【将欲】翕之，必故张之；【将欲】弱之，必故强之；【将欲】废之，必固兴之；【将欲】夺之，必固与之。（《老子》）

②人主【将欲】禁奸，则番合刑名；刑名者，言与事也。（《韩非子》）

③齐桓公【将欲】征伐，甲兵不足，令有重罪者出犀甲一戟，有轻罪者赎以金分，讼而不胜者出一束箭。（《淮南子·汜论训》）

这种动词词组用法在先秦时已经较为常见，见下表：

单位：例

	老子	韩非子	淮南子	墨子	吕氏春秋
将欲	5	12	6	18	2

后来，随着“欲”“跟动词、形容词连用，表示‘想要’、‘需要’、‘像

（接上页）我们认为“正在”出现的时候，“在”早已经成为副词了。正如仇志群（1991）研究指出：省略说没有注意到这样一个事实：副词“在”的出现并不晚于副词“正在”。敦煌变文中已有“在+动”式。例如：

我家有子【在】临胎，千般痛苦诞婴孩。（《敦煌变文集》，334页）

【在】听甚深微妙法，身中佛性甚分明。（《敦煌变文集》，826页）

但变文中没有发现副词的“正在”，变文以前也没有找到“正在”的副词用例，所以省略说恐难成立。

但是，我们认为副词“在”出现的时间还要提前，早期的例子如：

闵予小子，遭家不造，嬛嬛【在】疚。（《诗经·周颂》）

且樊、襄之【在】围，过于莒、即墨。（《三国志·魏书·徐晃传》）

由此可见，“正在”出现的时间大大晚于副词“在”。正如蒋冀骋、吴福祥先生（1997：415-416）的研究：

“正在”不见于唐五代文献，宋代始见个别用例：

只如今赌钱吃酒等人【正在】无礼，你却将《礼记》去他边读，如何不致他恶？（《朱子语类辑略·卷1）

这里的“正在”也许还可以理解为“正在……之中”，不过“正在”用为时间副词的可靠用例元明已能见到……

（2）但是，“将要”的情况与“正在”完全不同。动词词组“将要”在西汉开始出现的时候，“要”还是典型的动词，不是副词。只是随着后来的发展，“将要”的虚化与“要”的单独虚化相互影响、相互感染。“将”本身是副词，在“将要”的组合中，肯定会感染、影响“要”的词性，而后来“要”的虚化又会反过来加速“将要”组合的虚化。因而，我们说副词“将要”的形成是上述两种意见的结合、共同作用的结果。以下见“将欲”例。

要’等多种意义，进而虚化成表事态发展趋势的‘将要’”①，其有了时间副词的用法，较早的例子如下：

①胜怒，捕系武臣等家室，【欲】诛之。（《汉书·陈胜传》）

②鸡鸣外【欲】曙，新妇起严妆。（古诗源·古诗为焦仲卿妻作）

③佗脉之，曰："府君胃中有虫，【欲】成内疽，腥物所为也。"（《后汉书·华佗传》）

如此，"欲"在东汉时期就出现了副词用法，这反过来必然会影响、加速"将欲"的语法化。而且，副词"将欲"不是在先秦至东汉早期出现的，较早的例子见于东汉末年《中本起经》。例如：

吾朝入池，【将欲】如水，树神垂枝，令吾牵出。（《中本起经·化迦叶品》）

如此见下图：

"将""欲"（动词词组　先秦）
"欲"（副词　东汉）} ⟶ "将欲"（进一步虚化）⟶ "将欲"（副词　东汉末）

以上发展，既符合逻辑意义，又符合时间意义。

但是，"将要"产生以后，发展一直不快，用例较少。发展到清代的曹雪芹时代，在《红》中仍然只出现了1例，用于修饰动宾短语。例如：

彼时贾珍带贾蓉来到诸长辈前，让坐轿上马，因而贾赦一辈的各自上了车轿，贾珍一辈的也【将要】上马。（《红》15回）

后发展到《儿》时代，"将要"的用例略有提高，共9例，全部用于修饰动词性谓语。

其中，修饰单纯动词的有4例，约占总数的44.4%。例如：

何小姐听婆婆如此说，【将要】说话，又望着张姑娘向外间努了个嘴儿，那光景象是叫他瞧瞧外间儿有人没人。（《儿》40回）

修饰动宾短语的有4例，约占总数的44.4%。例如：

【将要】问他，张姑娘肚子里的那句话也装不住了，说："姐姐这话！姐姐坐不得车，难道我又坐得车吗？"（《儿》40回）

还有1例修饰兼语短语，约占总数的11.1%。例如：

老爷见师老爷的烟灭了，【将要】叫人拿香火，恰巧那个麻花儿一时不在跟前。（《儿》37回）

---

①中国社会科学院语言研究所古代汉语研究室编. 古代汉语虚词词典[Z]. 北京：商务印书馆，1999：787.

发展到老舍时代，“将要”的用例还是没有明显增加，在《正》中没有用例，《老》中出现了18例，但语法功能有了进一步的扩展。除了14例修饰动词性谓语的例子，还出现了4例修饰名词性谓语的例子，如：

这残暴，这傲慢，使每个人【将要】凝结的血由愤怒而奔流，把灰黄的脸色变为通红。(老舍《蜕》)

发展到以王朔为代表的新北京话，“将要”也未真正发展起来，在《王》中仅出现了17例，而且语法功能上未有大的突破。

三、“将”类副词小结

通过比较研究，我们知道自上古一直到现在，“将”是“将”类副词中最重要，也是最常用的副词，是语法功能的主要承担者。“将次”和“将要”只是其补充，不能对“将”形成真正的竞争关系。三者用例见下表：

单位：例

	朱	平	西	金	醒	红	儿	老	过
将	584	23	56	51	178	21	16	137	3
将次	5	2	2	3	22	0	0	0	0
将要	0	0	1	0	1	1	9	18	2

注：以上语料分别为《朱子语类》《新编五代史平话》《西游记》《金瓶梅词话》《醒世姻缘传》《红楼梦》《儿女英雄传》《老舍合集》《过把瘾就死》。《朱子语类》的统计数据来自唐贤清（2003）；《西游记》中“将”的统计来自王丽（《论〈西游记〉中“将”的语义与用法》，2006）；《金瓶梅词话》中“将”的统计来自张海涛（《浅析〈金瓶梅〉中“将”的用法》，2007）；《醒世姻缘传》中“将”的统计来自王洪秀（《〈醒世姻缘传〉中“将”字用法考察》2008）

“将”在长期的发展过程中，不仅有“快要、即要”义，而且衍生出“刚、刚刚”义，并且一直到现在还存在于某些地区的方言中。

作为“将”的补充，“将次”产生于宋代，其发展到明末清初时达到了顶峰，但马上就转入了低谷，在现代汉语中已经消失；而伴随着“将次”的减弱和消失，另一个“将”类副词“将要”随之产生与发展，并一直存在于现代汉语中。因此，我们推测：在“将”类副词中，“将次”和“将要”虽然无法同“将”形成真正的竞争关系，但“将次”和“将要”却相互竞争，最终“将次”被淘汰，“将要”取代了“将次”，同时，我们认为由于“将要”符合双音化的要求和趋势，所以在未来，“将要”的用例可能会超越“将”。

第五节　“赶紧”类副词的历时嬗变

“赶紧”类副词主要包括“赶紧”“赶快”“赶忙”等3个。

一、副词“赶紧”

“赶紧”是新近产生的副词，据太田辰夫（1991）研究“好像是在《品花宝鉴》里最先出现”①。例如：

①群婢才息声静气的，【赶紧】的吃了一碗饭，都出来伺候。(《品花宝鉴》11回)

②士燮择了二十四日下葬，即与他做了墓志，【赶紧】刻了，又写了神道碑，勒于石。(《品花宝鉴》59回)

《红》中未有用例，在《儿》中有19个用例。

首先，修饰动词性谓语是其主要语法功能，共有18例，约占总数的94.7%。

其中，修饰单纯动词的有2例，约占动词性谓语总用例的11.1%。例如：

奴才这妹子死后，丢下一个小小子儿，无人照管，便张罗着【赶紧】续弦。(《儿》14回)

修饰动宾短语的有6例，约占动词性谓语总用例的33.3%。例如：

【赶紧】取了一个青铜钱，一把子麻秸，连刮带打，直弄的周身紫烂浑青，打出一身的黑紫包来，他的手脚才渐渐的热了过来……(《儿》3回)

修饰动补短语的有1例，约占动词性谓语总用例的5.6%。例如：

这小爷正在那里心里为难，听十三妹如此一问，他【赶紧】站起，连连的摆手说：“姑娘，这事断断不可!”(《儿》9回)

修饰状中短语的有5例，约占动词性谓语总用例的27.8%。例如：

……两只手【赶紧】往怀里一揣，却是怕碰了他的肚子伤了胎气。(《儿》31回)

其中，由介词“把”引导的状中短语的有2例，如：

你【赶紧】把你的行李拿上，也就走罢。(《儿》3回)

---

①太田辰夫. 汉语史通考[M]. 江蓝生，白维国，译. 重庆：重庆出版社，1991：248.

修饰连动短语的有4例，约占动词性谓语总用例的22.2%。例如：

既杀了若干人，其势必得打发两家【赶紧】上路逃走，才得远祸。(《儿》10回)

其次，“赶紧”还可以修饰句子形式，仅有1例，约占总数的5.3%：

一路上逢山开路……到了地土，不可露盘儿，【赶紧】的回山要紧。(《儿》11回)

发展到老舍时代，“赶紧”的用例大幅度增加。

一是在7万字的《正》中“赶紧”的用例出现了24例。语法功能未发生大的变化，均为修饰动词性谓语，但在其内部有细微的变化。

其中，修饰单纯动词的有3例，占总用例的12.5%。例如：

眼睛多不知吉凶如何，【赶紧】补充：“……别叫他小看了牧师!”(《正》11回)

修饰动宾短语的有8例，约占总用例的33.3%。例如：

刚刚想到这里，他自己【赶紧】打了退堂鼓……(《正》8回)

修饰动补短语的有2例，约占总用例的8.3%。例如：

二哥的俏皮话又来了，可是【赶紧】控制住。(《正》7回)

修饰状中短语的有9例，占总用例的37.5%。例如：

二哥听到了那声轻嗽……【赶紧】笑着说：“您有事，就请吧!”(《正》9回)

其中由介词“把”引导的状中短语有4例，如：

他【赶紧】把话拉回来：“……您看王掌柜的事儿怎么办呢?”(《正》10回)

二是与《儿》不同的是，《正》中还出现了1个修饰动词性并列短语的例子，约占总用例的4.2%：

多老大也【赶紧】低头闭眼，盘算着……(《正》8回)

三是较之《儿》有所发展的是，《正》中出现了1例修饰兼语短语的例子，约占总用例的4.2%：

他【赶紧】叫仆人给他擦鞋、烫衣服……(《正》11回)

“赶紧”经历的虚化过程开始于动补短语“赶”“紧”。我们检索到的较早的例子见于明万历年间的《禅真后史》。例如：

俗言说，急行无好步，凡事只因忙里错。姆姆休得【赶紧】做事。(《禅真后史》17回)

在上例中，“赶紧”的实义用法还很明显，但它用在动词性谓语“做事”之前，已具备了虚化为副词的句法结构。后来由于“频率原则”的作用，“赶紧”最终虚化为副词。

但据我们考证，以上可能不是“赶紧”虚化为副词的唯一途径，我们还遇到了这样的例句。例如：

①当卜瘸师见任、吴、张三人赶来，急急便走，紧【赶紧】走，慢赶慢走，不赶不走。（《三遂平妖传》10 回）

②这里巫锦紧【赶紧】杀，忽见梅清救兵到来，便立定脚。（《希夷梦》16 回）

③……如今要一个人跟着四头骡子跑，那里赶得上呢？一路紧【赶紧】走，慢赶慢行，一直的赶至一座大庙跟前。（《儿》5 回）

④单说徐良追下周瑞，紧【赶紧】追，始终不舍，恨不得一时把他追上，结果性命，以与一方除害。（《小五义》82 回）

以上 4 例，都是“紧赶紧×”结构的运用，“×”一般为单音节动词。我们推测，由于语言经济原则的作用，“紧赶紧×”最终造成第一个“紧”的脱落，而形成“赶紧”。这只是我们的一个假设，恳请方家指正。

二、副词“赶快”

“赶快”也是后来才产生的副词，而且其出现的“时代更靠下”①。在我们的考察中，清代以前的语料中，其均未出现。

同“赶紧”一样，“赶快”的语法化过程是由动补短语“赶快”逐渐虚化为副词，如在成书于康熙年间的《隋唐演义》中有以下用例：

如晦的家人杜增说道：“二位老爷紧赶一步，不上二三里转进去，就是徐老爷的住居了。”如晦道：“正是，我们快【赶快】一步。”（《隋唐演义》66 回）

上例中，“赶快”受副词“快”修饰，此时，“赶快”明显是动补短语。又如：

笑说未了，那些船早望见了炀帝在景明院，便不收入渠中，都一齐争先【赶快】，乱纷纷的望殿边摇来。（《隋唐演义》34 回）

后来随着时间的推移，“赶快”的实义逐渐虚化，如在成书于乾隆年间的《说岳全传》中的用例：

①太田辰夫. 汉语史通考[M]. 江蓝生，白维国，译. 重庆：重庆出版社，1991：248.

牛皋接口道："不错，不错，【赶快】些，我肚里饿了。"（《说岳全传》8回）

在上例中，"赶快"似乎处理为动补短语和副词都可以，我们将其看作"赶快"过渡中的例子。

后历经曹雪芹和文康时代，但"赶快"在《红》和《儿》这两部著作中，均未出现用例，一直发展到晚清，又开始出现，但此时也有动补短语的用例。例如：

刁迈彭未曾下轿，那个请他的家人早已【赶快】一步回到家里禀报太太知道，说："刁大人听说洋人在此，已经赶了来了。"（《官场现形记》51回）

在上例中，"赶快"修饰名词性谓语"一步"，我们仍可以将其看作动补短语。但由于"赶""快"长期经常连用，并且经常出现在动词性谓语的前面，则句子的实义主要由其所修饰的动词性谓语来承担，"赶快"本身的动词性实义用法进一步虚化，并最终虚化为时间副词。据此，我们可以得出一个初步的结论：清末是时间副词"赶快"出现和使用的初期，其使用频率不是很高。

《官场现形记》中一共有5例，"赶快"主要修饰动词性谓语。例如：

①立刻吩咐跟班："【赶快】到局子里看看老爷到底在那里不在？"（《官场现形记》39回）

②停了一回，又说道："……你有这半天一夜的工夫，能够完结，【赶快】去完结了再来。完结不了，明天再审。"（《官场现形记》45回）

以上两例中，"赶快"主要修饰连动短语。

①抚台道："这事已耽误了一天了，【赶快】催他们去办罢。"（《官场现形记》57回）

②但是面子上又不肯示人以弱，呆了一呆，说道："贵道台如此说法，兄弟马上先打个电报给我们的驻京公使，叫他电回本国政府，【赶快】派几条兵轮上来。……"（《官场现形记》57回）

以上两例中，"赶快"修饰兼语短语，下例中修饰由介词"把"引导的状中短语。

这事很失国体，劝亲家【赶快】把那位洋人辞掉，免得旁人说话。（《官场现形记》58回）

与此同时代的《孽海花》《二十年目睹之怪现状》《老残游记》中分别出现了5例、8例和4例，"赶快"主要修饰动词性谓语。例如：

①我们出去的时候满挤了一街的人，谁拣了去了？【赶快】去寻找！（《孽海花》15回）

②那电报说的是母亲病重了，叫孩儿【赶快】回来。（《二十年目睹之怪现状》18回）

③船主舵工听了，俱犹疑不定。内中有一个舵工，是船主的叔叔，说道："你们来意甚善，只是众怒难犯，【赶快】去罢！"（《老残游记》1回）

发展到老舍时代，"赶快"已经发展成为一个较为常用的副词。《正》中出现了4例，都是修饰动词性谓语。例如：

①老太太扑了个空，怒气增长了好几度，【赶快】拨转马头，要生擒骁骑校。（《正》4回）

②二姐注意到：火山即快爆发。她【赶快】去和父亲商量。（《正》5回）

③二哥【赶快】补上："得啦，小伙子！"（《正》7回）

④我这不是【赶快】系好了扣子吗？二哥，你是好人！官兵要都象你，我们就顺利多了！哼，有朝一日，我们会叫皇上也得低头！（《正》7回）

《老》中的用例更多，共有104例。修饰动词性谓语和句子形式是"赶快"的主要语法功能。较之清末时期，其语法功能没有发生大的变化。与之不同的是，此时北京话的"赶快"，可以与"的"结合，构成"赶快的"来修饰谓语，这种情况共出现了12例，约占总数的11.5%。例如：

①那里有养骆驼的，他得【赶快的】走，能在天亮的时候赶到，把骆驼出了手，他可以一进城就买上一辆车。（老舍《骆驼祥子》）

②伙计把戒指收起去，【赶快的】把马老先生的模样，身量，衣裳，全记下来，预备发生了抢案，他好报告巡警。（老舍《二马》）

而"赶快的"这种形式在现代北京话和现代汉语中已基本消失，非常罕见。

三、副词"赶忙"

同"赶快""赶紧"一样，"赶忙"也是后来出现的副词，但从现有的语料中看，"赶忙"似乎要比"赶快""赶紧"出现的时间略早一些。

清代以前的语料中未见到"赶忙"的用例，但在《红》中有7例，均为修饰动词性谓语。

其中，修饰单纯动词的有1例，约占动词性谓语总用例的14.3%。例如：

他【赶忙】说："我吃脏了的，另洗了再拿来。"（《红》66回）

修饰动宾短语的有4例，约占动词性谓语总用例的57.1%。例如：

我【赶忙】问了那姑子，果然不错。(《红》50回)

修饰状中短语的有2例，约占动词性谓语总用例的28.6%。例如：

凤姐道："过来，我还有话呢。"兴儿【赶忙】垂手敬听。(《红》67回)

其中1例是由介词"将"引导的状中短语。例如：

于是【赶忙】将衣服首饰穿戴齐整，上炕躺下了。当下人不知，鬼不觉。(《红》69回)

但在后来的发展中，"赶忙"在北京话中却一直没有真正发展起来。《儿》中没有用例，《正》中也未见用例，在《老》中也仅仅出现了2例。例如：

①他【赶忙】改了口气，表示出他对梦莲是绝对服从的。(老舍《火葬》)

②宝庆【赶忙】说，"我先把话说在头里。全靠碰运气。没准儿一天的嚼谷也混不上。……"(老舍《鼓书艺人》)

即使发展到现代北京话，其用例也不是很多，《王朔合集》和《汪曾祺全集》中分别出现5例和1例，都是修饰动词性谓语。例如：

①我哽咽一声，撇下张欣，【赶忙】跑进最近的一间男盥洗室。(王朔《空中小姐》)

②坏了！准是婆婆把马鞭子拔出缸外了！她【赶忙】往回奔。(汪曾祺全集·水母)

我们认为造成这种情况的原因是"赶紧"类时间副词的内部竞争，如下表所示：

单位：例

时间副词＼著作	红楼梦	品花宝鉴	儿女英雄传	正红旗下	老舍合集	王朔合集	总计
赶忙	7	0	0	0	2	5	14
赶紧	0	2	19	24	171	82	298
赶快	0	0	0	4	104	58	166

通过上表我们可以较为清楚地看出，"赶忙"最早在《红》中出现，到了比《儿》稍早几十年的《品花宝鉴》时代，"赶紧"开始出现；发展到《儿》时，"赶紧"就出现了19例，而且"赶紧"的语法功能与"赶忙"几乎完全一致，因而，"赶紧"的出现大大地抑制了"赶忙"的发展。后来，又产生了同样语法功能的"赶快"，更加抑制了"赶忙"的发展。因此，在

北京话中，“赶忙”虽然没有被“赶紧”“赶快”完全取代，但出现的频率明显不如后两者。同时，正因为“赶紧”“赶快”的语法功能几乎完全相同，出现频率也相差无几，因此，二者在辞书中相互解释。如在《例释》中对“赶紧”“赶快”的解释如下：

赶紧（赶快）：一、表示动作发生迅速，意义跟“连忙”相同。二、“赶紧”用在祈使句中，表示催促，有“尽快”的意思。

赶快：跟“赶紧”用法相同。

第六节　“忽”类副词的历时嬗变①

“忽”类副词主要包括“忽”“忽的（地）”“忽而”“忽然”4个。

一、副词“忽”

“忽”是“忽”类副词中最重要的一个，是“忽”类副词的根词。

“忽”的本义是“忘”。《说文解字》：“忽，忘也。从心，勿声。”“忽”所表示的“疾速”义，是其假借义，是“飔”的假借字。《说文通训定声》：“忽，假借为飔。”《广雅·释诂》：“飔，疾也。”《广雅疏证》：“飔，忽通。”

“忽”最开始是用作形容词，作谓语。例如：

①《离骚》：“日月【忽】其不淹兮，春与秋其代序。”王逸注：“忽，倏忽也，谓迅疾出于不意也。”②

②《从军诗》：“西收边地贼，【忽】若俯拾遗。”

后“忽”的形容词义逐渐虚化为副词，义为“忽然”。《广韵·没韵》：“忽，倏忽。”例如：

①瞻之在前，【忽】焉在后。（《论语·子罕》）邢昺疏：“瞻之似若在前，忽然又复在后也。”③

---

①本文以论文形式发表，参见刘冬青．北京话“忽”类时间副词的历时嬗变（1750—1950）[J]．现代语文．2022（4）：49-54.

②马景仑．古汉语时间副词“忽、卒、遽、亟、骤”的词义差别[J]．南京师大学报：社会科学版，1991（3）：102-107.

③马景仑．古汉语时间副词“忽、卒、遽、亟、骤”的词义差别[J]．南京师大学报：社会科学版，1991（3）：102-107.

②凉风【忽】至，草木成实。（《列子·汤问》）

时间副词“忽”产生以后，就是主要修饰动词性谓语。发展到曹雪芹时代，仍是如此。

（一）《红楼梦》

《红》中，“忽”共出现了255例，修饰动词性谓语的有245例，约占总数的96.1%。其中修饰单纯动词的有31例，约占动词性谓语总用例的12.7%。例如：

再者，亦令世人换新眼目，不比那些胡牵乱扯【忽】离【忽】遇，满纸才人淑女、子建文君红娘小玉等通共熟套之旧稿。（《红》1回）

修饰动宾短语119例，约占动词性谓语总用例的48.6%。例如：

士隐意欲也跟了过去，方举步时，【忽】听一声霹雳，有若山崩地陷。（《红》1回）

修饰动补短语的有42例，约占动词性谓语总用例的17.1%。例如：

因【忽】又听得秦氏之丫鬟名唤瑞珠者，见秦氏死了，他也触柱而亡。（《红》13回）

修饰状中短语的有31例，约占动词性谓语总用例的12.7%。例如：

话说红玉心神恍惚，情思缠绵，【忽】朦胧睡去，遇见贾芸要拉他，却回身一跑，被门槛绊了一跤，唬醒过来，方知是梦。（《红》25回）

其中修饰由介词“被”引导的状中短语的有2例。例如：

虽未成双，却也海誓山盟，私传表记，已有无限风情了。【忽】被鸳鸯惊散，那小厮早穿花度柳，从角门出去了。（《红》72回）

修饰兼语短语的有12例，约占动词性谓语总用例的4.9%。例如：

方欲说话，【忽】有回事人来回：“忠顺亲王府里有人来，要见老爷。”（《红》33回）

修饰连动短语的有9例，约占动词性谓语总用例的3.7%。例如：

又半载，雨村嫡妻【忽】染疾下世，雨村便将他扶侧作正室夫人了。（《红》2回）

修饰复谓短语（复杂谓语）的有1例，不到动词性谓语总用例的0.41%。例如：

正寻思从那一件事自那一个人写起方妙，恰好【忽】从千里之外，芥豆之微，小小一个人家，因与荣府略有些瓜葛，这日正往荣府中来，因此便就此一家说来，倒还是头绪。（《红》6回）

“忽”修饰动词性谓语有两大特点：

一个特点是“忽”经常与“见”“听”“闻”等感官动词相连用，组成“忽见”“忽听”“忽闻”等结构，在《红》分别有117例、38例和3例，约占动词性谓语总用例的47.8%、15.5%和1.2%。例如：

①梦至一处，不辨是何地方。【忽】见那厢来了一僧一道，且行且谈。（《红》1回）

②至晚间，正待歇息之时，【忽】听一片声打的门响，许多人乱嚷，说：“本府太爷差人来传人问话。”（《红》1回）

③宝玉方才吟罢，【忽】闻背后有人笑道：“你又发什么呆呢？”（《红》79回）

另一个特点是“忽”经常与频率副词“又”连用，组成“忽又”结构再修饰动词性谓语，共有21例，约占动词性谓语总用例的8.6%。例如：

因说半日腿酸，未尝歇息，【忽】又见前面又露出一所院落来，贾政笑道：“到此可要进去歇息歇息了。”（《红》17回）

修饰句子形式共有5例，约占总数的2.0%。例如：

方谈得三五句话，【忽】家人飞报：“严老爷来拜。”（《红》1回）

修饰名词性谓语的有3例，约占总数的1.2%。其中2例是修饰时间名词。例如：

谁想静中生烦恼，【忽】一日不自在起来，这也不好，那也不好，出来进去只是闷闷的。（《红》23回）

修饰形容词性谓语的有2例，不到总数的0.8%。例如：

呀！一场欢喜【忽】悲辛。叹人世，终难定！（《红》5回）

（二）《儿女英雄传》

发展到文康时代，“忽”的用例大幅减少，《儿》中仅出现了26例。在语法功能上，其修饰动词性谓语的功能更加突出，均为修饰动词性谓语，未见到修饰句子形式、名词性谓语、形容词性谓语的例子。

其中，修饰动宾短语仍占大多数，共有19例，约占总数的73.1%。例如：

才合上眼，恍惚间，【忽】见帘栊动处，进来了一位清癯老者。（《儿》35回）

修饰动补短语的共有5例，而且全部是“V得O”结构，约占总数的19.2%。例如：

正在静悄悄的，【忽】听得珍姑娘“嗳”了一声，说：“大爷怎么又跑回来了？”（《儿》40回）

修饰连动短语的共有1例，约占总数的3.8%。例如：

只见华忠才得躺下，【忽】又起来开门出去。（《儿》3回）

修饰状中短语的共有1例，约占总数的3.8%。例如：

【忽】又一转念道：“不是这等……”（《儿》34回）

与《红》相比，《儿》中“忽”与“见”“听”等感官动词相连用的现象也非常突出，分别有14例和9例，约占总数的53.8%和34.6%。例如：

①安公子此时吓得眼花缭乱，不敢出声，【忽】见他手执尖刀奔向前来……（《儿》6回）

②这人在筐里闷了半日，【忽】听得外面一阵喧闹……（《儿》7回）

《儿》中“忽”与频率副词“又”连用的情况有2例，相比《红》来说，比例大致持平，约占总数的7.7%，如上文所列的修饰连动短语和状中短语的例子。

（三）《正红旗下》和《老舍合集》

发展到老舍时代，“忽”的用例有所减少，在《正》中仅有4例，而《老》中也只出现了38例，一共42例。其语法功能未发生变化，但出现了一种新的结构，即“忽×忽×”。《正》中的4例都是此结构用法，达到100%；《老》中也出现了32例，约占总数的84.2%。“×”可以是单音节动词，而且“忽”主要是修饰单音节动词，这种用法在《老》中有16例，占“忽×忽×”结构的50%。例如：

商人的钱【忽】聚【忽】散，远不如文武大官的势力那么持久稳固，可是每逢大商人一倒，必有些人发财。（老舍《文博士》）

“×”又可以是单音节形容词，在《正》中，“忽”均修饰单音节形容词，在《老》中也有8例，占“忽×忽×”结构的25.0%。例如：

因此，在工作上，他总是【忽】冷【忽】热，有冬有夏。（《正红旗下》8回）

除此之外，“×”还可以是名词，主要是方位名词，在《老》中也有8例，占“忽×忽×”结构的25.0%。例如：

这时候，那面小白旗成了个什么神圣的标徽，大家紧紧的跟着它，【忽】前【忽】后，【忽】左【忽】右，没目的而有无限的热情，乱冲乱扑。（老舍《蜕》）

与《红》《儿》相比，在《老》中“忽”与“见”“听”等感官动词相连用的现象相对较少，仅出现 2 例和 1 例，约占总数的 5.3%和 2.6%。“忽又”的情况根本没有出现。

发展到王朔时代，“忽×忽×”这种结构继续发展，在《玩的就是心跳》中，“忽”共出现了 19 例，“忽×忽×”就有 16 例，约占总数的 84.2%，和《老》中持平。但与《老》有所不同的是，“×”为单音节形容词的占主导地位，有 12 例，约占“忽×忽×”总用例的 75.0%；“×”为单音节动词的例子只占到 25.0%。

其实，“忽×忽×”结构并非在老舍时代才出现，据我们考察，其出现至少不晚于明中期。例如：

①不防敬济悄悄在他身背后戏，说道：“五娘，你不会扑蝴蝶儿，等我替你扑。这蝴蝶儿【忽】上【忽】下，心不定，有些走滚。”（《金瓶梅词话》19 回）

②当下李瓶儿只指望孩儿好来，不料被艾火把风气反于内，变为慢风，内里抽搐的肠肚儿皆动，尿屎皆出，大便屙出五花颜色，眼目【忽】睁【忽】闭，终朝只是昏沉不省，奶也不吃了。（《金瓶梅词话》59 回）

③又将他前后一切事情，都合他说了一遍，都与他梦中所见不差。也仔细追想，若有【忽】迷【忽】悟的机关。（《醒世姻缘传》100 回）

但是，在《红》《儿》中均未出现用例，在老舍时代才真正发展起来，一直沿用至今。

通过以上研究，我们还发现“忽”与“见”“听”“闻”等感官动词相连用的现象，与频率副词“又”连用的情况，在清以前都有出现，但是在《红》和《儿》时代最为突出，到了老舍时代迅速下滑，有的甚至消失。见下表：

单位：例

	水	金	型	醒	红	儿	老	王
忽见	6	41	9	0	117	14	2	2
忽听	9	32	8	0	38	9	1	5
忽闻	3	4	0	0	3	0	1	0
忽又	0	0	0	0	21	2	0	0
总计	18	77	17	0	179	25	4	7

注：以上语料分别为《水浒传》《金瓶梅词话》《型世言》《醒世姻缘传》《红楼梦》《儿女英雄传》《老舍合集》《王朔合集》

二、副词“忽然”

“忽”的用例由《红》中的255例，到《儿》中的26例，到了老舍时代进一步减少，在160万字的《老》中也仅出现了38例。我们认为出现这种结果的原因就在于“忽”类副词另一个成员——“忽然”的竞争。下面我们来考察“忽然”的发展和用法。

关于“忽然”的虚化过程，蒋冀骋、吴福祥（1997）认为“中古已见零星用例，唐代广泛使用”①。既然唐代已广泛使用，那么其最早出现的时间可能要提前不少。

我们认为“忽然”最早是由形容词“忽”+附加词尾“然”临时组合，表示“疾速的样子；疾貌”，这也是虚化为副词的语义基础。例如：

天与地无穷，人死者有时。操有时之具而托于无穷之间，【忽然】无异骐骥之驰过隙也。（《庄子·杂篇·盗跖》）

后来，由于“频率原则”的作用，“忽然”经常出现，逐渐发生了词汇化，凝固成词，并且逐渐虚化，其词性也发生了改变，而演变成为表“突然”义副词。这种用法在战国时代就已形成。例如：

①魄反顾，魂【忽然】不见，反而自存，亦以沦于无形矣。（《淮南子·说山》）

②譬若播棋丸于地，员者走泽，方者处高，各从其所安，夫有何上下焉？若风之遇箫，【忽然】感之，各以清浊应矣。（《淮南子·齐俗训》）

（一）《红楼梦》

后发展到曹雪芹时代，在《红》中，“忽然”的用例共有45例。

（1）修饰动词性谓语是其主要语法功能，共有37例，约占总数的82.2%。

其中，修饰单纯动词的有4例，约占动词性谓语总用例10.8%。例如：

宝玉倒唬了一跳，问：“你在那里的？【忽然】来了，唬我一跳。”（《红》24回）

修饰动宾短语的有18例，约占动词性谓语总用例的48.6%。例如：

不想如今【忽然】来了一个薛宝钗……人多谓黛玉所不及。（《红》5回）

修饰动补短语的有7例，约占动词性谓语总用例的18.9%。例如：

①蒋冀骋，吴福祥. 近代汉语纲要［M］. 长沙：湖南教育出版社，1997：421.

他亲家也不答。便心下【忽然】想起："常听大富贵人家有一种穿衣镜，这别是我在镜子里头呢罢。"（《红》41回）

修饰状中短语的有6例，约占动词性谓语总用例的16.2%。例如：

【忽然】好好的送两块旧帕子来，若不是领我深意，单看了这帕子，又令我可笑；（《红》34回）

其中，修饰由介词"把"引导的状中短语的有1例。例如：

我且问你，袭人姐姐这几日可好？怎么【忽然】把个晴雯姐姐也没了，到底是什么病？（《红》79回）

修饰连动短语的有2例，约占动词性谓语总用例的5.4%。例如：

你可知道一桩奇事？金钏儿【忽然】投井死了！（《红》32回）

（2）修饰句子形式的有7例，约占总数15.6%。例如：

次后【忽然】宝玉去了，他二个又是那般景况，他母子二人心下更明白了，越发石头落了地，而且是意外之想，彼此放心，再无赎念了。（《红》19回）

（3）修饰名词性谓语的有1例，约占总数的2.2%。例如：

只见月光如水，【忽然】一阵微风，只觉侵肌透骨，不禁毛骨森然。（《红》51回）

（二）《儿女英雄传》

发展到文康时代，"忽然"的用例大幅度增加，《儿》中共有124例，约是《红》中用例的2.76倍。其语法功能未发生大的变化，但在一些细微之处有了变化，分析如下：

（1）修饰动词性谓语仍然是其主要语法功能，用例共有104例，约占总数的83.9%。

其中，修饰单纯动词的有12例，约占动词性谓语总用例的11.5%。例如：

低头为难了一会，【忽然】说："有了，小的方才到厨房院里，见那里有口干井，如今把井面石撬起来，把这些个无用的死和尚都撺下去。"（《儿》11回）

修饰动宾短语的有38例，约占动词性谓语总用例的36.5%。例如：

恰巧走到离庙不远，这位县官因早起着了些凉，【忽然】犯了疝气，要找个地方歇歇，弄口姜汤喝。（《儿》11回）

修饰动补短语的有17例，约占动词性谓语总用例的16.3%。例如：

怔了半晌，【忽然】的省悟过来……（《儿》23回）

修饰状中短语的有31例，约占动词性谓语总用例的29.8%。例如：

他本是个活动热闹人……如今【忽然】热剌剌的说声要走，他如何肯呢？

（《儿》29回）

其中修饰由介词“被”和“把”引导的状中短语的分别有5例和2例。例如：

①不想他一片求全好意，【忽然】被个燕北闲人误打误撞的捉住，借此就斡旋了他那“一宿无话”四个字有余不尽的文章……（《儿》38回）

②呆了半晌，他【忽然】把眉儿一扬，胸脯儿一挺，拿那把刀上下一指，说道：“痴丫头！……”（《儿》6回）

修饰兼语短语的有2例，约占动词性谓语总用例的1.9%。例如：

安老爷道：“东岳大帝是位发于万物的震旦尊神，你却怎的【忽然】称他是黄老爷，这话又何所本？”（《儿》38回）

修饰双宾结构的有1例，约占动词性谓语总用例的1.0%。例如：

邓九公这才恍然大悟，说：“怪道呢，他昨日【忽然】交给我一块砚台，说是一个人寄存的……”（《儿》16回）

修饰连动短语的有3例，约占动词性谓语总用例的2.9%。例如：

却说安公子好端端的一个翰苑清班，【忽然】改换头衔要到边庭远戍……（《儿》40回）

（2）修饰句子形式的有17例，约占总数的13.7%。例如：

却说一日【忽然】院上发下了一角公文，老爷拆开一看，原来是自己调署了高堰外河通判。（《儿》2回）

（3）修饰形容词性谓语的有1例，约占总数的0.8%。例如：

【忽然】静悄悄半天，只听得一声弓弦响，哧的就是一箭，从轿子左边儿射过去。（《儿》28回）

（4）修饰固定短语的有2例，约占总数的1.6%。例如：

①想了半日，【忽然】计上心来……（《儿》27回）

②你只看公公，正在精神强健的时候，【忽然】的急流勇退，安知不是一心指望你来翻梢？（《儿》30回）

通过研究可以发现，虽然《儿》中“忽然”的用例大幅度增加，但是，《儿》中“忽然”修饰动词性谓语和句子形式的比例与《红》中大体一致。不同点就在于《儿》中出现了“忽然”修饰形容词性谓语的情况，而没有修饰名词性谓语的例子。

（三）《正红旗下》和《老舍合集》

发展到老舍时代，“忽然”的用例进一步增加，在《正》中出现了16例，

《老》中更是多达434例。

此时，“忽然”的语法功能还是以修饰动词性谓语为主，在《正》中有13例，约占总数的81.3%。例如：

愣了一会儿，十成【忽然】蹲下去，用手托住双腮，仿佛思索着什么极重大的问题。（《正》7回）

修饰名词性谓语的有2例，而且全部是方位名词，约占总数的12.5%。例如：

在这一片声响之上，【忽然】这里，【忽然】那里，以压倒一切的声势，讨债的人敲着门环，啪啪啪啪，象一下子就连门带门环一齐敲碎……（《正》5回）

此外，“忽然”还有1例放在句首，用于修饰整个句子，约占总数的6%。例如：

【忽然】，我听见了蛙叫，咕呱，咕呱！（《正》8回）

此例说明，“忽然”已经突破单独作副词时所具有的语法意义，已经开始承担起一定的语用功能，起到提示语篇和连接篇章的功能。这种用法，在老舍时代已经发展得比较成熟，在《老》中一共出现了16例。例如：

①又待了一会儿，红中透出明亮的金黄来，各种颜色都露出些光；【忽然】，一切东西都非常的清楚了。（老舍《骆驼祥子》）

②【忽然】，他抓住铁柱子的胳臂，声音极低的说：“你知道，丁一山是我的好朋友吗?”（老舍《火葬》）

此种用法一直沿用到现代北京话中。例如：

①我发觉当我面对她时我缺乏应有的勇气和坦诚。【忽然】，我的思路顺了。（王朔《过把瘾就死》）

②【忽然】，我一阵心酸。很多人都说我妈妈是我气死的，我从不愿提这事，可不知为什么，今天，我想说说这事，特想推心置腹和人谈谈。（王朔《浮出海面》）

三、“忽”类副词小结

通过上文的分析，我们可以看出，“忽”在1750—1950年这200年间，用例是不断减少的；而“忽然”的用例却是不断增加的。其实，不止这200年间，在近代汉语的历史上，“忽”和“忽然”一直都存在竞争关系。见下表：

单位：例

	敦	朱	平	水	金	二	醒	红	儿	正	老	过
忽	173	172	30	67	139	68	9	255	26	4	38	0
忽然	79	121	2	18	31	64	37	45	124	16	434	14
忽地（的）	2	3	0	10	4	11	0	0	2	0	5	2
忽而	2	0	0	0	0	0	0	0	8	0	8	2

注：以上语料分别为《敦煌变文集》《朱子语类》《新编五代史平话》《水浒传》《金瓶梅词话》《二刻拍案惊奇》《醒世姻缘传》《红楼梦》《儿女英雄传》《正红旗下》《老舍合集》《过把瘾就死》。《敦》和《平》的统计数据来自杨荣祥（2005）；《朱》的统计数据来自唐贤清（2003）

上表反映出，在唐朝至明朝中期这段时期，“忽”的用例一直远远大于“忽然”的用例。“忽”是“忽”类副词语法功能的主要承担者；而发展到以《二刻拍案惊奇》等作品为代表的明晚期时，“忽”和“忽然”的比例大体相当，因而明晚期是“忽”和“忽然”发展的一个重要转折点和里程碑；发展到以《醒世姻缘传》为代表的明末清初时，“忽然”的用例就已经超越了“忽”。虽然，在《红》中，“忽”的用例还是远远大于“忽然”，但我们认为这一方面可能与作者的写作习惯有关，另一方面，个案是不能阻挡“忽”和“忽然”竞争关系的发展趋势的；此后，“忽然”的用例一直远远大于“忽”，甚至在《过把瘾就死》中还出现了 14∶0 的极端情况。这也反映出双音节副词竞争的优势。

对于“忽”类副词的其他成员“忽地（的）”“忽而”，其用例一直很少，只能作为“忽”和“忽然”的补充，而不能同其形成竞争关系。但是，它们不是被动地出现，它们的存在也会对“忽”的用法产生影响。例如，上文提到的“忽×忽×”格式，李艳华（2009）研究指出：“‘忽 A 忽 B’由‘忽而 A，忽而 B’紧缩而来，一般形成四字格。”① 关于“忽地”的研究则可以参见唐贤清（2003）。

①李艳华．瞬时交替义“忽而 A，忽而 B”格式分析[J]．云南师范大学学报：对外汉语教学与研究版，2009（4）：44-49．

第七节 “即”类副词的历时嬗变

“即”类副词包括“即$_1$”“即便”“便即”“即时”“即忙”“即刻”“即行”7个。

一、副词“即”

“即”是“即”类副词中最重要的一个，是“即”类副词的根词。

《说文解字》：“即，即食也。”义为“就食”。例如：

宾坐席末，取梁【即】稻。（《仪礼·公食大夫礼》）

后来，由于隐喻机制的作用，其词义泛化和扩大，从而引申出“靠近、接近”的意义。例如：

匪来贸丝，来【即】我谋。（《诗经·卫风》）郑玄笺：“即，就也。”

对于“即”的虚化过程，李宗江（1997）指出：“从意义上说，词义演变的路线应该是由动词的表示空间上的‘接近’到副词的表示时间上的‘接近’，再到表示逻辑关系。”① “即”的“靠近、接近”义就是其虚化为时间副词的语义基础。

但是，仅仅有语义基础是不够的，“从语法上说，‘即’经常出现于另一动词之前构成连谓结构，是它由动词向副词虚化的结构基础”②。例如③：

①不正其以宗庙之大事，【即】谋于我，故弗与使也。（《春秋穀梁传·桓公》）

②今将祸余，请【即】救。（《左传·哀公十四年》）

最后，由于“频率原则”的作用，在“即+动词性谓语”的结构中，语义重点多由动词性谓语来承担，“即”最终虚化为一个时间副词。例如：

①客有言之于郑子阳者，曰：“列御寇，盖有道之士也。居君之国而穷，君无乃为不好士乎?”郑子阳【即】令官遗之粟。（《庄子·杂篇》）

②蒲城之役，君命一宿，女【即】至。（《左传·僖公二十四年》）

①李宗江.“即、就、便”的历时关系[J].语文研究，1997（1）：25-30.

②李宗江.“即、就、便”的历时关系[J].语文研究，1997（1）：25-30.

③以下两例取自李宗江。

时间副词“即”产生后，用例并不是很多，据李宗江（1997）研究，“‘即’在先秦使用不多，《诗经》《论语》《孟子》《荀子》等书中均未见。到汉代用量大幅度增加，仅《史记》102~106卷就见74例”①。但是，后来，随着另一个与“即”具有相同语法功能的“便”的出现，“即”的地位越来越受到威胁，“到南北朝时期，‘便’的用量已超过了‘即’”②。据李宗江（1997）研究统计，“即”在《大慧普觉禅师书》《王俊首岳侯状》《大唐三藏取经诗话》《朱子语类》《虚堂和尚语录》《刘知远诸宫调》《张协状元》等几部作品中的用例均为个位数，有的甚至仅1例，而“便”的用例则少则十几例，多则几百例。

尽管，“便”的用量超过了“即”，但“即”的时间副词的用法一直未消失，其用例在《红》中甚至出现了31例，全部是修饰动词性谓语。

其中，修饰单纯动词的有3例，约占总用例的9.7%。例如：

①这儿子慌了，便问：“心见铁【即】死，如何针得?”（《红》75回）

修饰动宾短语的有5例，约占总用例的16.1%。例如：

②龙颜大怒，【即】批革职。该部文书一到，本府官员无不喜悦。（《红》2回）

修饰连动短语的有6例，约占总用例的19.4%。例如：

又云：“十九日乃黄道之期，兄可【即】买舟西上，待雄飞高举，明冬再晤，岂非大快之事耶!”（《红》1回）

修饰状中短语的有2例，约占总用例的6.5%。例如：

贾蓉听说，【即】同宝玉过会芳园来了。（《红》11回）

修饰兼语短语的有15例，约占总数的48.4%。例如：

当下【即】命小童进去，速封五十两白银，并两套冬衣。（《红》1回）

修饰兼语句有一个特点，即“即命+人+动词性谓语”的结构出现频率特别高，完全符合此结构的有7例，如上例。

还有一种我们认为是兼语结构的省略形式，即“即命+（人）+动词或动词性结构”。当“人”是泛指，而非专指、强调某人时，“人”可以省略，此种情况有6例。例如：

①贾珍听说，忙谢不尽，【即】命解锯、糊漆。（《红》13回）

---

①李宗江. “即、就、便”的历时关系[J]. 语文研究，1997（1）：25-30.

②李宗江. “即、就、便”的历时关系[J]. 语文研究，1997（1）：25-30.

②凤姐听了，【即】命收帖儿登记，待张材家的缴清，又发与这人去了。（《红》14 回）

由此可见，“即命+（人）+动词性谓语”结构在兼语句中共出现了 13 例，约占整个兼语短语用例的 86.7%，约占“即”总用例的 41.9%。由于“即命”如此高的复呈率，其出现了词汇化的倾向。

后发展到文康时代，“即”的用例大幅缩水，《儿》中仅出现 1 例，为修饰动词性谓语，如下：

那河台一见大怒，便批道是：“甫作新工，尚未验收，遽致倒塌，其为草率偷减可知。仰【即】候参！”（《儿》2 回）

发展到老舍时代，“即”的用例依然很少见，《正》中只有 1 例，为修饰单纯动词，如下：

吃空头钱粮的在在皆是，又使等待补缺的青年失去有缺【即】补的机会。（《正》3 章）

在《老》中，我们抽样调查了《骆驼祥子》《二马》《火葬》3 部作品，都未有时间副词“即”的用例。

发展到新北京话时代，时间副词“即”依然罕见，在我们调查的《王》中的《编辑部的故事》《动物凶猛》《痴人》《浮出海面》4 部作品中，“即”的用例只有 3 例，而且全部存在于具有文言色彩的成语或俗语中。例如：

①阮琳的神色益发严峻，动作也益发僵硬，办公室里气氛紧张得一触【即】发。（王朔《痴人》）

②我忍住泪对他说：“这事没那么简单，又不是你一个人的事，还得我同意才行，我不能让你招之【即】来，挥之【即】去。”（王朔《浮出海面》）

而以上几部著作中，“便”的用例却很多，见下表：

书目	取例范围	取例总数	即（%）	便（%）
史记	全书	433	429（99.0%）	4（1.0%）
论衡	全书	48	45（94.0%）	3（6.0%）
中本起经	全书	99	47（47.0%）	52（53.0%）
六度集经	全书	254	238（94.0%）	16（6.0%）
搜神记	全书	179	97（54.0%）	82（46.0%）
世说新语	全书	227	55（24.0%）	172（76.0%）

续表

书目	取例范围	取例总数	即（%）	便（%）
百喻经	全书	124	40（32.0%）	84（68.0%）
洛阳伽蓝记	全书	70	61（87.0%）	9（13.0%）
三朝北盟汇编	全书	157	60（38.0%）	97（62.0%）
水浒传	20~22回	92	2（2.0%）	90（98.0%）
金瓶梅	30~32回	69	1（1.5%）	68（98.5%）
红楼梦	10~13回	33	4（12.0%）	29（88.0%）
儿女英雄传	2~4回	38	1（2.6%）	37（97.4%）
正红旗下	全书	74	1（1.4%）	73（98.6%）
痴人	全书	17	1（5.9%）	16（94.1%）

注：从《史记》到《洛阳伽蓝记》中“即”和“便”的统计数据来自高育花（2007）；《三朝北盟汇编》中的“即”和“便”以及从《水浒传》到《红楼梦》中的“便”的统计数据来自李宗江（1997）

通过上表，我们可以清晰地看出“便”对“即”具有一种“历时替换关系”①。

二、副词“即便”

随着“即”的发展和“便”的出现，到了六朝时期，出现了“即”与“便”并用的形式——“即便”。例如：

①亮卒于敌庭，周在家闻问，【即便】奔赴。（《三国志·蜀书·谯周传》转引自《汉大》）

②因起彷徨，咏左思《招隐诗》。忽忆戴安道。时戴在剡，【即便】夜乘小船就之。（《世说新语·任诞》）

③那府尹听得有杀人公事，【即便】升堂，便叫一干人犯，逐一从头说来。（《京本通俗小说·错斩崔宁》，转引自雷文治，2002：252）

④不敢住时霎，【即便】待离京华。（《西厢记诸宫调》卷7）

韩栋（2009）详细探讨了“即便”的词汇化、语法化过程，认为：“‘即便’在六朝的时候开始连用，最初它还不是一个词，是一个松散的副词连用结

①李宗江．“即、便、就”的历时关系[J]．语文研究，1997（1）：25-30.

构，从意义上看，可以有多种解释……宋代以后，‘即便’经常和表示时间意义或者含有紧迫意义的词一起出现，当与这些词共现的时候，整个语境的短时义得到加强……明代中期之后，‘即便’短时义的时间副词用法稳定下来。”①

后发展到曹雪芹时代，“即便”的用例不是很多。《红》中共出现了2例，分别修饰连动短语和动宾短语。例如：

①宝玉听了，【即便】下炕要走。尤氏、凤姐都忙说：“好生着，忙什么！”（《红》7回）

②晴雯因见宝玉读书苦恼，劳费一夜神思，明日也未必妥当，心下正要替宝玉想出一个主意来脱此难，正好忽然逢此一惊，【即便】生计，向宝玉道：“趁这个机会快装病，只说唬着了。”（《红》73回）

后发展到文康时代“即便”的用例依然少见，《儿》中仅出现了1例，修饰动宾短语：

梁材候老爷的信写完封妥，收拾了当，【即便】起身。（《儿》3回）

后发展到晚清时期，“即便”的用例还是很少见。我们考察了晚清四大谴责小说，共出现了7个用例，其中《老残游记》中没有用例。这7个用例均为修饰动词或动词性结构。例如：

①这笔费用……钦差每到一处，总要面谕地方官：“所有夫价，【即便】写了领纸，交给巡捕官到我这里来领。”（《官场现形记》46回）

②到了临动身的上一晚，张夫人已经累了一整天，想着明天还要一早上路，一吃完夜饭，【即便】进房睡了。（《孽海花》26回）

③说罢，呵呵大笑。又谈了些别话，【即便】辞了回栈。（《二十年目睹之怪现状》73回）

之后，在《正》《老》《王》中已不见此用法，只保留了其让步连词的用法。例如：

①她只好拿出这封信看着，以便激起自己的勇敢；车内其余的东西实在使她寒心，【即便】不马上后悔，看久了也总会觉到无望的。（老舍《蜕》）

②我很同情现在的学生，他们【即便】认识到他们是在浪费青春也无计可施。（王朔《动物凶猛》）

①韩栋．“即便”的词汇化初探[J]．衡水学院学报，2009，11（2）：4-11.

三、副词“便即”

在“即便”产生的同时，一个与其意义和用法相同的副词——“便即”也随之产生，只是在使用频率上要低于“即便”。例如：

部伍中有得猿子者，其母缘岸哀号，行百余里不去，遂跳上船，至【便即】绝。（《世说新语·黜免》）

下表反映了“即$_1$”“即便”“便即”发展的过程：

单位：例

	敦	朱	平	水	金	醒	红	儿	正
即$_1$	517	348	43	17	8	11	31	1	1
即便	31	20	0	20	19	4	2	1	0
便即	68	15	0	0	0	3	0	0	0

注：以上语料分别为《敦煌变文集》《朱子语类》《新编五代史平话》《水浒传》《金瓶梅词话》《醒世姻缘传》《红楼梦》《儿女英雄传》《正红旗下》

从上表我们可以看出，“即便”、“便即”与“即”也是存在一种竞争关系的，正如高育花（2007）指出的：“副词双音节组合的兴起，‘即便’‘便即’用量的不断增加，可能也促成了副词‘即’的进一步衰减。”①

四、副词“即时”

此外，“即”类时间副词还有“即时”“即忙”“即刻”“即行”4个。按照时间顺序，首先出现的是“即时”。较早的例子见于《汉书》。例如：

莽大怒，使执法发车骑数百围太傅府，捕士，【即时】死。（《汉书·王莽传中》）

再如：

①知常取纸粘于狱门上，将笔画一个圆圈，把水一巽，【即时】清光满室，冷气逼人。（《宣和遗事·前集》，转引自雷文治，2002：252）

②姬昌闻言，【即时】出歧州接使命。（《武王伐纣平话·卷上》）

明代时，“即时”发展到高峰。例如：

①次日宋江听报辽兵来近，【即时】传令诸军将士：“首先交锋，要看个

①高育花. 中古汉语副词研究[M]. 合肥：黄山书社，2007：106.

头势，休要失支脱节。”（《水浒传》83回）

②主家婆察知此事，怒令家童将金莲、武大【即时】赶出，不容在房子里住。（《金瓶梅词话》1回）

③军察立命从人控马去，【即时】取将女棋童妙观到来。（《二刻拍案惊奇》卷2）

“即时”在明代的使用情况见下表：

单位：例

	三	水	西	金	醒$_1$	喻	初	二	醒$_2$	总计
即时	29	5	34	23	28	37	13	20	59	248

注：以上语料分别为《三遂平妖传》《水浒传》《西游记》《金瓶梅词话》《醒世恒言》《喻世明言》《初刻拍案惊奇》《二刻拍案惊奇》《醒世姻缘传》

通过上表，我们可以看出，“即时”到了明代，得到了快速的发展，发展到明末清初达到顶点。而后，“即时”开始衰落。发展到曹雪芹时代，“即时”在《红》中出现了12例，全部用于修饰动词或动词性结构。例如：

①雨村心中甚是疑怪，只得停了手，【即时】退堂，至密室，侍从皆退去，只留门子一人服侍。（《红》4回）

②次子贾政，自幼酷喜读书，祖父最疼，原欲以科甲出身的。不料代善临终时，遗本一上，皇上因恤先臣，【即时】令长子袭官外，问还有几子，立刻引见，遂额外赐了这政老爹一个主事之衔，令其入部习学，如今现已升了员外郎了。（《红》2回）

后发展到文康时代，“即时”就比较罕见了，在《儿》中未见用例。

后发展到晚清时期，四大谴责小说中，“即时”仅在《官场现形记》和《二十年目睹之怪现状》中各出现2例。例如：

①他自己【即时】前往山东，到他儿子任上做老太爷去。（《官场现形记》60回）

②到了年底，方才扶着灵柩，趁了轮船回家乡去，【即时】择日安葬。（《二十年目睹之怪现状》2回）

而在后来的《正》《老》《王》中均未发现，“即时”一词基本消失。

五、副词“即忙”

晚唐五代时期，相继产生了“即忙”和“即行”。

对于“即忙”的来源，据杨荣祥（2005）研究，始见于《敦煌变文集》，共2例。如下：

①舜子府（抚）琴忠（中）间，门前有一老人立地，舜子【即忙】出门。

②舜子闻言，将为是真无为（伪），舜子【即忙】下树。

虽然，“即忙”在晚唐就已产生，但在之后的《朱子语类》《全宋词》《新编五代史平话》中均未见用例，一直到明代才真正发展起来。例如：

①这是该死的歹人！狱不通风，谁放你来送饭？【即忙】出去，饶你两棍！（《水浒传》69回）

②月娘道：“别要说嘴！看那看儿便怎的？却把他唬了。”【即忙】叫来安儿：“快请刘婆子去。”（《金瓶梅词话》90回）

③孺人喜动颜色，道：“如此喜事！”【即忙】唤自家儿子道：“糕儿，你哥哥到了，快去接了进来。”（《二刻拍案惊奇》卷3）

④看那天气将次黎明，叫人点了灯来，晁夫人也就梳洗，叫起晁凤来，叫他【即忙】备上骡子，快往庄上去看晁源……（《醒世姻缘传》20回）

后发展到曹雪芹时代，“即忙”的用例相对较少，《红》中仅有3例，都用于修饰动词性谓语。如下：

①彼时贾政已看了妹丈之书，【即忙】请入相会。（《红》3回）

②贾政听了，【即忙】移换。（《红》17至18回）

③且说贾珍闻了此信，【即忙】告假，并贾蓉是有职之人。（《红》63回）

后发展到文康时代，“即忙”的用例更少，《儿》中仅有1例，用于修饰双宾结构。如下：

那时乌大爷早从通州查完了南粮回来，安老爷预先托下他，一听下宣来，【即忙】给个主考房官单子，打算听了这个信，才打发公子进城。（《儿》34回）

发展到老舍时代，“即忙”已经消失，《正》和《老》中均未见用例。

为何“即忙”一出现用例就一直不多，后来甚至慢慢消失？我们认为可能与“疾忙”“急忙”的竞争有关。

杨荣祥（2005）将“即忙”“疾忙”“急忙”作为异形词来处理。它们之间的替换关系见下表：

单位：例

	即忙	疾忙	急忙
敦煌变文集	2	0	0
唐代小计（%）	2（100.0%）	0（0%）	0（0%）
朱子语类	0	0	1
宋代小计（%）	0（0%）	0（0%）	1（100.0%）
新编五代史平话	0	13	5
西厢记	1	3	0
元代小计（%）	1（4.6%）	16（72.7%）	5（22.7%）
西游记	41	2	30
水浒传	3	1	11
金瓶梅	1	0	5
喻世明言	5	3	9
警世通言	12	4	14
醒世恒言	25	1	30
初刻拍案惊奇	6	13	16
二刻拍案惊奇	10	2	19
型世言	2	0	2
明代小计（%）	105（39.3%）	26（9.7%）	136（51.0%）
醒世姻缘传	13	3	15
红楼梦	3	1	8
儿女英雄传	1	0	2
歧路灯	4	5	44
老残游记	1	0	3
孽海花	5	7	11
官场现形记	1	0	29
海上花列传	1	0	4
清代小计（%）	29（18.0%）	16（10.0%）	116（72.0%）

续表

	即忙	疾忙	急忙
正红旗下	0	0	8
老舍合集	0	0	61
王朔合集	0	2	14
现代小计（%）	0（0%）	2（2.4%）	83（97.6%）
总计（%）	137（25.5%）	60（11.1%）	341（63.4%）

由上表我们可以看出，“疾忙”和“急忙”自元代产生之后，就一直与“即忙”产生竞争，一直持续到清末“即忙”和“疾忙”等基本消失的时候。在现代汉语中，“即忙”已经消失，“疾忙”偶尔还会出现，最常用的为“急忙”。

六、副词“即行”

对于“即行”，《汉大》《虚词历时词典》《近代汉语虚词词典》都举了《水浒传》的例子。例如：

俟新官一到，【即行】交代，勒兵前来听调。（《水浒传》98回）

我们认为以上“即行”的例子较为滞后，并认为“即行”源于状中短语“即+行”结构的词汇化和语法化。

“即行”刚出现时本身就是一个松散的状中结构，它有两个意义：

一个为“马上就走”。例如：

①其事素而不饰，不谋所始，不议所终，安即留，激【即行】，通体乎天地，同精乎阴阳，一和乎四时，明朗乎日月，与道化者为人，机械诈伪莫载乎心。（《文子》卷9）

②又令辨士游行，为之虚声，云能令盲者登视，躄者【即行】。（《抱朴子》卷9）

③禽号姓姓（狌狌），兽名狒狒。忽示心惊，拔剑【即行】。（《敦煌变文·伍子胥变文》）

另一个为“马上用/做/干……”，即为“即+［行+O］”结构。例如：

①太昌初，为河南尹，奉法无私。时吏部尚书樊子鹄部下纵横，又为盗窃，仲景密加收捕，悉获之，咸【即行】决。于是豪贵寒心。（《魏书》卷19上）

②如此，土地亦以足矣，故不待更广辟其土地矣；民人亦以足矣，又不待聚集其民人矣；【即行】仁为政而王之，人莫能御止之也。（《孟子注疏》卷3上）

③矩曰："吏受赇，死固宜。然陛下以计给之，因【即行】法，所谓罔人以罪，非道之以德之谊。"（《新唐书》卷100）

④侍御史乃复见王，责之以正法，问："王欲发兵罪名明白，当坐之。汉家有正法，王犯纤介小罪过，【即行】法直断耳，安能宽王。"（《史记》卷60）

以上几例中的"行"义为"做；执行"，"即"修饰"行+O"。我们认为副词"即行"源于第一种意义，原因在于：

在"即+［行+O］"结构中，"行法""行决""行政"均为动宾短语，语义重点在于动词"行"，如此"行"很难虚化，"即+［行+O］"结构也难以重新分析。

在"即+行"结构中，"马上就走"很容易引申出"马上去……"之义，这就具备了时间副词的语义基础。但是，如果仅仅以"即行"结尾，那么"即行"也很难虚化，因为缺乏结构基础。后来"即+行"又经常用于动词之前，形成连动结构，出现在状语位置，从而具备了虚化的结构基础。例如：

①迦叶五百弟子。人事三火。合千五百火。明旦燃之。火了不燃。怪而白师。师言：疑是大沙门所为也。【即行】问佛。我五百弟子。凡事千五百火。今旦燃之。火皆不燃。是大道人之所为乎。（《太子瑞应本起经》卷下）

②谁能往乞者，诸臣咸言：无能往得者。中有道士八人即白王言：我能往乞之。当给我资粮。王即给之。王便语言：能得象者我重赏汝。道士八人【即行】持杖。远涉山川诣叶波国。（《太子须大拏经》）

以上两例都可以看出，"即行"只运用在背景事件中，都由一件事情到另一件事情的转换、跳跃，而不能用于前景事件中。[①] 如第①例，由听师言之后"马上去"问佛，第②例由听王言后"马上去"持杖。但是此处解释为"马上，立即"似乎也可以，这说明"即行"正处于虚化的过程中。而在以下两例中，"即行"基本上就完成了虚化的过程。例如：

---

①杨永龙.《朱子语类》完成体研究［M］. 开封：河南大学出版社，2001：27-28."把表示背景时间信息的事件称作背景事件（backgmund event），把表示前景时间信息的事件称作前景事件（foregmund event）。"并认为背景事件与前景事件的一个区别是："背景事件在句中常常是粘着的，而前景事件在句中则是自由的。""即行"在中古汉语中表示的正是背景事件："即行"后引的动作出现时，一定要有前期的动作。

①唐滕王极淫，诸官妻美者，无不尝遍，诈言妃唤，【即行】无礼。（《朝野佥载》卷6）

②种觉者即三身如一，亦云理无诤，亦云遮那湛寂；种智者即得身性圆明，后却向身前照用，不染不着，亦云舍那无依智，亦云一体三身，【即行】无诤。（《祖堂集》卷18）

在以上两例中，“即行”已经可以用在前景事件中，已经不存在“转作去……”之义，此处义为副词“马上；立即”，在以下两例中，表现更为明显：

①师曰：“阇梨自不解道。不可障一切人解。自眼不开，嗔一切人见物。”源作色而去云：“虽老浑无道。”师曰：“【即行】去者是汝道。”（《景德传灯录》卷28）

②宫院中即亲随人抱女婿去，已下人家【即行】出房，参谢诸亲，复就坐饮酒。（《东京梦华录》卷5）

在上两例中，“即行”如果再译为“马上去”就与下文的“去”“出”重复，显然，此时的“即行”已经完全虚化为副词。

由此可以看出，“即行”产生于晚唐五代时期，但在后来的发展中用例一直不多。

后发展到明代，有如下用例：

①念动真言，唤出本国土地、城隍与本寺伽蓝，三日送饮食一餐，与这龙婆度口；少有差讹，【即行】处斩。（《西游记》63回）

②所毁坝闸，你部里差官，会同巡按御史，【即行】修理，完日还差内侍孟昌龄前去致祭。（《金瓶梅词话》70回）

③南唐法度，凡官府破耗军粮至三百石者，【即行】处斩。（《醒世恒言》1卷）

④明旨批下：“谢小娥节行异人，准奏免死，有司旌表其庐。申春【即行】处斩。”（《初刻拍案惊奇》卷19）

⑤只要能存心的人，但见字纸，便加爱惜，遇有遗弃，【即行】收拾，那个阴德，可也不少哩。（《二刻拍案惊奇》卷1）

“即行”在明代的使用情况见下表：

单位：例

	西	金	醒	警	喻	初	二	型	总计
即行	1	2	2	1	1	1	2	1	11

注：以上语料分别为《西游记》《金瓶梅词话》《醒世恒言》《警世通言》《喻世明言》《初刻拍案惊奇》《二刻拍案惊奇》《型世言》

通过上表我们可以看出，在“即”类双音节副词中，“即行”用例较少，处于次要地位。

后发展到清代，《红》和《儿》中，也仅各出现1例，都是修饰动词性谓语。例如：

①昨日因又奉恩旨，着察核前代以来应加褒奖而遗落未经请奏各项人等，无论僧尼乞丐与女妇人等，有一事可嘉，【即行】汇送履历至礼部备请恩奖。（《红》78回）

②后来安公子改为学政，陛辞后【即行】赴任，辨了些疑难大案，政声载道，位极人臣，不能尽述。（《儿》40回）

发展到老舍时代“即行”已经消失。

七、副词“即刻”

随着“即”类副词的发展，又产生了一个新双音节副词“即刻”，由“即”和“顷刻”复合而成。对于用例，《虚词历时词典》认为最早出自《西游记》。例如：

玉帝大喜，即封托塔天王李靖为降魔大元帅，哪吒三太子为三坛海会大神，【即刻】兴师下界。（《西游记》4回）

《汉大》取《警世通言》的例子显然有些滞后。在我们的考察中，最早的用例来自《张协状元》，如下：

【即刻】共惟，判府相公。（《张协状元》51出，转引自雷文治，2002：252）

再如：

①小官不敢久停久住，【即刻】传命走一遭去，可早来到他府门首也。（《赵氏孤儿》楔子）

②有须贾他说【即刻】要辞别，不能久待。（《须贾大夫谇范叔》1折，转引自雷文治，2002：252）

据此，我们认为“即刻”至少不晚于元代就已经产生。后在明代得到了进一步发展。例如：

①两个小厮正送出去，应伯爵正邀客回来，见了就进房，带邀带请的写一张回字：“昨扰极，兹复承佳惠，谢谢。【即刻】屈吾兄过舍，同往郊外一乐。”（《金瓶梅词话》54回）

②当时走到厅堂，【即刻】差人往汴京迎裴使君灵柩。（《初刻拍案惊奇》卷20）

“即刻”在明代的使用情况，见下表：

单位：例

	西	金	醒$_1$	警	喻	初	型	醒$_2$	总计
即刻	4	2	3	8	3	4	5	32	61

注：以上语料分别为《西游记》《金瓶梅词话》《醒世恒言》《警世通言》《喻世明言》《初刻拍案惊奇》《型世言》《醒世姻缘传》

通过上表我们可以看出，“即刻”在明代一直保持较为平稳的发展，一直到明末清初，才有了较大的发展，其用例在《醒世姻缘传》中出现了32例。并且，这种发展一直保持到清朝中期。

后发展到了曹雪芹时代，其用例也较多，在《红》中有24例，全部为修饰动词性谓语。除了可以修饰动宾、动补、状中短语，较为有特色的语法功能是修饰兼语短语，共有9例，占总数的37.5%。例如：

他既不好，你也不许打，我【即刻】叫人牙子来卖了他，你就心净了。（《红》80回）

但此后，“即刻”的发展却迅速回落。发展到文康时代，用例大幅度减少，《儿》中仅有5例，全部为修饰动词性谓语。例如：

倘然你那里得了信，就【即刻】回来。（《儿》35回）

同《红》相比，《儿》中未出现修饰兼语短语的例子。

发展到老舍时代，“即刻”已非常罕见，《正》和《老》中均未见用例。

发展到现代北京话阶段，“即刻”虽然未完全消失，但用例很少见，我们考察了《王朔合集》《汪曾祺全集》，邓友梅的《那五》《烟壶》，刘绍棠的《运河的桨声》《蒲柳人家》，陈建功的《北京滋味》《放生》《前科》《找乐》等作品，仅在《王朔合集》《汪曾祺全集》中分别出现了1例和2例。例如：

①我答应，我全答应！您就是让我【即刻】跳楼我也没二话。（王朔《一点正经没有》）

②从喧嚣扰攘的闹市和刻板枯燥的机关里，匆匆忙忙地走过来，一进了翠湖，【即刻】就会觉得浑身轻松下来。（《汪曾祺全集·翠湖心影》）

③他下了马，【即刻】进产房。（《汪曾祺全集·故里三陈》）

八、“即”类副词小结

“即”是“即”类副词的根词，先秦时“即”已产生，但并不多见，一直到汉代其用量开始大幅度增加；但后来“便”的出现，与“即”产生了竞争关系，大大威胁了“即”的发展；并且到了南北朝时期，“便”超过了“即”；发展至元明时期，“便”甚至完成了对“即”的替换。在现代汉语中，“即”的用例已非常罕见，主要用在文言环境中。

“即”类副词不仅受到外部副词的竞争，而且其内部也相互竞争。

首先，单音节副词“即”自汉代开始就一直受到各类双音节“即”类副词的竞争。通过上面几个表，我们可以看出，双音节“即”类副词基本上到明代发展到了顶峰。因而，副词“即”在元明时期的彻底衰落，与双音节“即”类副词的竞争也有很大关系。

其次，双音节“即”类副词内部也相互竞争。发展到汉代，“即时”首先产生，后六朝时期产生了“即便”，到了晚唐五代相继产生了“即忙”“即行”，最后到元代产生了“即刻”。以上 5 个双音节副词，在漫长的历史时期内，处在一种相互竞争并共续共存的环境中。除了“即刻”在现代汉语中还偶尔使用，其他的基本都消失了。它们的消失，我们认为一方面是“即”类副词的文言色彩比较浓厚，另一方面也是受到“立刻”“马上”等一些新兴副词的竞争和排挤。用例见下表：

单位：例

	水	金	醒$_1$	二	醒$_2$	**明·小计**	红	儿	官	孽	**清·小计**	老	总计
即时	5	23	28	20	59	135	12	0	2	0	14	0	149
即便	20	19	4	11	4	58	2	1	2	4	9	0	67
即忙	3	1	25	10	13	52	3	1	1	4	9	0	61
即行	0	2	2	2	0	6	1	1	1	0	3	0	9

续表

	水	金	醒$_1$	二	醒$_2$	**明·小计**	红	儿	官	孽	**清·小计**	老	总计
即刻	0	2	3	0	32	37	24	5	9	3	41	0	78
立刻	0	0	2	4	12	18	29	52	323	37	441	90	549
马上	1	3	0	1	0	5	1	1	88	12	102	307	414

注：以上语料分别为《水浒传》《金瓶梅词话》《醒世恒言》《二刻拍案惊奇》《醒世姻缘传》《红楼梦》《儿女英雄传》《官场现形记》《孽海花》《老舍合集》

通过上表，我们可以看到“即”类双音节副词被“立刻”“马上”等新兴副词竞争、排挤的过程。在明代时，“即”类双音节副词除了“即行”用例较少外，其他4个均较为常用，而“立刻”“马上”处于萌芽时期，处于弱势地位；发展到清代时，“即”类双音节副词除了“即刻”用例与明代基本持平，其他的用例4个均大幅缩减，而“立刻”“马上”等副词在这段时期却迅猛发展，处于绝对的强势地位；后发展到老舍时代，“即”类双音节副词除了“即刻”还有零星用例，其他4个基本消失了，“立刻”“马上”等副词独占天下，基本上完成了对“即”类双音节副词的替换。

第八节　“终”类副词的历时嬗变

“终”类副词主要包括“终”“终于”“终归”“终久”等4个。

一、副词“终”

“终”是“终”类副词中最早出现的，也是最重要的一个，是“终”类副词的根词。《说文》：“终，絿丝也。从纟，冬声。”《文源》：“（甲骨文）象两端有结形。”由此可以看出，其本义是动词“把丝缠紧”。例如：

旋【终】在项。（《睡虎地秦墓竹简·封诊式·经死》）

后引申为“终结；完毕”。例如：

【终】则讲于会，以正班爵之义。（《国语·鲁语上》）

后由于“终”经常出现在谓语动词或动词词组之前，而逐渐发生虚化，产生“终于、终究”义。例如：

不矜细行，【终】累大德。（《尚书·旅獒》）

由于语料的限制，一般学者都认为“终”在先秦时期逐渐演化为虚词，如赵婕等（2009）。孟琳（2005）则利用《殷墟花园庄东地甲骨》来考释“终”的用法，她指出：

“终”用作副词：最终。充当状语。如：

巳卜：丁终于子疾？（花 69-6）

巳卜：丁终不于子疾？（花 69-7）

在这两条卜辞中，终用为副词，意为最终，最后。这是之前的甲骨文献中从未出现的意义和用法。一般来说，之前都认为甲骨文中终没有副词用法。但从这一片中的卜辞来看，终用在谓词前，而且从句意来看，两条卜辞都是在巳这一天占卜：丁最终会降祸给子疾吗？丁最终不会降祸给子疾吗？无论从意义还是从语法上来说，释为最终都最合理。[1]

对于甲骨文中的这个孤例，我们如何看待？就连作者自己也说“由于是孤证，是否准确，还须商榷”。对此，我们考证了以下几部春秋时代的著作中“终”的使用情况，见下表。

单位：例

	尚书	周易	老子	诗经	孙子	文子
“终”总用例	44	96	9	29	1	40
“终”时间副词	7	11	1	3	0	5
比　　例	15.9%	11.5%	11.1%	10.3%	0%	12.5%

通过上表我们可以看出，除了《孙子》中的比例为 0 外，时间副词“终”在其他几部著作中的比例均为 10.0%以上，在六部著作中的平均比例为 12.3%。由此可见，在春秋时期，时间副词“终”的比例就已经高达 10.0%以上，反推在殷商时代的甲骨文中偶尔出现时间副词“终”的用例也是在情理之中的。

据此，我们认为，“终”的时间副词用法在商周时代就已产生，发展到先秦时期，就具备了现代已有的语法功能，主要修饰动词性谓语。在《红》和《儿》中，全部修饰动词性谓语。例如：

①生前心已碎，死后性空灵。家富人宁，【终】有个家亡人散各奔腾。（《红》5 回）

---

①孟琳.《殷墟花园庄东地甲骨》“终”字小议[J]. 巢湖学院学报，2005（5）：143-144.

②太太，你听，姑娘【终】改不了这本来至性。（《儿》25 回）

《儿》与《红》的区别就在于，“终”的用例大幅减少，《红》中有 29 例，《儿》中的用例几乎缩水一半，只有 16 例。

发展到老舍时代，“终”的这种单纯表“最终”时间义的用法越来越少，《正》中没有用例；《老》中我们考察了《骆驼祥子》《二马》《火葬》3 部作品，也没有出现用例。

在新北京话时代，我们考察了《王》中的《编辑部的故事》《动物凶猛》《浮出海面》《给我顶住》4 部作品，用例为零。

而且，即使在《红》和《儿》的用例中，有些也已经不再是单纯地表时间的副词，而是虚化为表“终归；毕竟；到底”义的语气副词，特别是当“终”后接“不”“非”等否定副词时，表现更加明显。例如：

①这山上赏月虽好，【终】不及近水赏月更妙。（《红》76 回）

②若目今以为荣华不绝，不思后日，【终】非长策。（《红》13 回）

③安老爷却是碍于亲情，不得不收，心里还以为事不师古，【终】非经道。（《儿》28 回）

我们认为，造成这种情况的原因是时间副词“终”在后来的发展过程中进一步虚化，由时间副词向更虚的语气副词虚化。

吴福祥先生（2004）认为“终”在《敦煌变文集》中就有肯定强调语气副词的用法。据他考察，12 种敦煌变文中用作语气副词的有 6 例，其中，又分为“终$_2$”和“终$_3$”（按：终$_1$是时间副词），但他未给出具体的例子，也未进行分析说明。[①] 据我们考察，12 种敦煌变文中的“终”作语气副词，都不是很典型。例如：

喻如草木，须得天雨时时溉灌，方能滋茂；若以井水，【终】不得盛。声闻菩萨亦复如是，须闻《法花经》，方速修行，而取佛道；若闻余者，【终】不精进矣。（《妙法莲华经讲经文》二）

如上例，“终”的时间副词意味还比较重，很难说已经完全虚化为语气副词，但已经可以看出端倪。因此，我们将晚唐五代作为“终”由时间副词向语气副词虚化的起点。

发展到宋朝，这种虚化已经比较明显，但我们认为“终”还是处在依违两可之间。例如：

---

①吴福祥. 敦煌变文 12 种语法研究[M]. 开封：河南大学出版社，2004：103.

纸上得来【终】觉浅，绝知此事要躬行。（陆游《冬夜读书示子聿》）

元代时，“终”又有所虚化，特别是“终”与词缀“是”结合，组成“终是”后，语气副词的意味更加浓厚，基本上可以看作语气副词。在《新编五代史平话》中出现了 1 例，如下：

继韬见说，且喝令长枷送狱收问。【终】是惜他勇力，不忍坏了他，密地唤人放威走了。（《新编五代周史平话》卷上）

《新校元刊杂剧三十种》中出现了 2 例，如下：

①【终】是三十年交契怀着熟，咱心相爱志意相投。（《新校元刊杂剧三十种·关张双赴西蜀梦》）

②事不欺心睡自安，劝你尘世莫愁烦。打迭起琴书还旧山，寻取药炉经卷，对石台香案，也【终】是胜人间。（《新校元刊杂剧三十种·陈季卿悟道竹叶舟》）

雷文治（2002）也认为“终”在金元时期出现语气副词用法。例如：

①夫人劝曰：“送君千里，【终】有一别。”（董解元《西厢记诸宫调》）

②尽是他旧班行，【终】有些亲肚肠。（王伯成《填报遗事诸宫调·明皇哀诏》）

发展到明朝时期，已经较为常见。例如：

①周谨听了，恨不得把杨志一箭射个透明。杨志【终】是个军官出身，识破了他手段，全不把他为事。（《水浒传》13 回）

②损人利己，【终】非远大之图；害众成家，岂是长久之计。（《金瓶梅词话》48 回）

③晁家新发户人家，走动是不必说了。就是计氏娘家，虽然新经跌落，【终】是故旧人家。俗话说得好：“富了贫，还穿三年绫。”（《醒世姻缘传》8 回）

后经过清朝 300 年的发展演变，到现代汉语中，“终”基本上只保留了其语气副词的用法。因此，《现汉》做如下解释：

【终】……③副终归；到底：～将见效｜～必成功。

由上，我们可以描绘出副词“终”的虚化路线①：

---

①“终”在发展过程中还虚化为介词和连词。介词用法，如：终今以来，通使如故。（汉书·南粤传）连词用法，如：永日终无一樽酒，可能留得故人车。（王安石《呈陈和叔二首其一》）我们这里只探讨其副词的虚化过程，其他虚词用法暂不分析。

终（动词：把丝缠紧）$\xrightarrow{\text{引申}}$终（动词：终结；完毕）$\xrightarrow{\text{虚化}}$终（时间副词：最终；终于）$\xrightarrow{\text{继续虚化}}$终（语气副词：终究；毕竟；到底）

二、副词“终于”

随着时间副词“终”的逐渐虚化，以及副词双音节化大趋势的发展，原先承担“终”类时间副词主要语法功能的“终”，慢慢地变为新产生的时间副词“终于”。

关于“终于”的发展和虚化过程，我们认为是重新分析的结果。“‘终’为表示‘终结’义的动词，做句子的谓语，‘于’为介词，与其后的名词性成分组成介宾短语共同做补语。”① 例如：

①今工嗣厥德，罔不在初，立爱惟亲，立敬惟长，始于家邦，【终于】四海。(《今文尚书·尚书·伊训第四》)

②始于德让，中于信宽，【终于】固和，故曰成。(《国语·卷二》)

③始于不足见，【终于】不可及，一人服之，万人从之，训之所期也。(《管子·立政第四》)②

这种情况，甚至到清代仍然存在。例如：

①他父亲【终于】任所，身后略略有些宦囊，苏州还有几处房屋。(《九尾龟》11回)

②你家三代单传，你曾祖太爷双名登瀛，翰林出身，作到詹事府正詹，【终于】江西学院。(《儿》19回)

在后来的发展过程中，“终”“于”由于经常连用而发生词汇化，形成“终于”。正如王美华等（2008）研究指出：

“终于”要成为一个副词，“终”必须丧失动词义，句中另有谓词成分做谓语，“于”不起介引作用，“终”和“于”同处状语位置，因此，“终于”词汇化的形式标志为：(1)“终于”修饰句中谓语动词，“终于”后面的谓词性成分无指称性。(2)由于“终于”还可为语气副词，而时间副词、语气副词都可位于句首，所以还需有证明其为语气副词的形式标志。这种标志有：①除去句中“终于”一词，句意受到影响的是时间副词，句意不受影响，只

①董秀芳. 词汇化：汉语双音词的衍生和发展[M]. 成都：四川民族出版社，2002：285.

②以上3例转引自王美华，叶壬华. 副词“终于”的形成和发展[J]. 井冈山学院学报，2008(11)：40-43，48.

表示一种主观性态度的是语气副词；②句中另有时间词，这是一个显化的标志，由于语言的简明性，一个句子不可能同时使用两个时间词，“终于”也为语气副词。①

经过他们的研究发现：“‘终于’在魏晋时期开始作时间副词，唐宋元明时期其时间副词的用法逐渐成熟；进入清代后，‘终于’除了用作时间副词，还可以用作语气副词。”②

但是，就是这样一个自魏晋时期已经产生，在现代汉语中还十分活跃的时间副词“终于”，在我们考察的语料中，却十分罕见。《红》《儿》中未出现用例，在晚清四大谴责小说中，也仅在《二十年目睹之怪现状》和《孽海花》中共出现了 5 例。例如：

①我本待不说，然而若是【终于】不说呢，实在对朋友不起，所以我只得直说了。但是说了，你切莫发急。（《二十年目睹之怪现状》69 回）

②后来【终于】秘密泄漏，男人被敌国斩杀，连情人都受了死刑。（《孽海花》28 回）

后发展到老舍时代，《正》中均未出现用例，《老》中也仅出现了 17 例，但是有的用例已经转化为语气副词。例如：

①小刘咳嗽一下。【终于】下了决心，挺认真地说，“上回，他们拿她来勾引我，不让我给您弹弦。……”（老舍《鼓书艺人》）

②真是个好日子！这一回，闺女总算卖了个大价钱！一辈子的梦想，【终于】实现了。（老舍《鼓书艺人》）

而且，其中语气副词的用法竟然高达 13 例，时间副词的用法仅有 4 例。例如：

他后来【终于】想起，把信掏出来，给了老教师。（老舍《鼓书艺人》）

在《老》中还出现了 1 个“终于”用在句首的例子，其具有篇章衔接功能。如下：

宝庆眼珠直转。他从来不承认怕老婆。他还记得当初怎样追求她，也记得婚后的头两年。他记得怎样挖空心思去讨好她，把她宠到使自己显得可笑的地步。他一面想，一面转眼珠子。怎么能不吵不闹，好好把她劝上岸去。【终于】，他转过身只对大凤和秀莲说：“你们俩是愿意走路呢，还是愿意坐

①王美华，叶壬华. 副词“终于”的形成和发展[J]. 井冈山学院学报，2008（11）：40-43，48.
②王美华，叶壬华. 副词“终于”的形成和发展[J]. 井冈山学院学报，2008（11）：40-43，48.

滑竿？”（老舍《鼓书艺人》）

“终于”之所以被提到主语的前面，从表达的角度来看，一方面是加强语气，为了凸显与之前努力过程的对比，所以前面常有“前景事件”的介绍；另一方面则是为了承上启下，起到衔接句子或篇章的作用。这说明，在老舍时代，“终于”的句法功能得到了扩展。

发展到以王朔为代表的新北京话时代，“终于”的用例较多。《玩的就是心跳》中“终于”共出现了5例，为便于分析，我们一一列出：

①我好象跟她搭讪了半天她始终一声不响。……我说我不赞成人分三六九等，为什么名流就不能主动吊百姓的膀子？我不觉得丢了什么份。……她笑了，【终于】绷不住笑了……

②这时我是清醒的，像有尿床习惯的孩子那样警觉，但意念飘忽，把持不住，【终于】放纵——我手心抓着大把丰厚结实颤动着的肉，感觉是那样真实不容置疑。

③我挨件拨拉着衣柜上的衣服，【终于】在衣柜深处找着了那件已落满灰尘的旧皮夹克。

④她说谎，这点我不能容忍她，我一而再、再而三【终于】忍无可忍。

⑤他不能理解我无目的地在街边闲逛，也许我真有个情人他倒想得通。【终于】有一天我出去回来后他动手打了我。

在以上5例中，单纯从物理学角度、从客观的时间线条顺序上来看，“终于”都是用在背景事件当中，“终于”的出现都要依赖于前期时间和事件的存在和发生。如第①例，由“半天她始终一声不响”到“终于绷不住笑了”，第③例，“我挨件拨拉着衣柜上的衣服”到“终于在衣柜深处找着了那件已落满灰尘的旧皮夹克”，都是单向进行的。如此，可以将“终于”分析为时间副词，余例相同。

但是，人类的语言交往，不是纯净的、不掺杂任何个人情感在内的真空体。以上5例都或多或少地表达出个人的期盼、期待、希望等情感，正如《八百词》对“终于”的解释：“表示经过较长过程最后出现某种结果，较多用于希望达到的结果。”所以，在一个句子中，当“终于”出现时，阅读者也会自然而然地随着长出一口气。因此，我们似乎又应该将其归为语气副词。由此，我们可以看出，“终于”在现代汉语中还是处在由时间副词向语气副词虚化的进程中。

在《过把瘾就死》中“终于”出现了4例，情况同《玩的就是心跳》一样，也是介于时间副词和语气副词之间。例如：

第六盘我【终于】取得了优势，逼得贾玲苦苦思索。

对于“终于”的篇章衔接功能，在王朔时代又有了发展。不光用例有所增加，而且还有1例是衔接段落：

她已经连续几天未进食了，据单位其他女同志反映，这几天也未见她排泄。我想她是忙不过来，无暇他顾，一枚技术简单得多的火箭发射前还要作大量的计算呢。

【终于】，她喜孜孜地对我透露说：“统一了，现在，从这一秒钟开始我可以行使绝对权威了……”（王朔《痴人》）

上例说明，“终于”的用法有了进一步的扩展。

三、“终”类副词小结

“虚化是一种词汇——语法现象，也是一个心理认知过程，是从一个认知域向另一个认知域的转变。”① 通过上面的研究，我们可以看出隐喻的重要性。“终”正是从具体的动作义——“表示动作的结束”隐喻为抽象的时间概念的“最后”。而由时间副词进一步虚化为语气副词，则可以看出主观化在语法化中的作用和地位。

自从汉代双音化开始后，“终”作为时间副词的用例，在历史上逐渐减少。以前，我们根据直觉，认为“终于”就是“终”双音化后唯一的替代者和竞争者。但今天从我们统计的数据来看，“终”还受到“终久”“终归”等副词的竞争，只不过竞争力不及“终于”而已。对此，我们列表如下：

单位：例

	终	终于	终久	终竟	终归	终自
敦煌变文12种	14	0	0	0	0	0
朱子语类	235	21	0	1	0	3
新编五代史平话	11	0	0	0	0	0
水浒传	16	0	5	0	0	0
金瓶梅	14	0	1	0	0	0

①张谊生. 论与汉语副词相关的虚化机制——兼论现代汉语副词的性质、分类与范围[J]. 中国语文，2000c（1）：3-15.

续表

	终	终于	终久	终竟	终归	终自
醒世姻缘传	7	0	0	0	0	0
红楼梦	29	0	20	0	2	0
儿女英雄传	16	0	0	0	1	0
正红旗下	0	0	0	0	0	0
老舍合集	0	17	4	0	1	0
玩的就是心跳	0	5	0	0	0	0
总计	342	43	30	1	4	3

注：《敦煌变文 12 种》和《朱子语类》的统计结果分别来自吴福祥（2004）和唐贤清（2003）

通过上表我们可以看出“终”在发展的过程中，受到了“终于”“终归”“终久”等双音副词的竞争。在现代汉语中，除了在一些文言色彩的文章中可以见到时间副词“终”的用法，其他的基本被“终于”取代，“终于”成为“终”类副词的主要语法承担者。

但是，“终于”也并非一成不变，它在继续虚化，向语气副词转变。在现代汉语中，有时很难将其区分清楚。因此，我们在《老》和《玩的就是心跳》中，未刻意加以区分。由此也可以看出，“终于”不是专职的时间副词，而是身兼两职。而且，这并非个例，几乎所有的“终”类副词都无一例外地发生虚化，向语气副词转变，具体释义参看《现汉》。

例如：

早上起晚了，慌慌张张出差没施妆，被总局检查组扣了几分；但她【终归】还是个有缺点的好乘务员。(王朔《空中小姐》)

如此，我们不禁要问，在现代汉语中，到底有没有一个词完全对应古汉语中的时间副词“终”？在我们的考察中，“最终”似乎能完全对应，而且它在现代汉语语料中的使用频率较高。但“最终”毕竟是个名词，如何解答？我们只好在此请教方家。

丨第五章丨北京话情状方式副词历时发展（1750—1950）

第一节　“特”类副词的历时嬗变①

“特”类情状副词主要包括“$特_2$”“特地”“特特”“特为”“特意”等5个。

一、副词“特”

“$特_2$”是特类副词中最重要的一个，是其根词。《说文解字》：“特，牛也。”《玉篇》：“特，牡牛也。”从古至今，其做程度副词用法比较常见。后又发展出“特地”义，如：

①河东，吾股肱郡，故【特】召君耳。（《史记·季布乐布列传》）

②【特】令澄为七言连韵，与高祖往复赌赛，遂至极欢，际夜乃罢。（《魏书·景穆十二王·任城王传》，转引自董志翘、蔡镜浩，1994：506）

《古书虚字集释》：“特犹言‘特地’也，字或作持。”例如：

倾家【持】作乐，竟此岁月驶。（陶潜《杂诗十二首·其云》）

“特”如何从名词“牛”发展出“特地”义？对此，文士其（1999）研究指出：

“特”字最初是指“公牛”，所以用“牛”来表示字义。我们知道，牛在古代社会中具有不同一般的作用和地位，而这不同一般的牛中的雄性却是

①此节的部分内容曾以论文的形式发表，参见刘冬青，曹炜．北京话“特”类情状方式副词的历时嬗变[J]．北京理工大学学报：社会科学版，2011（9）：137-147，151.

更加不同一般的。中国古代畜牧业发达得很早，古人在实践中发现，要充分发挥牲畜的使用价值，必须将一般的雄性幼畜进行阉割，经过阉割的幼畜，生长速度会大大加快，进而满足人们的一般需要。这种被阉割的公牛，在古代汉语中形成了专门的名称，叫作“犗”或“犍”。这种专名的形成表明阉割雄牛早已形成风尚。这样一来，雄性的牛只有少量作为种牛被留存了下来。为了保证牛的繁殖质量，种牛总是选择牛群中最出类拔萃的公牛来担当。由此可见，“特”的“不同一般”的意义，最早的由来还是公牛的特殊地位和作用。故“特”字诸多义项的源流关系可作如下归纳：

公牛——→不同一般——→不同一般地对待
　　　　　└——→从事不同一般事情的人①

黄瑞云（1998）则详细考证了“特”从“公牛”$\xrightarrow{\text{引申}}$泛指“牛”$\xrightarrow{\text{引申}}$公畜公兽$\xrightarrow{\text{引申}}$男子$\xrightarrow{\text{引申}}$“匹”、配偶（女子选择男子，当然选其雄俊杰出者，如此“特”乃有雄俊杰出之义。特出、特异、特殊、特别之类，“特”皆由此得义）的过程。②

《红》中出现了33例，全部为修饰动词性谓语。

其中，修饰单纯动词的有1例，约占动词性谓语总用例的3.0%。例如：

又问刘姥姥：“今日还是路过，还是【特】来的？”（《红》6回）

修饰动宾短语的有8例，约占动词性谓语总用例的24.2%。例如：

我也不知道，刚才是他家的老头子来【特】告诉我的。（《红》16回）

修饰动补短语的有1例，约占动词性谓语总用例的3.0%。例如：

今既遇令祖宁荣二公剖腹深嘱，吾不忍君独为我闺阁增光，见弃于世道，是以【特】引前来……许配于汝。（《红》5回）

修饰状中短语的有4例，约占动词性谓语总用例的12.1%。例如：

凡族中有官爵之人，皆供给银两，按俸之多寡帮助，为学中之费。【特】共举年高有德之人为塾掌，专为训课子弟。（《红》9回）

修饰连动短语的有16例，约占动词性谓语总用例的48.5%。如：

周瑞家……又说：“今日大远的【特】来请安……”（《红》6回）

修饰兼语短语的有3例，约占动词性谓语总用例的9.0%。例如：

---

①文士其. 说“特”——常用字义源流简析之五［J］. 咬文嚼字，1999（4）：30-31.

②黄瑞云. 词义探微·特［J］. 咸宁师专学报，1998（1）：63.

如今留了些，我要自己吃恐怕折福，左思右想除我之外惟你还配吃，所以【特】请你来。（《红》26回）

在所有用例中，修饰连动短语的最多，而其中“特+来+动词性谓语”结构有12例，占了连动短语总用例的75%。其实，这涉及“~来”的词缀化问题。

对于“来”的后缀化研究，太田辰夫（1958）只作了些举例，志村良治（1995）研究指出：“本来‘来’是从动词‘来’逐渐变为副词词尾的，大部分词还保留着原义……‘来’从六朝初期开始显示出惯用的倾向。”[①] 蒋宗许（2009）描绘了其发展历程：

“来”的通常意义表“去来”之来，从魏晋而后即有虚义用法，且开始和表时间的单音节名词组合，作为后缀而组成表时间的复音词。由此而推衍，便可与形容词、名词、动词及副词结合而作后缀。[②]

并举了“特来”一例：

既不沙，却怎睃趁你头上放毫光，打扮的【特来】晃。（《西厢记》）

我们认为此例“特来”为“特别”义，是程度副词，此处“来”是后缀无疑。

那么，《红》中的“特+来”作“特意”讲时，“特来”能否看作情状方式副词？我们认为，如果将“特+来+动词性谓语”结构看作“特来+动词性谓语”结构，把“特来”划归为情状方式副词，至少需要以下两个条件。

第一，“来”的动作义完全消失，就如同“从来、原来、将来、后来”等词一样，“来”完全虚化为后缀。但是就目前来看，我们所见到的例子，“来”的动作义还未完全消失。例如：

①方欲走时，又听得后面有人叫道：“雨村兄，恭喜了！【特来】报个喜信的。”（《红》2回）

②刘姥姥便说：“原是【特来】瞧瞧嫂子；二则也请请姑太太的安……”（《红》6回）

以上两例中“来”的动作义还是较为明显的，而且例中的“来”可以还原成“赶来”“拿来”等动词，《红》中即有原型的例子。例如：

①我正打发你姐姐梳头，不得出来回你。后来听见又说让我，我那里禁

①志村良治．中国中世语法史研究［M］．江蓝生，白维国，译．北京：中华书局，1995：74．
②蒋宗许．汉语词缀研究［M］．成都：巴蜀书社，2009：215．

当的起，所以【特】赶来磕头。(《红》62回)

②自己便蝎蝎螫螫的拿着东西，走至王夫人房中，站在旁边，陪笑说道："……我也不敢自专就收起来，【特】拿来给太太瞧瞧，太太也喜欢喜欢。"(《红》67回)

第二，"特来+动词性谓语"结构中的"来"和"动词性谓语"之间不存在顺承关系，即"来"不是"动词性谓语"得以实现的条件之一，"来"完全演变为一个焦点标记。焦点标记"来"几乎都可以去掉，去掉后并不影响句子语义和结构的完整。[①] 例如：

他将来会成功的	他将会成功的
他从来不吸烟	他从不吸烟
事情原来是这样啊	事情原是这样啊

但是，"特来"中的"来"一般不能去掉，如：

特来报个喜信	★特报个喜信
特来瞧瞧嫂子你	★特瞧瞧嫂子你
今日大远的特来请安	★今日大远的特请安

由于以上两点不符合，因此，我们将"特+来+动词性谓语"结构归为"特"修饰连动短语。

此外，还是因为词典释义的佐证。《汉大》作如下解释：

【特来】1. 特地前来。元·郑光祖《倩女离魂》第一折："小生特来拜望母亲，就问这亲事。"《二刻拍案惊奇》卷十一："蒙夫人相待好意，不敢相侵，特来告别。"2. 犹特别。元·王实甫《西厢记》第一本第二折："却怎睃趁你头上放毫光，打扮的特来晃。"王季思校注："晃，美俊也……犹今云打扮得特别漂亮也。"参见"特别"。

通过释义我们发现义项2是程度副词，与我们的分析一致；义项1解释为"特地前来"，是"特"+"来"意义的简单加合，而未解释为"特地、特意"，从一个侧面印证了我们将"特+来+动词性谓语"结构归为"特"修饰连动短语的合理性。

后发展到文康时代，"特"的用例有所减少，《儿》中共出现23例。语法功能未发生大的变化，修饰动词性谓语仍是其主要语法功能，共有22例，约占总数的95.7%。

---

①鲁晓琨．焦点标记"来"[J]．世界汉语教学，2006（2）：20-30.

其中，修饰动宾短语的有 4 例，约占动词性谓语总用例的 18.2%。例如：

也道是夫子盖许其能，【特】哂其不逊。（《儿》39 回）

修饰动补短语的有 1 例，约占动词性谓语总用例的 4.5%。例如：

圣人见他品格凝重，气度春容，一时想起他是从前十名里第八名【特】恩拔起来点的探花……从此安公子便简在帝心。（《儿》38 回）

修饰状中短语的有 2 例，约占动词性谓语总用例的 9.1%。例如：

因把那枝拐杖指定方才他丢开的那本卷子，说道："此来【特】为着这本成字六号卷子，报知足下，此人当中。"（《儿》35 回）

修饰连动短语的用例还是最多，有 12 例，约占动词性谓语总用例的 54.5%。"特+来+动词性谓语"的结构竟占到了连动短语用例的 100.0%。但没有 1 例同时符合"特来"作副词的上述两个条件。例如：

此时听说这起行李，在茌平住了，【特】来报知众位寨主。（《儿》21 回）

修饰兼语短语的有 3 例，约占动词性谓语总用例的 13.6%。例如：

朝廷并加赏他的宝石顶，三眼花翎，四团龙褂，四开禊袍，紫缰黄带，又【特】命经略七省，挂九头狮子印，称为秃头无字大将军。（《儿》18 回）

与《红》相比，《儿》中没有修饰单纯动词的例子，但出现了 1 例修饰主谓句的例子，占总用例的 4.5%。例如：

只见家人晋升，拿着一封信合一个手版进来回说："邓九太爷从山东【特】遣人来，给老爷、太太贺喜，说还有点土物儿，后头走着呢！来人先来请安投信。"（《儿》38 回）

后发展到老舍时代，"特"的用例进一步缩减，《正》中仅出现 1 例修饰状中短语的例子：

姑母有了笑容，递给大姐几张老裕成钱铺【特】为年节给赏与压岁钱用的、上边印着刘海戏金蟾的、崭新的红票子，每张实兑大钱两吊。（《正》1 回）

《老》中我们抽检了《骆驼祥子》《二马》两部作品，未见一个合格的用例，相反，"特意"却有很多例。我们认为这是副词双音化的趋势造成的。"$特_2$"一般用于文言色彩较浓的作品，在其他作品中逐渐被"特意"取代（下文我们会重点分析）。

二、副词"特地"

在分析"特意"之前，我们先简单介绍下早见的"特地"。关于"特地”，太田辰夫（1958）、志村良治（1995）、蒋冀骋等（1997）、唐贤清（2003）都做过研究。它是由副词“特”和助词“地”复合而成的。“最早见于唐五代，宋代已比较常见。”① 例如：

①几时来翠节，【特地】引红妆。（《杜工部集·陪柏中丞观宴将士二首》）

②大王夫人喜欢晒，因兹【特地】送资财。(《敦煌变文集·金刚丑女因缘》，转引自蒋冀骋、吴福祥，1997：454)

③天地那里说我【特地】要生个圣贤出来！也只是气数到那里，恰相凑着，所以生出圣贤。及至生出，则若天之有意焉耳。(《朱子语类·卷四·性理一》，转引自唐贤清，2003：60)

据唐贤清（2003）研究：“‘特地’在唐代有不少用作程度副词，宋代以后基本上只用作情态方式副词。”②

因而，发展到清代，“特地”只作情态方式副词。但用例一直不是很多，《红》中未见，《儿》中也只有5例，全部为修饰动词性谓语。例如：

我们是【特地】找褚一爷来说句话，倒惊动了。请进去歇着罢。(《儿》14回)

发展到老舍时代，太田辰夫（1958）曾指出：“现代汉语中已经不用了，但近古用得很多。”③ 但是据我们考察，在北京话中虽然其用例不多（《正》《老》中均未见，《王》中只有1例），但在现代汉语中还是存在一定量的。例如：

①李白玲【特地】为我要了碟烧鹅，我不客气地一扫而光。（王朔《橡皮人》）

②这一次，他们【特地】与共建单位红塔中学联系，组织100多名表现好与表现较差的初一至高三的学生走进监狱，接受一次特殊的现场教育。[《人民日报》(1998-01-06) 按：1月份的报纸共出现了8例“特地”]

③现在这个念头已经打消，制服还是穿着，我与他告别时还【特地】伸手进去摸了一摸。(余秋雨《余秋雨文集》按：包括《借我一生》《千年一叹》《山居笔记》《文化苦旅》等四部著作、共计60余万字的《余秋雨文

①蒋冀骋，吴福祥. 近代汉语纲要[M]. 长沙：湖南教育出版社，1997：454.

②唐贤清.《朱子语类》副词研究[D]. 长沙：湖南师范大学，2003：60.

③太田辰夫. 中国语历史文法（修订译本）[M]. 蒋绍愚，徐昌华，译. 北京：北京大学出版社，2003：269，270.

集》里，“特地”出现了12次）

三、副词“特特”

“特地”之后，到了“宋代，出现了‘特特’叠用，义亦为‘特地’”①。例如：

①经年尘土满征衣，【特特】寻芳上翠微。（岳飞《池外翠微亭》）

②奴住江陵府，家内多豪贵。幼年失恃怙，镇孤苦。因往皇都，【特特】来寻亲故。（《张协状元》37出，转引自董志翘、蔡镜浩，1994：506）

后一直沿用到清代，《红》中一共出现了6例，全部为修饰动词性谓语。其中又主要修饰动补短语，有3例。例如：

宝钗说：“亏你说，还是【特特】的带来的才放了一二十天，若不是【特特】的带来，大约要放到年底下才送来呢。我看你也诸事太不留心了。”（《红》67回）

发展到文康时代，“特特”的用例和语法功能都未发生大的变化。但是发展到老舍时代，“特特”基本消失了，未见到用例。

四、副词“特为”

“特特”之后，又产生了一个“特”类副词——“特为”。开始是状中短语“特地为了……”义，如：

①李逵心里忖道：“我从梁山泊归来，【特为】老娘来取他。千辛万苦背到这里，却把来与你吃了！那鸟大虫拖着这条人腿，不是我娘的是谁的！”（《水浒传》42回）

②谢廉使【特为】这事岁朝升堂，知县已将佥事解进。（《二刻拍案惊奇》卷4）

后慢慢地虚化为“特地”义，较为可靠的例子见于明代。例如：

①温考二品六年满，故事，止当得太子少保。沈【特为】请加太子太保以悦之。（沈德符《万历野获编·吏部二·考察留用》）

②朱源取名蔡续，【特为】起奏一本，将蔡武被祸事情，备细达于圣聪。（《醒世恒言》36卷）

后发展到清代，“特为”的用例已很少见，《红》中仅见1例：

---

①董志翘，蔡镜浩．中古虚词语法例释［M］．长春：吉林教育出版社，1994：506.

袭人道："你【特为】往这里来，又换新衣裳，他们就不问你往那里去的？"（《红》19回）

虽然用例很少，但上例却可以看出"特为"虚化得非常彻底。因为在"特为+往（介词）"的结构中，如果"特为"虚化得不彻底，也就是说"为"还残留着介词的用法，那么，其后是绝对不会再出现介词"往"的。

后发展到文康时代，《儿》中未见"特为"的用例。但其并未消失，后发展到晚清。我们考察了四大谴责小说，除了《老残游记》没有用例，其他3部都有用例，全部为修饰动词性谓语。例如：

①因此，就叫他向委员手里讨回那二万银子做盘川。亦是今天接到电报，所以【特为】写信前来通知。（《官场现形记》9回）

②小云先说道："我荐了客给你，【特为】带他来认认门口，下次他好自己来。"（《二十年目睹之怪现状》48回）

③金大人已给两位大人说明，【特为】叫小的来面见他们，哄他们回南的。（《孽海花》19回）

后发展到了老舍时代，《正》中没有用例，但《老》中出现了3例：

①见了莲姑娘，他几乎说不出话来；只喝了一口她【特为】给他泡的好茶，就告辞回家，一路都没敢抬头。（老舍《火葬》）

②我一路走了来，【特为】来看您。（老舍《鼓书艺人》）

③三段新鼓词！【特为】给他写的！（老舍《鼓书艺人》）

通过以上3例，我们可以更加清晰地看出，"特为"虽然用例不多，却一直在发生虚化。从以上3例，尤其是第①、②例可以看出，此时的"特为"比《红》时虚化得更为彻底。表现在以下两点：

第一，在"特为+给他+动词性谓语"的结构中，"特为"与介词"给"连用，意义同《红》例。

第二，"给他+动词性谓语"本身表达出的意思，即为"特为"虚化前"为/替……"之义。既然可以用在"特为+给他+动词性谓语"的结构中，说明两者不冲突、不重复，"特为"虚化得更彻底。

在现代汉语中，"特为"已经基本消失了。

五、副词"特意"

几乎与"特为"同一时期，产生了目前在现代汉语中最为常用的"特"

类副词——特意。①

由于“特意”在清代刚出现不久，因而用例较少。《醒世姻缘传》《儒林外史》《歧路灯》中均未出现用例，在《红》中仅出现2例，分别修饰动宾短语和介宾短语。例如：

①我劝你今儿头一日进来，先出园东角门，从老太太起，各处各人你都瞧瞧，问候一声儿，也不必【特意】告诉他们说搬进园来。（《红》48回）

②他原会些武艺，又有力量，或看破那道士的妖术邪法，【特意】跟他去，在背地摆布他，也未可知。（《红》67回）

“特意”的发展一直较为缓慢，发展到文康时代，《儿》中未见用例。后发展到晚清时代，依然罕见，我们考察了四大谴责小说，没有一个用例。

但是到了老舍时，其发展较快。虽然《正》中没有用例，但在《老》中出现了27例。主要修饰动词性谓语。例如：

①今天我【特意】买张糖饼吃……芝麻酱是最能补肚子的！（老舍《老张的哲学》）

②那天高耳将军讲演英国往上海送兵的事，【特意】请父亲去听。（老舍《二马》）

对于“特”类副词的使用情况，我们列表如下：

单位：例

	敦	朱	二	红	儿	正	老	总计
特$_2$	17	81	62	33	23	1	5	222
特地	2	15	4	0	5	0	0	26
特特	0	0	3	6	8	0	0	17
特为	0	0	1	1	2	0	3	7
特意	0	0	2	2	0	0	27	31

注：以上语料分别为《敦煌变文集》《朱子语类》《二刻拍案惊奇》《红楼梦》《儿女英雄传》《正红旗下》《老舍合集》。《朱》的统计数据来自唐贤清（2003）

①蒋冀骋，吴福祥（1997：454）认为：“特意”比“特地”晚见，直到清代才能见到确凿的例子。但我们认为“特意”在明晚期就已经出现。例如：楼上官人闻知娘子不方便，【特意】送此点心。（二刻拍案惊奇·卷14，转引自雷文治，2002：394）圃中诸瓜，独有一颗结得极大，块垒如半，老圃【特意】留着。（同上·卷28）

六、“特”类副词小结

通过以上分析，我们可以看出“特”类情状方式副词也是一个内部不断发展、竞争、变化的系统。“$特_2$”自西汉时期产生，一直到唐五代时期，一直是“特”类副词语法功能的主要承担者。自从晚唐五代时期“特地”产生后，打破了“$特_2$”一枝独秀的局面。晚唐到明是“特地”迅速发展时期，但进入明后期，“特地”开始衰落，于是明晚期又相继出现了“特特”“特为”等副词。但这两个副词一直未真正发展起来，在现代汉语中已经基本消失了。真正与“特地”形成后继关系的是“特意”，目前在现代汉语中较为活跃。

如果单纯地看上表，我们可以得出与太田辰夫（1958）相类似的观点，即“特地”在“现代汉语中已经不用了，但近古用的很多”①。其实，我们再将考察的范围扩大一些，就可以得出不一样的结论。见下表：

单位：例

	王 120万字	$余_1$ 60万字	$余_2$ 80万字	汪 25万字	路 110万字	总计
特地	1	12	0	4	1	18
特意	4	3	2	5	5	19

注：以上语料分别是《王朔合集》《余秋雨文集》《余华文集》《汪曾祺全集》《路遥文集》

通过上表我们可以看出，“特意”与“特地”是后继关系；但是，通过上表我们可以得出，“特地”并没有前仆、消失。“特地”与“特意”一样，一直活跃在现代汉语中，共同取代了“$特_2$”。

第二节　“亲”类副词的历时嬗变

“亲”类副词主要包括“亲”“亲自”“亲身”“亲口”“亲手”“亲眼”等6个。

①太田辰夫. 中国语历史文法（修订译本）[M]. 蒋绍愚，徐昌华，译. 北京：北京大学出版社，2003：269-270.

一、副词“亲”

“亲”是“亲”类副词中最早产生也是最为重要的一个，是其根词。《说文解字》：“亲，至也。从见，亲声。”段注：“《至部》曰：‘到者，至也。’到其地曰至，情意恳到曰至。”又：“亲，父母者，情之最至者也，故谓之亲。”关于“亲”的虚化过程，葛佳才（2005）研究指出：

“亲”是“情之最至者”，而事必躬亲方显“情意恳到”，准此以论，“亲”也就用于强调行为动作由动作者自己直接发出，相当于“亲身，亲自”了。①

先秦即有用例，主要修饰动词性谓语。例如：

①文定厥祥，【亲】迎于渭。（《诗经·大雅·大明》）

②武王【亲】释其缚。（《左传·僖公六年》）

后这种用法一直沿用至今。只是随着副词双音化的趋势，“亲”受到了“亲自”等双音副词竞争，用例逐渐减少。在《红》和《儿》中分别出现了28例和11例，而在老舍时代的《正》中没有用例，发展到王朔时代，我们抽检了《编辑部的故事》《痴人》《动物凶猛》3部小说，也都未见到用例。

二、副词“亲自”

“亲”是伴随着“亲自”的出现而逐渐走低的。关于“亲自”的构成方式，存在以下两种意见：

一种是以王云路（2001）为代表。她认为“亲自”是由副词“亲”（亲自）+词缀“自”组合而成。她不仅认为“亲自”如此，还认为：“口自”“身自”“手自”等几组词作副词，都表示“亲自”的意思，为后附加式复音词。②

另一派是以蒋冀骋、吴福祥（1997）、陈鸿儒（2008）等为代表。他们认为：“口自”“躬自”“亲自”“身自”“手自”5个词都表示亲自的意思，但这5个词中的“自”是“亲自”义而不是词缀，5个词是并列式复合词而不是后附加式复音词。③《古虚》《虚词历时词典》也都持此意见。

---

①葛佳才. 东汉副词系统研究[M]. 长沙：岳麓书社，2005：103.

②王云路. 从《唐五代语言词典》看附加式构词法在中近古汉语中的地位[J]. 古汉语研究，2001(2)：70-75.

③陈鸿儒. 口自、躬自、亲自、身自、手自诸词的构成[J]. 学术研究，2008（5）：156-157.

对于以上两种意见，我们该如何取舍？

对此，我们可以参考前文中对“将要”“将欲”成词过程的考察意见，就不难得出结论。

如果第一种意见成立，那么就说明在“亲”与词缀“自”结合以前，不存在副词“亲自”。但事实却恰恰相反，词缀“自”在六朝时形成，而副词“亲自”却早在先秦时就已经使用，如：

①禹【亲自】操橐耜而九杂天下之川。（《庄子·天下》）

②越王【亲自】鼓其士而进之。（《墨子·兼爱中》）

③庄王【亲自】手旌，左右挥军退舍七里。（《公羊传·宣公十二年》）

而且此时，“自”显然不是词缀，这一时期也不乏“自”作副词的例子。例如：

①不【自】为政，卒劳百姓。（《诗经·小雅·节南山》）

②处半年，乃【自】听政。（《韩非子·喻老》）

③坐定，公子从车骑，虚左，【自】迎夷门侯生。（《史记·魏公子列传》）

由上，我们可以得出“亲自”是由副词“亲”和“自”并列复合而成，即

“亲”（副词）↘
　　　　　　　“亲自”（副词）
“自”（副词）↗

那么，第一种意见是否就毫无道理呢？是否存在这样一种情况，即到了六朝时期，“~自”出现后，会反过来影响“亲自”，使“亲自”中的“自”出现词缀化的倾向，即存在下图的情况：

“亲自”（先秦　副词+副词）——→“亲自”（六朝　副词+词缀）

我们认为，理论上是有这种可能的，但由于“亲自”这个副词的特殊性，当人们使用时，受到“亲”的感染、渗透、同化、辐射，很容易将词缀“~自”在认知心理上还原成其虚化前的副词“自”。因此，我们认为，“亲自”不可能像“只自”“徒自”等，真正成为后附加式复音词。

由上我们也可以看出，“亲”“亲自”从先秦时期就已经开始竞争（具体过程见下表）。

后发展到曹雪芹时代，“亲自”在《红》中出现了64例，全部用于修饰

动词性谓语。

其中，修饰单纯动词的有 8 例，占总用例的 12. 5%。例如：

太太打发人来告诉二爷，明儿一早往舅舅那里去，就说太太身上不大好，不得【亲自】来。（《红》52 回）

修饰动宾短语的有 13 例，约占总用例的 20. 3%。例如：

连夜打点大毛衣服，和平儿【亲自】检点包裹，再细细追想所需何物，一并包藏交付昭儿。（《红》14 回）

修饰动补短语的有 19 例，约占总用例的 29. 7%。例如：

当真的这样，就是我的福了。晚上我【亲自】送过来。（《红》32 回）

修饰连动短语 5 例，约占总用例的 7. 8%。例如：

若吃好了，我另外预备好谢礼，叫他【亲自】捧来送去磕头。（《红》57 回）

修饰状中短语的有 6 例，约占总用例的 9. 4%。例如：

又向宝玉道："不但我听得真切，我还【亲自】偷着看去的。"（《红》78 回）

修饰"助动词+动词性谓语"结构的有 11 例，约占总用例的 17. 2%。例如：

况且冯紫英又即刻回家【亲自】去求他，务必叫他来瞧瞧。（《红》10 回）

此外，还有 2 例修饰兼语短语的例子，约占总用例的 3. 1%。例如：

①贾母听了，笑道："你不会，等我【亲自】让他去。"（《红》44 回）

②二则老爷【亲自】吩咐我请太太的，这会子我打发了人去，倘或知道了，正没好气呢，指着这个拿我出气罢。（《红》47 回）

后发展到文康时代，用例略有降低，《儿》中有 49 例，全部用于修饰动词性谓语，语法功能未发生大的变化，但在一些细节上发生了变化。

修饰单纯动词的有 4 例，约占总数的 8. 2%。例如：

他说家里的事情摘不开，不得来，请你老【亲自】去，今儿就在他家住，他在家老等。（《儿》5 回）

修饰动宾短语用例的比例有所上升，共 18 例，约占总用例的 36. 7%。例如：

安老爷又【亲自】送茶，依然是"宪台长、大人短"。（《儿》39 回）

修饰动补短语的比例大幅下降，共 7 例，约占总用例的 14. 3%。例如：

忙忙的换了褂子，弄了一壶茶，跟了个衙役，【亲自】送来，让家丁们

喝，也为趁便探听探听消息。（《儿》13回）

在《红》中，修饰“动量”动补短语的例子有4例，约占《红》动补短语总用例的21.1%。而在《儿》中却1例也未出现。

同时，修饰“助动词+动词性谓语”结构也大幅下降，相比《红》的11例，《儿》中只出现了1例，约占动词性谓语总用例的2.0%。例如：

逼着太太收拾出来，还要亲自作一番交代，因此才【亲自】去拿。（《儿》34回）

修饰动词性并列短语的有1例，约占总用例的2.0%。例如：

幸是那老年的东西还实在，那布带子还是当日太太【亲自】缠的缝的，依然完好。（《儿》34回）

修饰连动短语的有9例，约占总用例的18.4%。例如：

这大半年的工夫，公子是除了诵读之外，每月三六九日的文课，每日一首试帖诗，都是安老爷【亲自】命题批阅。（《儿》33回）

修饰兼语短语的有1例，约占总用例的2.0%。例如：

你这人怎的这等欠雅！对着美人，赏此名花，若无旨酒，岂不辜负这良辰美景？等我【亲自】叫他们开酒去。（《儿》30回）

修饰状中短语的有8例，约占总用例的16.3%。其中有1例由介词“把”引导。例如：

装束已毕，程师爷、张老又【亲自】把考具行李替他检点一过，门户自有看房子的家人照料，大家催齐车马，便都跟着公子径奔举场东门而来。（《儿》34回）

发展到老舍时代，“亲自”的用例进一步减少，在《正》中出现了10例，相对于《红》《儿》，比例大体不差，但在160万字的《老》中，仅出现了49例，语法功能未发生变化。

发展到王朔时代，“亲自”的用例更少，共27例。我们认为“亲自”不断减少的原因在于“亲”类副词的发展，不断产生与“亲自”竞争的新副词。

三、副词“亲身”

“亲”类副词大约发展到元代，产生了副词“亲身”。“身”在上古就有“亲自”义。例如：

①疾甚者，以告上，【身】问之。（《管子·入国》）

②（宋义）遣其子襄相齐，【身】送之至无盐，饮酒高会。（《汉书·项籍传》）

因而，“亲身”由副词“亲”和“身”同义复合而成。较早的例子见于金元时期。例如：

①【亲身】与斟酥醑，却争敢离一步。（刘知远《诸宫调》，转引自雷文治 2002：359）

②孩儿告着爹爹，待【亲身】去寻咱娘娘，探问消息。（《新编五代汉史平话卷上》）

③今也波日，我【亲身】到那里，看那厮有备应无备。（元·关汉卿《望江亭》）

后发展到曹雪芹时代，在《红》中“亲身”出现了 10 例，主要用于修饰动词性谓语，共有 9 例，占总数的 90.0%。

其中，修饰单纯动词的有 1 例，约占动词性谓语总用例的 11.1%。例如：

再想自己【亲身】带的，倒比买的又好些。于是又问炉炭。（《红》43 回）

修饰动补短语的最多，有 7 例，约占动词性谓语总用例的 77.8%。例如：

刚要把荷包【亲身】送过去，只见两个丫鬟倒了茶来。（《红》64 回）

修饰连动短语的有 1 例，约占动词性谓语总用例的 11.1%。例如：

王夫人没法，只得【亲身】过来请问贾母。（《红》77 回）

此外，还有 1 例修饰名词性谓语偏正短语，占总用例的 10.0%。例如：

贾琏笑道：“也不用金帛之礼，须是柳兄【亲身】自有之物，不论物之贵贱，不过我带去取信耳。”（《红》66 回）

后发展到文康时代，“亲身”在《儿》也出现了 10 例。没有出现修饰名词性谓语的例子，全部修饰动词性谓语。而且动词性谓语内部发生了些细微的变化。

修饰动补短语不再占最高比例，只有 1 例。例如：

如今见老爷不但帮他银子，还要【亲身】送去，只气得他也顾不得甚么叫作规矩……（《儿》39 回）

取而代之的是修饰连动短语，有 3 例，占修饰动词性谓语总用例的 30.0%。例如：

愚兄本当【亲身】造府贺喜，因但有小事，难以分身，望其原谅。（《儿》38 回）

还出现了1例修饰“助动词+动词性谓语”结构的例子，占修饰动词性谓语总用例的10.0%：

公子见老爷【亲身】取去这件东西，一定因师傅方才的话，有件甚么珍重器皿奖赏。(《儿》34回)

此外，还分别出现了修饰兼语短语、双宾结构和由介词“把”引导的状中短语的例子。例如：

①要得千妥万当，还自有我【亲身】送了你们去。(《儿》10回)

②我这弹弓是此地十三妹的东西，因我这孩子前番在路上遇了歹人，承这十三妹救了性命，赠给盘缠，又把这张弹弓借与他护送上路，我父子受他这等的好处，故此特地来【亲身】送还他这张弹弓。(《儿》14回)

③你只叫个打杂儿的跟着，我要【亲身】把这银子送给那位谈大人去。(《儿》39回)

后发展到老舍时代，“亲身”的用例开始减少，《正》中未出现用例，《老》中也只有5例，全部修饰动词性谓语。例如：

正是在这个时节，人们才盼着有些足以解闷的新闻，足以念两三遍而不厌烦的新闻，足以读完报而可以【亲身】去看到的新闻，天是这么长而晴爽啊！(老舍《骆驼祥子》)

而发展到王朔时代，“亲身”的用例与老舍时代相比，基本上保持着稳中有降的趋势，在《王》中仅出现了2例，但却出现了1例“亲身”作形容词的用例。例如：

对，就讲你和安德蕾小姐悬殊浪漫故事吧，这可都是你【亲身】经历吧？(王朔《许爷》)

相比下例，可以看出其语法功能的突破。例如：

宋道长督率州县，事事皆【亲身】经历，案牍如山，昼夜劳苦，通不得闲。(《金瓶梅词话》65回)

四、其他“亲”类副词

“亲”类副词在发展过程中，还出现了精密化的趋势。所谓“精密化”，即人们在语言的表达和交际过程中，已经不满足那种概括、混沌指代的现象，而要求更加具体、可指。表现在“亲”类副词中，即人们所渴望知道的信息，已不再仅仅是某个人亲自、亲身（整个躯体）去做什么，而且要具体到是用到身体的哪个部位，于是便产生了“亲口”“亲手”“亲眼”等副词。其实，从逻辑的角度来考察，“亲口”“亲手”“亲眼”与“亲”“亲自”“亲身”是不在同一个层次上的，它们应该属于后者的下类。如下图所示：

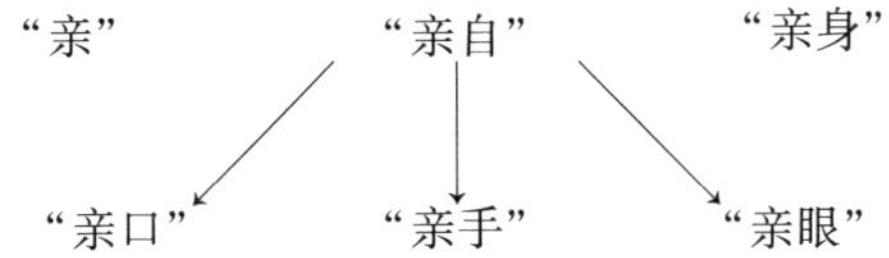

在我们的考证中，“亲口”最早见于唐代。例如：

神仙【亲口】留斯旨，何用区区向外寻。（唐·吕岩《七言》）

发展到清代，“亲口”的用例也不是很多，在《红》中仅出现1例，用于修饰动词性谓语：

你们一般听见，姨娘【亲口】嘱托我三五回，说大奶奶如今又不得闲儿，别的姑娘又小，托我照看照看。（《红》56回）

发展到《儿》时代，也仅见2例，分别修饰动词“嘱咐”和“吩咐”。

发展到老舍时代，《正》中未见用例，《老》中也仅见1例，用于修饰“助动词+动词性谓语”结构：

即使退一步讲，文字有它的用处，它也不能比得上【亲口】去对老百姓讲，亲身作给同胞们看。（老舍《蜕》）

发展到王朔时代“亲口”的发展略有起色，《王》中共有5例，语法功能未发生变化，全部修饰动词性谓语。

“亲手”也是在唐代产生的。例如：

会使老拳供口腹，莫辞【亲手】啖腥臊。（唐·章孝标《鹰》）

“亲”类副词发展到晚唐五代时期，又产生了“亲眼”一词。例如：

一一君【亲眼】见来，由不悟无常抛暗号。（《敦煌变文集·角座文汇抄》）

但是，“亲手”和“亲眼”在清代用例都不是很多。“亲手”在《红》中没有用例，在《儿》中也仅有2例，但却出现了儿化音的使用情况，全部用于修饰动词性谓语：

①及至交代，姐姐可是【亲手】儿交给他的。（《儿》40回）

②所以才【亲手】儿作了两双鞋，二位奶奶穿着，就算踹着奴才呢，也省得奴才自己折了福去。（《儿》69回）

发展到老舍时代，“亲手”的用例却开始增多，在《正》中仅出现1例。如下：

变法的潮浪过去了，他把大松辫梳成小紧辫，摹仿着库兵，横眉立目地满街走，倒仿佛那些维新派是他【亲手】消灭了的。（《正》3 回）

但是“亲手”的用例在《老》中有 5 例，而且语法功能上也有所突破，出现了 1 例修饰由介词“把”引导的状中短语的例子：

我【亲手】把她养大，就和我亲生的一样。（老舍《鼓书艺人》）

发展到王朔时代，继续保持着稳中有升的趋势，出现了 10 例，全部用于修饰动词性谓语。

“亲眼”的发展历程与“亲手”相类似，在此不再赘述。

我们将“亲”类副词的发展历程列表如下：

	敦	朱	平	金	红	儿	正	老	王	总计
亲	100 余	492	43	26	28	11	0	1	0	701 余
亲自	14	3	1	33	64	49	10	49	27	250
亲身	0	0	1	1	10	10	0	5	4	31
亲口	0	0	0	4	1	2	0	1	5	13
亲手	0	0	1	15	0	2	1	5	11	35
亲眼	1	0	0	4	1	2	0	16	13	37

注：以上语料分别来自《敦煌变文集》《朱子语类》《新编五代史平话》《金瓶梅词话》《红楼梦》《儿女英雄传》《正红旗下》《老舍合集》《王朔合集》。关于“亲”的统计数据，《老》抽检了《骆驼祥子》《二马》两部作品；《王》抽检了《编辑部的故事》《痴人》《动物凶猛》3 部小说。《朱子语类》的数据来自唐贤清（2003：58）

五、“亲”类副词小结

通过上表我们可以看出，在“亲”类副词中，“亲”主要受到“亲自”的竞争。在明代以前，“亲”是占绝对优势的；到了明代中期，“亲自”就已略占优势；发展到清代，“亲自”用例已大大超越了“亲”；而到了老舍时代进入现代汉语之后，不仅“亲自”占据了“亲”类副词的绝对优势，成为“亲”类副词语法功能的主要承担者，而且“亲”的用例甚至较为罕见。这也充分体现了副词双音化的优势。

“亲”类副词在发展过程中出现了精密化的发展趋势，自唐之后，先后产生了“亲口”“亲手”“亲眼”等副词。它们的发展也同副词“亲”产生了竞争，但同“亲自”相比却处于次要地位，究其原因是“精密化”导致了其适用范围的狭小，如“亲口”搭配的一般后接“嘱咐”“吩咐”“说”“讲”之类的动词；“亲眼”搭配的一般后接“看”“看见”之类的动词。

“亲身”自元代产生后，用例一直不很多。其原因在于它的语法功能与“亲自”相重合，如在《现汉》（第5版）中作如下解释：

【亲身】副亲自。

因而，它始终受到早出现的副词“亲自”的竞争和排挤，发展到现代汉语阶段，“亲身”在专书已经较为罕见，在《路遥文集》《汪曾祺全集》《余华文集》中均未见到用例。但它并未完全消失，而是退化为一般只与“经历”等亲身实践、感悟性质的词语直接或间接搭配，如在《余秋雨文集》中出现的2例全是如此，如下：

①与许多老人的回忆一样，其中真正有价值的是【亲身】经历的部分，后面很多道听途说的内容就难免以讹传讹、笑话频频了。（余秋雨《借我一生》）

②这是一本日记，记录了我【亲身】越野数万公里考察人类各大文明遗迹的经历。（余秋雨《千年一叹》）

我们通过对北京大学CCL语料库的检索，证实了我们的结论。在CCL中，“亲身”和“亲自”分别出现了1700和13000余例，其中“亲身”主要和“经历”“体验”“感受”等亲身实践、感悟性质词语搭配，见下表：

单位：例

搭配 / 副词	经历	感受	体验	体会	参加	参与	实践	领略	总计	占总用例比例
亲身（1700余例）	720	292	231	111	45	43	27	17	1486	87.4%
亲自（13000余例）	28	12	35	5	200	92	14	1	387	3.0%

其中，“亲身”与“经历”“感受”“体验”等3个词的搭配约占总数的73.1%，与“经历”一个词的搭配高达42.4%；反观“亲自”的比例则很低，几乎可以忽略不计。

我们认为，正因为“亲自”一般不与“经历”“体验”“感受”等亲身实践、感悟性质词语搭配，所以才使得“亲身”在现代汉语中与“亲自”在一定程度上得以互补存在。

同时，“亲身”的语法功能也发生了细微的变化。“亲身”不再像原来一样，经常处在“亲身+动词性谓语”的小句中。例如：

①想叔叔无儿无女，必须【亲身】去走一遭。(《水浒传》52回)

②王夫人【亲身】守着，不许别个人进来。(《红》25回)

③再讲到咱们旗人的老规矩，我听婆婆说起来，甚至还有不用媒人，【亲身】拿柄如意跪门求亲的呢。(《儿》26回)

而更多的是出现在“（亲身+V+的）+NP”或“亲身+名词化了的动词”的结构中，如在《余秋雨文集》中的第一例中，“经历”已经名词化了。由此，“亲身”也不再是单纯的副词，而具有了形容词的意味。正因如此，《现汉》(第7版) 对“亲身”修订如下：

【亲身】形属性词。自己直接的（经验、感受等）：这是我～的体会/～经历了这一考验。

第三节　“空”类副词的历时嬗变[①]

“空”类副词主要包括“空”“空自”“平空”“凭空”“凭空里”等5个副词。其中，“空”是“空”类副词的根词，是其语法意义的主要承担者。

一、副词“空”

《说文解字》：“空，窍也，从穴，工声。”段注：“今俗语所谓孔也。”张舜徽《说文解字约注》：“窍空二篆互训。空与窍亦双声也。空之本义为空穴。”由此本义，很容易引申出“白白地、徒然、劳而无功”义。葛佳才（2005：97）还概括其虚化链条为：本义→缺少具体事物→概括为缺少，空→缺少依据、道理等抽象事物→无效益或无代价。

据向熹（1993）研究：“空，汉代已用作情态副词，相当于‘徒然’、‘白白地’。”[②] 但据我们研究，在《战国策》中已见到其有确切的例子。例如：

①若太后之神灵，明知死者之无知矣，何为【空】以生所爱，葬于无知

①此节的部分内容曾以论文形式发表，参见刘冬青. 北京话徒劳类语气副词的历时嬗变（1750—1950）[J]. 合肥学院学报：社会科学版，2010（5）：52-57.

②向熹. 简明汉语史（下）[M]. 北京：高等教育出版社，1993：272.

之死人哉？（《战国策·秦策二》，转引自葛佳才，2005：89）

②春平侯者，赵王之所甚爱也，而郎中甚妒之……今君留之，是【空】绝赵，而郎中之计中也。（《战国策·赵四》）

后这种用法一直沿用至今。

据香坂顺一（1992）研究："'空'一般都修饰动词'有'……'空有'表示白白地具有，没有用上。修饰其他动词则用'空自'。"①

据我们查证，《水浒传》中"空"共出现了16例，全部用于修饰动词性谓语。

其中，修饰动词"有"的共5例，约占总数的31.3%。例如：

我们弟兄三个【空】有一身本事，怎地学得他们。（《水浒传》15回）

此外，"空"可以修饰动词"走""去"等动词，也可以修饰兼语短语（2例）和由介词"把""被"引导的状中短语（2例）。例如：

①那晁盖却【空】教刘唐来走这一遭，早是没做公的看见，争些儿露出事来。（《水浒传》21回）

②辽人不识坚贞节，【空】把黄金事馈遗。（《水浒传》85回）

③今日宋朝奸臣们闭塞贤路，有金帛投于门下者，便得高官重用，无贿赂投于门下者，总有大功于国，【空】被沉埋，不得升赏。（《水浒传》85回）

发展到曹雪芹时代，"空"的使用保持着稳中有降的趋势，但变化基本不大。在《红》中出现了15例，语法功能的总体格局也未发生大的变化，但是所占比例有升有降，变化较大，分析如下：

修饰动词性谓语仍然是其主要语法功能，共有14例，约占总用例的93.3%。其中修饰单纯动词的有3例，占动词性谓语总用例的21.4%。例如：

却说贾政出门去后，外面诸事不能多记。单表宝玉每日在园中任意纵性的逛荡，真把光阴虚度，岁月【空】添。（《红》37回）

修饰动宾短语的有7例，占动词性谓语总用例的50.0%。例如：

【空】挂纤纤缕，徒垂络络丝，也难绾系也难羁，一任东西南北各分离。（《红》70回）

修饰动补短语的有2例，约占动词性谓语总用例的14.3%。例如：

司棋等人【空】兴头了一阵。（《红》62回）

---

①香坂顺一. 水浒词汇研究·虚词部分[M]. 植田均译. 北京：文津出版社，1992：181.

修饰动词性并列短语的有 1 例，约占动词性谓语总用例的 7.1%。例如：

风流灵巧招人怨。寿夭多因毁谤生，多情公子【空】牵念。（《红》5 回）

修饰状中短语的有 1 例，约占动词性谓语总用例的 7.1%。例如：

惯养娇生笑你痴，菱花【空】对雪澌澌。好防佳节元宵后，便是烟消火灭时。（《红》1 回）

《红》中未见修饰由介词“把”“被”引导的状中短语的例子。而且，“空有”的例子和比例都有所减少，仅出现了 2 例，约占总用例的 13.3%。

此外，修饰兼语短语的仅有 1 例，约占总用例的 6.7%。例如：

岂是绣绒残吐？卷起半帘香雾，纤手自拈来，【空】使鹃啼燕妒。（《红》70 回）

由于副词双音化的发展，发展到《儿》时代，“空”的用例成倍减少，《儿》中仅出现了 8 例，几乎缩减了 50.0%。而且，其语法功能进一步退化，全部用于修饰动词性谓语。其中，修饰动宾和动补短语平分秋色，各占 4 例。

动宾短语中，“空+有+O”结构的例子，进一步减少，仅有 1 例，占动词性谓语总用例的 12.5%。例如：

第二件，他【空】有那么个模样儿身段儿，我只说他那肉皮儿太黑翠儿似的，可怎么配得上我那个白小子呢？（《儿》40 回）

修饰动补短语主要是修饰动量补语，有 3 例，占修饰动词性谓语总用例的 37.5%。例如：

安二老爷差人接我来了，你们可看着些，莫要错过去，叫他们【空】跑一荡。（《儿》20 回）

发展到老舍时代，“空”的用例却有所回升，在 7 万余字的《正》中虽然仅有 1 例，但这唯一的一例却是与动词“有”搭配，体现了“空有”一词的生命力。如下：

我二姐是个忠厚老实的姑娘，【空】有一片好心，而没有克服困难的办法。（《正》1 回）

但是在我们抽查的《骆驼祥子》中，“空”出现了 9 例，全部用于修饰动词性谓语，其中“空有”的数量也有所回升，共有 4 例，约占总数的 44.4%。例如：

他想不起哭，他想不起笑，他的大手大脚在这小而暖的屋中活动着，像小木笼里一只大兔子，眼睛红红地看着外边，看着里边，【空】有能飞跑的

腿，跑不出去！（老舍《骆驼祥子》）

我们认为以上情况的出现，并不能说明“空”用例的发展趋势发生了逆转，这只是个人写作习惯所致。因为，我们在对《王》的考察中，抽查了《编辑部的故事》《痴人》《动物凶猛》《浮出海面》4 部作品，但均未见到“空”的用例。

二、副词“空自”

在“空”类副词的发展过程中，最早产生的双音副词应该是“空自”。它是由副词“空”加词尾“自”附加而成的。就笔者所见，副词“空自”至迟见于南北朝时期。例如：

①樽酒谁为满，灵衣【空自】披。（南朝·梁·何逊《哭吴兴柳恽》，转引自《汉大》）

②华树曜北林，芬芳【空自】宣。（南朝·梁·江淹《效阮公诗》）

后发展到唐代渐趋成熟。例如：

①阁中帝子今何在？槛外长江【空自】流。（王勃《滕王阁诗》）

②十室几人在，千山【空自】多。（杜甫《征夫》）

再如：

①温公与范忠文，胡安定与阮逸李照等议乐，【空自】争辩。看得来，都未是，元不曾去看通典。据通典中所说皆是，又且分晓。（《朱子语类》卷92《乐》，转引自唐贤清，2003：62）

②他又和孩儿没人情，【空自】求他，不如出官，免得受这厮腌臜气。（《水浒传》36 回）

③世间万事皆前定，莫笑浮生【空自】忙。（《金瓶梅词话》88 回）

发展到清代，“空自”的用例逐渐减少，《儒林外史》中仅现 1 例。例如：

不瞒长兄说，我自幼【空自】学了一身武艺，遭天伦之惨，奔波辛苦，数十余年。（《儒林外史》39 回）

《歧路灯》中没有用例，《红》中也仅见 1 例，用于修饰动宾短语。如下：

一代倾城逐浪花，吴宫【空自】忆儿家。（《红》64 回）

到了文康时代，《品花宝鉴》和《儿》中均未见到用例，虽“空自”并未消失，但已非常罕见。晚清四大谴责小说中，也只有《二十年目睹之怪现状》中出现了2例。如下：

①一般清绝，偎花立，【空自】暗伤离别。（《二十年目睹之怪现状》40回）

②到了停止之后，那一班发官迷的，一时捐不及，后来【空自】懊悔，倘遇了我这个，他还求之不得呢。（《二十年目睹之怪现状》50回）

发展到老舍时代，“空自”基本消失了，《正》和《老》中均未见用例，王朔时代更未见用例。

三、其他“空”类副词

双音化的趋势不会因“空自”的减少和消失而发生逆转，并且产生了新的双音节副词“凭空”和“平空”。

副词“凭空”的虚化来自动宾短语“凭空”。例如：

帝以为婚家相为，大怒曰：“卿言如此，是忠臣邪！”乃辇归内殿。约惧，不觉高祖起，犹坐如初。及还，未至床，而【凭空】顿于户下。（《梁书》卷13）

显然，此例中“凭空”义为未“凭借到东西”而“顿于户下”，为动宾用法，“凭空顿于户下”则为连动结构，为其虚化打下了结构基础。

后发展到宋代，“凭空”有如下用例：

时人谚曰：“【凭空】虚跃，曹家白鹤。”（《太平御览》卷897）

此时，虽然仍是动宾短语用法，但我们也可以将此句解释为“凭空”和“虚”共同修饰“跃”。这说明“凭空”已经处在虚化的途中。

后发展到明代，“凭空”已经处在虚化的后半程了。例如：

①今我每自得了这宝镜，动不动上千上万，不消经求，【凭空】飞到，梦里也是不打点的。（《二刻拍案惊奇》卷36）

②龙吉公主看看赶上，祭起捆龙索，命黄巾力士：“将洪锦速拿往西岐去！”黄巾力士领娘娘法旨，【凭空】把洪锦拎去，拿往西岐，至相府，往阶下一摔。（《封神演义》66回）

③媒人寻到那里……说他没天理，【凭空】毁人亲事。（《醒世姻缘传》46回）

④撞见番子手，可也要失主认赃，没的【凭空】就当贼拿么？（《醒世姻缘传》67回）

以上用例中，第①例“凭空”已经虚化得差不多了，可以解释为“白白地”；第②例则可以解释为“无缘无故”；而发展到明末清初的《醒世姻缘传》中的例子，“凭空”已经彻底完成了虚化，都是“无缘无故、无来由”之义，表达了一种徒然、无据的语法意义。由此我们可以简单描绘出“凭空”的虚化过程：

“凭空”（动宾短语，“空”为实义名词）→“凭空”（动宾短语，但是“空”开始抽象、泛化）→“凭空”（副词，“空”已经泛化、转移为理由之类）

“凭空”产生后，用例一直不多。《儒林外史》和《歧路灯》中分别出现了1例和2例。例如：

①去年走到我家，我不在家里，他冒认是我舅舅，骗饭吃；今年又【凭空】走来问我要银子！那有这样无情无理的事！（《儒林外史》24回）

②你怎的【凭空】有了这个想头？（《歧路灯》91回）

《红》中也仅出现了1例，修饰动宾短语：

至上本《孟子》，就有一半是夹生的，若【凭空】提一句，断不能接背的。（《红》73回）

发展到文康时代，“凭空”的用例和语法功能都未发生大的变化，《儿》中共出现了3例修饰动词性谓语的用例。例如：

不想晌午彼此有了那点痕迹，此时三个人心里才【凭空】添出许多事由儿来了。（《儿》31回）

但是，比《红》有所发展的是，《儿》中还产生了3例“凭空里”，同“凭空”一个意义和用法。例如：

按安老爷此时的光景，正应了“无官一身轻，有子万事足”的那两句俗语，再不想【凭空里】无端的岔出这等个大岔儿来。（《儿》40回）

但是，“凭空里”存在的时间很短，到清末就基本消失了，只在《老残游记》和《官场现形记》中分别出现了1例和5例。例如：

①他是有失单为凭的，我们是【凭空里】没有证据的。（《老残游记》5回）

②【凭空里】知县不做了，忽然想要高升，捐甚么知府，连引见走门子，又是二万多。（《官场现形记》5回）

现在，“凭空里”在现代汉语中已经消失。

发展到老舍时代，《老》中出现了3例“凭空”。较之前代有所发展的是，“凭空”可以与助词“的”结合，形成“凭空的”。例如：

他以为，自己尽到了作父亲的心，给她造机会，可是她不懂；几次了，都【凭空的】把有学位的人放过去，他不明白她到底是怎回事。（老舍《文博士》）

对于“平空”，《现汉》是作为异体字来处理的。例如：

【平空】见凭空。

【凭空】（平空）副，没有依据地：~捏造｜~想象。

虽然为异体字，但是两者产生的途径是不一样的，我们认为这是造词的偶合。“凭空”来自动宾短语，而“平空”来自形容词性并列短语，即为“平整、空白”义。例如：

三十六宫煨烬火，七十二苑作飞灰。金殿【平空】，不见嵯峨气象；玉阶迸裂，全无锦绣花纹。（《水浒传》99回）

后经过“主观化”的过程，由此引申出“平白无故”和“空、虚、无理由”之义，并演变为副词。例如：

①【平空】留着他在屋里做什么？到明日，没的把咱们也扯下水去了！（《金瓶梅词话》86回）

②这等【平空】抄抢人家，我拿出街上来打人，所以儆众。（《醒世姻缘传》20回）

至此，“平空”完成了其从空间域向心理域的“投射（project）”。

由于此时的“凭空”也基本上虚化为副词，而且两者的读音、意义、功能一致，因而出现了混用的情况。例如：

①望下一丢，命黄巾力士：“将李靖拿进洞府来！”黄巾力士【平空】把李靖拿去，至白骨洞放下。（《封神演义》13回）

②龙吉公主看看赶上，祭起捆龙索，命黄巾力士：“将洪锦速拿往西岐去！”黄巾力士领娘娘法旨，【凭空】把洪锦拎去，拿往西岐，至相府，往阶下一摔。（《封神演义》66回）

以上两例都出自《封神演义》，且语法环境完全相同，两者混用。并且，产生了“平空里”的用法，而且要比“凭空里”出现得早。例如：

小尼姑，在庵中，手拍着桌儿怨命。【平空里】吊下个俊俏官人，坐谈有几句话，声口儿相应。（《醒世恒言》卷15）

“平空里”沿用到清代，有如下用例：

不料痴心傻意，只说大家横竖是在一处。不想【平空里】生出这一节话

来，有冤无处诉。（《红》77 回）

发展到曹雪芹时代，《红》中“平空”出现了 3 例，还多于“凭空”的 1 例，如下：

如今无故【平空】留下我，于你又无益，反叫我们骨肉分离，这件事，老太太、太太断不肯行的。（《红》19 回）

按词频统计的理论来看，“平空”似乎更应为正字。后在《儿》《正》中未见到“平空”的用例。

“凭空”和“平空”的词频统计见下表：

单位：例

	封	金	二	醒	红	儿	官	老	王	总计
凭空	1	0	1	5	1	3	17	3	4	35
平空	15	5	1	2	3	0	5	0	0	31

注：以上语料分别为《封神演义》《金瓶梅词话》《二刻拍案惊奇》《醒世姻缘传》《红楼梦》《儿女英雄传》《官场现形记》《老舍合集》《王朔合集》

同时，我们也将“空”和“空自”的使用情况列表如下：

单位：例

	朱	水	金	红	儿	老	王	总计
空	112	16	42	15	8	13	0	206
空自	2	3	4	1	0	0	0	10

注：以上语料分别为《朱子语类》《水浒传》《金瓶梅词话》《红楼梦》《儿女英雄传》《老舍合集》《王朔合集》。关于“空”的统计数据，《朱》来自唐贤清（2003：62）；《老》我们只统计了《骆驼祥子》和《二马》两部作品；《王》统计了《编辑部的故事》《痴人》《动物凶猛》《浮出海面》4 部作品

四、“空”类副词小结

“平空”虽然现在被视为“凭空”的异体字，但是两者产生的途径不同。通过上述词频统计表我们可以看出，在“凭空”和“平空”出现的初期，“平空”的用例要高于“凭空”，发展到明末清初时期，“凭空”才超越了“平空”，但仍然有反复，如《红》中的用例。即使到了清朝中晚期之后，“平空”的用例也是一直高于“凭空”的。因此，如果从词频统计的角度来看，在清朝以前，“平空”应为正字。也正因此，我们不建议将“凭空”和

“平空”看作异体字，在作词义解释时，应将两者的“结构义”体现出来。

将上述两表结合来看，在“空”类副词的双音化过程中，先后产生了“空自”“凭空”“平空”，但后来“空自”消失，“凭空”和“平空”的使用频率又显然不能承担起“空”类副词的主要语法功能。那么，在现代汉语中，到底哪个词或哪几个词来给“空”类副词“补位”呢？我们认为是“白”类副词，下节我们简要分析下“白”类副词。

第四节　“白”类副词的历时嬗变[①]

“白”类副词主要包括“白”“白白”“平白”这3个词，“白”是其根词，是其语法功能的主要承担者。

一、副词“白”

副词“白”由它的本义“白色”引申虚化而来，最早见于唐代。例如：

相看月未堕，【白】地断肝肠。（李白《越女词》转引自蒋冀骋、吴福祥，1997：457）

但上例中“白”还是带着“地”，纯粹的副词“白”在宋代出现。例如：

①盖其抛死牛马，已是下民之苦，更不支的价钱，令人户【白】纳。（宋·欧阳修《乞放行牛皮胶鳔》）

②鬻牒固非美事，犹有物以予之，今屡亩则【白】取矣。（宋·袁甫《蒙斋集》，转引自张谊生，2003a）

③第以当路之见憎，况复旁观之共谤，怨家【白】撰于其外，狱吏文致于其中。（宋·陈亮《谢陈同知启》，转引自董志翘、蔡镜浩，1994：14）

④人生天地间，都有许多道理。不是自家硬把与他，又不是自家凿开他肚肠，【白】放在里面。（《朱子语类》卷九《学三》，转引自唐贤清，2003：63）

这样，“在本身所具有的否定性义素的作用下，随着‘白’的语法化进程的发展，副词‘白’就从形容词中分化了出来”[②]。

---

①此节的部分内容曾以论文形式发表，参见刘冬青. 北京话徒劳类语气副词的历时嬗变（1750—1950）[J]. 合肥学院学报：社会科学版，2010（5）：52-57.

②张谊生. 近代汉语情态化副词“白”再议——兼论副词“白”的虚化方式和内部差异及联系[J].乐山师范学院学报，2003a，18（1）：1-10.

关于副词“白”的研究，尤其是以《红》《儿》两部语料为代表的“白”的研究，已经有很多人有了成果，如马思周（1981、1990）、钟兆华（1987）、郭良夫（1989）、胡增益（1989、1995）、张谊生（1999、2003a）等，在此不再赘述。

二、副词“白白”

副词“白白”由副词“白”重叠而来，在语气上得到了进一步加强。较早的例子见于元代。例如：

今日【白白】的吃他娘儿两个一场欺负，怎么还在人头上做人？（关汉卿《金线池》）

“白白”在明代得到了进一步发展。例如：

①任原道：“我两年到岱岳，夺了头筹，【白白】拿了若干利物，今年必用脱膊。”（《水浒传》74回）

②后因大户年老，打发出来，不要武大一文钱，【白白】与了他为妻这几年。（《金瓶梅词话》3回）

③设使久后，也只有今日这些家业，派到我的子女，所存几何，可不【白白】与他辛苦了一世？（《醒世恒言》卷27）

发展到清朝的曹雪芹时代，《红》中出现了5例“白白”，修饰动词性谓语是其主要语法功能，共有4例，占总数的80.0%。例如：

如今我又吃不着奶了，【白白】的养着这个祖宗作什么！快撵了出去，大家干净！（《红》8回）

此外，还有1例修饰句子形式，而且修饰的是复句形式，占总数的20%。例如：

【白白】的只管乱射，终无裨益，不但不能长进，而且坏了式样，必须立个罚约，赌个利物，大家才有勉力之心。（《红》75回）

发展到文康时代，“白白”的用例开始减少，在《儿》中仅出现1例，为修饰动宾短语：

你若不听我这良言，只怕你到了那里，莫讲取不得他的首级，就休想动他一根毫毛。这等的路远山遥，可不【白白】的吃一场辛苦？（《儿》18回）

发展到老舍时代，“白白”的用例又开始回升，虽然在《正》中未见到用例，但是在《老》中却出现了29例，全部为修饰动词性谓语。例如：

①一想起来，他心中就觉得发堵，不由得想到，要强又怎样呢，这个世界并不因为自己要强而公道一些，凭着什么把他的车【白白】抢去呢？（老舍《骆驼祥子》）

②走！快走！别【白白】牺牲了我们的没受过训练的壮丁！（老舍《火葬》）

其中，还出现了1例修饰兼语短语的例子，约占总数的3.4%。例如：

你想我能【白白】教你走了不能？（老舍《残雾》）

此后，这种用法在现代汉语中一直沿用。例如：

①自己瞎折腾，把你这么个好人【白白】赶上山了。（王朔《过把瘾就死》）

②谁家的女儿能像他的兰花一样，【白白】扔给了二流子！（《路遥文集·平凡的世界》）

三、副词“平白”

我们认为“平白”的虚化过程与“平空”类似，都经历了一个主观化、语法化的过程。研究“平白”的论述见于蒋冀骋、吴福祥（1997）：

“平白”……已见于宋代文献：

星移斗转近三鼓，怎显得官家分福，没云雾【平白】下雨。（《刘知远·诸宫调》第二）①

后“平白”在明代得到了进一步的发展。例如：

①祝家庄那厮，好生无礼，【平白】欺负俺山寨，因此行兵报仇。须与你扈家无冤。（《水浒传》50回）

②月娘道：“也没见你，他前边使了丫头要饼，你好好打发与他去便了，【平白】又骂他怎的！”（《金瓶梅词话》11回）

③秦继楼说：“你主人家怕钱压的手慌么？一万多银子都【平白】地干给了人，是风是气哩？”（《醒世姻缘传》34回）

到了清代的《红》中，“平白”的用例仅出现了2例，全部为修饰动词性谓语。例如：

①贾芸道：“告诉不得你，【平白】的又讨了个没趣儿。”（《红》24回）

②又向紫鹃道：“你这孩子素日最是个伶俐聪敏的，你又知道他有个呆

①蒋冀骋，吴福祥. 近代汉语纲要[M]. 长沙：湖南教育出版社，1997：458.

根子，【平白】的哄他作什么？”（《红》57 回）

发展到文康时代，“平白”的用例仍不多见，只有 3 例，语法功能也未发生变化，全部为修饰动词性谓语。例如：

不但人家那番恩义不可辜负，就是【平白】的见了你这样一个人，这门亲，我也愿意作。（《儿》12 回）

发展到老舍时代，“平白”的用例进一步萎缩，不仅《正》中未出现用例，即使在 160 万字的《老》中也仅仅出现了 1 例。如下：

小山何不花三百元买进，而五百元卖出，【平白】赚二百元钱……（老舍《老张的哲学》）

此时，“平白”开始与“无故”结合，组成固定短语“平白无故”，在《老》中出现了 1 例。如下：

秀莲【平白无故】地又想哭了。（老舍《鼓书艺人》）

发展到王朔时代，“平白”的用例更为罕见，在《王》中未见到用例。而“平白无故”的用例却趋于上升，在《王》中出现了 2 例。如下：

①为什么不送我？你要没出卖给他什么，他为何【平白无故】送你这个——你就从实招来吧！（王朔《编辑部的故事》）

②现在可好，才这么小就【平白无故】让你给玷污了，也亏你好意思！（王朔《无人喝彩》）

在现代汉语中，“平白”的用例非常罕见，《汪曾祺全集》《余秋雨文集》《余华文集》中均未见到用例，即使出现，也是与“无故”搭配出现，“平白无故”基本上实现了对“平白”的替换，如在《路遥文集》中共出现的 4 例全是“平白无故”的用例。例如：

①你可千万不敢动手。咱们没什么理由打顾养民。要是【平白无故】打了，到时咱们没个说法的……（《平凡的世界》）

②但是，他总不能一时三刻就【平白无故】把工作甩下不管吧？于是，他就想到了自己的高血压。（《平凡的世界》）

在语言发展趋于经济、节俭的今天，为何会出现四音节的“平白无故”替换双音节的“平白”的反例？我们认为这是受语言交际的影响。“平白”与“无故”联合使用，更加突出、强调了动作发出者的无奈、冤枉、无缘无故等感情，有加强语气的作用。因而，“平白无故”相对于“平白”来讲，语法意义已经发生了一些细微的变化，已经趋向于语气副词。

关于“白”类副词的使用情况，列表如下：

单位：例

	朱	水	金	醒	红	儿	老	王
白	11	2	1	0	93	58	27	11
白白	0	7	5	24	5	1	29	11
平白	5	2	107	8	2	3	1	0

注：以上语料分别为《朱子语类》《水浒传》《金瓶梅词话》《醒世姻缘传》《红楼梦》《儿女英雄传》《老舍合集》《王朔合集》。关于《朱》（《朱子语类》）中的各项统计数据，来自唐贤清（2003：63）。关于“白”的数据，《水浒传》《金瓶梅词话》《醒世姻缘传》中，各取每部作品的前10回；《老》中只考察了《骆驼祥子》；《王》中只考察了《玩的就是心跳》和《过把瘾就死》两部作品

四、“白”类副词小结

通过上文分析，我们可以看出，在“空”类副词的发展过程中，在“空自”消失，“凭空”和“平空”的使用频率显然不能承担起“空”类副词的主要语法功能的情况下，“白”类副词及时“补位”，与“空”类副词共同承担起整个“徒然、无据”情态方式副词的主要语法功能。

由于副词“白”产生的时间较晚，虽然其受到了双音化副词“白白”的竞争，但是年轻的“白”发展势头迅猛，由《朱子语类》中的11例，经过明清时期的发展，现代汉语时，仍是“白”类副词主要功能的承担者。在《老》中，仅《骆驼祥子》一部作品中，就有27例。《骆驼祥子》《玩的就是心跳》《过把瘾就死》3部作品中“白”的用例共有38例，竟然和《老》和《王》中共40余部作品中“白白”的用例（共40例）不相上下，足见副词“白”强劲的生命力。

副词“平白”宋代出现后，用例一直不是很多，发展较为缓慢。虽然在明中期的《金瓶梅词话》中出现了107例，但我们认为，这可能与作者的书写习惯有关。因为在《金》之后的《初刻拍案惊奇》《二刻拍案惊奇》《醒世恒言》《警世通言》《喻世明言》《型世言》中分别出现了6例、5例、5例、5例、0例和2例。发展到老舍时代，“平白”的用例较为罕见，而且开始与“无故”组成“平白无故”连用。发展到新北京话时代，“平白无故”已经实现了对“平白”的替换。

第五节　“趁”类副词的历时嬗变

“趁”类副词主要包括“趁早”“趁势”“趁便”“趁空”“趁机”等5个。与前面提到的“亲”类、“特”类等副词有所不同的是，后者的“亲”“特”等词本身就是副词，而且是各属类副词的“根词”或“母词”，其他的“枝词”或“子词”都由它们生发、演化而来。而在“趁”类副词中，“趁”本身不是副词，而是介词。对于“趁”的虚化过程，马贝加曾指出：

追溯介词“趁”的源头，发现《说文》中虽有“趁，𧼯也”的解释，然魏晋之前似未见用例，至唐时期骤然增多。可以推想：“趁”原先并非雅言词汇成员，大概是个方言词。何承天《纂文》云：“关西以逐物为趁。”《宋书》有《何承天传》，可见最迟在南北朝时期，“趁”已存在于方言中。然而秦都咸阳，西汉都长安，俱在关西，为何《吕氏春秋》和《史记》中均未见“趁”字呢？原因似应是：“趁”是俚语词。“趁”进入文学语言，南北朝时已见两例：

歌儿流唱声欲清，舞女趁节体自轻。（梁·张率·白纻歌）

使祥昼视鸟雀，夜则趁鼠。（《世说新语》德行注，刘孝标引自萧广济《孝子传》）①

后由这种“追赶”义引申出“赶时机”的意思，“趁”也就逐渐虚化为介词。

一、副词“趁早”

“趁”类副词中，较早产生的是“趁早”，最开始是介宾短语“趁”“早”，“早”为实义的时间名词“早晨”，由于“早晨”时间比较早，因而由此泛化，借指一切较早的时间，“趁早”也由此虚化。由于“趁早”一般语义都指向施事主语，表达人的一种主观动机和期望，因此，我们将其归为“故意、特意”类情态副词。

唐朝即出现了“趁早”的用例。例如：

---

①马贝加. 汉语中“趁着”义介词探析［J］. 温州师范学院学报：哲学社会科学版，1995（4）：25-29.

簿籍谁能问，风寒【趁早】眠。（唐·姚合《武功县中作》转引自《汉大》）

后又经过宋元时期的发展，“趁早”有如下用例：

①魃张鹰犬无遗力，社近鸡豚【趁早】寒。（苏辙《喜雨》）

②调稍弓着不的扯拽，窍头船【趁早】儿撑开。（元曲《驮背妓名陈观音奴》）

“趁早”到了明代真正得到了发展，较为多见。例如：

①我死倒不打紧，洒家的哥哥宋公明得知，下山来时，你这颗驴头【趁早】儿都砍了送去。（《水浒传》59回）

②我一个个直要捉你活的，装载陷车里，解上东京，碎尸万段！你们【趁早】纳降，再有商议。（《水浒传》60回）

③此时想没人了，我也等不得他，【趁早】走回去罢。（《二刻拍案惊奇》卷9）

但此时的“趁早”还有未完全虚化的例子。例如：

众军汉道：“【趁早】不走，日里热时走不得，却打我们。”（《水浒传》16回）

在上例中，“趁早”与“日里”对应，义为介宾短语“趁着早上、早晨”。

“趁早”在明代几部著作中的使用情况见下表：

单位：例

	水	金	醒$_1$	警	喻	初	二	醒$_2$	总计
趁早	2	30	0	0	2	3	4	6	47

注：以上语料分别为《水浒传》《金瓶梅词话》《醒世恒言》《警世通言》《喻世明言》《初刻拍案惊奇》《二刻拍案惊奇》《醒世姻缘传》

到了清代，“趁早”得到了进一步发展，在《红》中出现了15例，已经彻底虚化为副词，未出现介宾短语的用例，全部为修饰动词性谓语。

修饰单纯动词的有3例，占动词性谓语总用例的20.0%。例如：

翠墨笑说：“我又叫谁去？你【趁早】儿去，我告诉你一句好话，你到后门顺路告诉你老娘防着些儿。”（《红》60回）

修饰动宾短语3例，占动词性谓语总用例的20.0%。例如：

迎春先便说道：“好嫂子，你【趁早】儿打了这妄想，要等我去说情儿，等到明年也不中用的……”（《红》73回）

修饰动补短语的有 4 例，约占动词性谓语总用例的 26. 7%。例如：

小蹄子，你不【趁早】拿出来，我把你膀子撅折了。（《红》21 回）

修饰动词性固定短语的有 1 例，约占动词性谓语总用例的 6. 7%。例如：

要不然时，叫他【趁早】回心转意，有多少好处。（《红》46 回）

修饰兼语短语的有 3 例，占动词性谓语总用例的 20. 0%。例如：

可不是呢，也该【趁早】叫你哥哥嫂子歇歇，他们又心里不静。（《红》11 回）

修饰状中短语的有 1 例，由介词"把"引导，约占动词性谓语总用例的 6. 7%。例如：

你要写什么文契，【趁早】把银子还我，让我放给那些有指望的人使去。（《红》24 回）

此外，在《红》中还有 1 例为修饰主谓句，但不是副词，是介词的用法，相当于"趁着"。例如：

【趁早】儿老太太还明白硬朗的时节，作定了大事要紧。（《红》57 回）

这种用法在《儿》中也有，但在其他语料中暂时还未见，我们推测可能是北京话的特殊词汇。

发展到文康时代，"趁早"的用例有所减少，《儿》中共出现了 9 例。相对于《红》，在语法功能上未发生较大变化，仍然全部为修饰动词性谓语，但在内部的分类上却有所减少。分析如下：

修饰动宾短语的有 4 例，约占动词性谓语总用例的 44. 4%。例如：

安老爷道："酒够了。如今既要商量正事，我们且撤去这酒席，【趁早】吃饭，好慢慢的从长计较怎的个办法。"（《儿》16 回）

修饰动补短语的有 2 例，约占动词性谓语总用例的 22. 2%。例如：

甚么谢不谢的，要是果然这样定规了，好【趁早】儿收拾起来。（《儿》24 回）

修饰状中短语的有 3 例，约占动词性谓语总用例的 33. 3%。例如：

这话你【趁早】休提，免得搅散了今日这个道场，……（《儿》24 回）

此外，与《红》类似，还有 1 例是介词用法，修饰句子形式。例如：

何小姐因问张太太说："妈不是回来还同舅母请公婆吃饭呢么，为甚么不【趁早】角门儿开着一块儿走呢？"（《儿》37 回）

此例中的"趁早"与《红》中"趁早儿老太太还明白"这一用例的性质一样，都是介词"趁着"义。

发展到晚清，“趁早”的用例进一步缩减，如下表：

单位：例

	儒林外史	歧路灯	孽海花	官场现形记	二十年目睹之怪现状	老残游记	总计
趁早	2	0	1	3	1	0	7

发展到老舍时代，“趁早”的用例进一步缩减，《正》中未出现用例，《老》中也仅有6例，语法功能未发生大的变化，但是“趁早”的介词性用法已经消失。在新北京话时代的代表《王》中，“趁早”共出现了5例，但也未见介词用法。

二、副词“趁势”

“趁早”之后产生的副词是“趁势”，也是来自介宾短语“趁”“势”的虚化，较早的例子见于《水浒传》，用于修饰连动短语。例如：

秦明【趁势】，手起棍落，把陈翥连盔带顶，正中天灵，陈翥翻身死于马下。(《水浒传》76回)

后经过明朝中晚期的发展，渐渐定型。例如：

①杨洪便【趁势】道：“这等，不消说起是了，但不过是件小事，怎么就要害许多人的性命？那人心肠却也太狠！”(《醒世恒言》卷20)

②蔡凤鸣【趁势】抱住道：“乖乖，偏要你从命，不舍得打你。”(《二刻拍案惊奇》卷35)

③若又似前采打，我便【趁势】照他脑前戳他两刀，然后自己抹了头，对了他的命！(《醒世姻缘传》2回)

明朝“趁势”的用例不是很多，全部为修饰动词性谓语，见下表：

单位：例

	水	西	金	醒$_1$	警	喻	初	二	型	醒$_2$	总计
趁势	1	0	0	1	0	0	0	1	3	1	7

注：以上语料分别为《水浒传》《西游记》《金瓶梅词话》《醒世恒言》《警世通言》《喻世明言》《初刻拍案惊奇》《二刻拍案惊奇》《型世言》《醒世姻缘传》

发展到曹雪芹时代，“趁势”的用例开始增多，《红》中出现了11例，语法功能未发生大的变化，全部为修饰动词性谓语。

其中，修饰单纯动词的有2例，约占动词性谓语总用例的18.2%。例如：

站着，我【趁势】洗了就完了，省得又过去费事。（《红》21 回）

修饰动宾短语的有 4 例，约占动词性谓语总用例的 36.4%。如：

林黛玉听见宝玉奚落宝钗，心中着实得意，才要搭言也【趁势】儿取个笑，不想靛儿因找扇子，宝钗又发了两句话，他便改口笑道："宝姐姐，你听了两出什么戏？"（《红》30 回）

修饰连动短语的有 2 例，约占动词性谓语总用例的 18.2%。例如：

他便要【趁势】作脸献好，因越众向前拉起探春的衣襟，故意一掀，嘻嘻笑道："连姑娘身上我都翻了，果然没有什么。"（《红》74 回）

修饰状中短语的有 2 例，约占动词性谓语总用例的 18.2%，分别由介词"连"和"将"引导。例如：

①你立意要撵他也好，我们也都愿意出去，不如【趁势】连我们一齐撵了，我们也好，你也不愁再有好的来伏侍你。（《红》8 回）

②雄奴【趁势】又将晴雯按倒，向他肋下抓动。（《红》70 回）

修饰兼语短语的有 1 例，约占动词性谓语总用例的 9.1%，如：

凤姐又【趁势】请贾母后日过去看戏。（《红》8 回）

后发展到文康时代，"趁势"的用例又有所缩减，《儿》中共出现了 3 例。虽然语法功能还是全部为修饰动词性谓语，但是动词性谓语内部却有所丰富。《儿》中 3 例的用法各不相同。既可以修饰单纯动词，又可以修饰由介词"把"引导的状中短语，还可以修饰由判断动词"是"引导的动宾短语。例如：

①公子答应了个"是"，就【趁势】回道："倒是儿子这里另有件未完的心事。"（《儿》13 回）

②那女子【趁势】儿把棍往怀里只一带，那和尚便跟过来。（《儿》6 回）

③那时才听得众人一声喊，这十三妹早上面一刀削断了周三的钢鞭，下面【趁势】便是一个泼脚，把周三踢得爬在地下。（《儿》15 回）

发展到清末，"趁势"的用例在各个著作中出现的情况不尽相同，但总体上是增加的，见下表：

单位：例

	孽海花	官场现形记	二十年目睹之怪现状	老残游记	总计
趁势	12	18	1	3	34

但是，发展到老舍时代，"趁势"的用例却突然不见了，《正》和《老》

中均未见到用例。我们认为这是作者写作习惯的原因，并不能说明“趁势”的消失。

后在《王》中，“趁势”的用例又出现了3例，但是随着用例的减少，其语法功能也开始变得较为单一，《王》中的用例全部为修饰动词性谓语。

“趁势”可修饰动补短语。例如：

刘美萍【趁势】加上一句，不好意思地朝伙伴们笑。（王朔《你不是一个俗人》）

“趁势”可修饰单纯动词。例如：

马林生有些失望，但作为一具书店营业员他又不能拒绝出售任何东西，只能【趁势】建议：“这还有几本这个人写的其他书，您不想看看么?”（王朔《我是你爸爸》）

“趁势”可修饰动宾短语。例如：

我翻身下车，溯流而上，弯腰【趁势】抱起两个大西瓜……（王朔《永失我爱》）

三、副词“趁便”

“趁”在发展过程中，与“方便”义的“便”结合，首先组合成介宾“趁”“便”短语，后来慢慢地虚化为副词“趁便”。较早的例子见于《二刻拍案惊奇》，为修饰动宾短语。如下：

他只待也如此劫了小侄儿子家里，【趁便】害了他性命。（《二刻拍案惊奇》卷4）

后发展到清代的曹雪芹时代，“趁便”的用例有所增加，《红》中共出现了10例，语义指向全部为施事主语，全部为修饰动词性谓语。其中，修饰单纯动词的有1例，占总用例的10.0%。如下：

话说两个尼姑领了芳官等去后，王夫人便往贾母处来省晨，见贾母喜欢，便【趁便】回道：“宝玉屋里有个晴雯，那个丫头也大了，而且一年之间，病不离身；……”（《红》78回）

修饰动宾短语的有3例，占总用例的30.0%。例如：

周瑞家的忙出去答应了，【趁便】回了刘姥姥之事。（《红》7回）

修饰动补短语的有1例，占总用例的10.0%。例如：

可巧前日妈又不好了，家里两个靠得的女人也病着，我所以【趁便】出

去了。(《红》78 回)

修饰状中短语的有 3 例，占总用例的 30.0%。其中 1 例由介词“将”引导。如下：

说毕，又【趁便】将路上贾琏要娶尤二姐做二房之意说了。(《红》64 回)

修饰兼语短语的有 1 例，占总用例的 10.0%。如下：

叫他使人告诉跟你的小厮，若没什么事【趁便】请你回来歇息歇息。(《红》64 回)

还有 1 例为修饰能愿动词“可+V 一 V”结构，占总用例的 10.0%。如下：

奶奶今日中晌尚未洗脸，这会子【趁便】可净一净好？(《红》75 回)

而发展到文康时代，“趁便”的用例却急速减少，在《儿》中仅出现 1 例，修饰“VV+宾语”结构的动宾短语。如下：

忙忙的换了褂子，弄了一壶茶，跟了个衙役，亲自送来，让家丁们喝，也为【趁便】探听探听消息。(《儿》13 回)

后发展到晚清时代，各作品中“趁便”的用例都较为罕见，见下表：

单位：例

	孽海花	官场现形记	二十年目睹之怪现状	老残游记	总计
趁便	1	5	1	0	7

用例如：

①又知道公坊是要【趁便】应顺天乡试的，不能迟到八月，好在自己这回请假回来，除了省亲接眷也无别事，当下就商定了行期，各自回去料理行装，说定在上海会齐。(《孽海花》4 回)

②这几个仆妇之中，也有略略知道这件事的，【趁便】讨好，便告诉他说：听说老爷今天叫新姨太太到吴家拜寿听戏，所以昨天预先止住了太太，不叫太太去。(《二十年目睹之怪现状》44 回)

发展到老舍时代，“趁便”的用例更为罕见，《正》《老》中都未见用例；在现代汉语中，《王》《路遥文集》《余秋雨文集》《余华文集》中也均未见用例，但“趁便”未完全消失，《现汉》仍将其收录：

【趁便】副，顺便：你回家的时候，~给我带个口信。

四、副词“趁空”

“趁”类副词在后来的发展过程中，又产生了“趁空”。开始时，也是介宾短语“趁”“空”，“空”最初是“时空、空处、空荡”的意思。例如：

百夫人又在算计黄凤仙，晓得这个飞刀不奈他何，卖一个破绽，黄凤仙【趁空】儿砍将进去。(《三宝太监西洋记通俗演义》81回)

有的直接用作“趁空处”。例如：

两个【趁空处】，又做了一点点事，千分万付而去。(《二刻拍案惊奇》卷38)

后虚化为副词“趁空”。《红》中即为较早的例子，仅出现了1例，修饰动宾短语。如下：

你知道我一贫如洗，家里是没的积聚的，纵有几个钱来，随手就光的，不如【趁空】儿留下这一分，省得到了跟前扎煞手。(《红》47回)

后发展到文康时代，“趁空”的用例依然稀少，在《儿》中也仅有1例，修饰连动短语。如下：

华忠有些急了，晚间【趁空】儿回老爷说：“回老爷，这走长道儿可得趁天气呀，要不，请示老爷，明日赶一个整站罢。”(《儿》38回)

后发展到晚清时代，“趁空”的用例有所增加，在《官场现形记》中甚至出现了25例。见下表：

单位：例

	孽海花	官场现形记	二十年目睹之怪现状	老残游记	总计
趁空	1	25	0	0	26

但是发展到老舍时代，“趁空”的用例却又归于罕见，无论是《正》还是《老》中均未见到用例。

发展到以王朔为代表的新北京话时代，也未见到合格用例。但是，同“趁便”一样，“趁空”并未在现代汉语中消失。

五、副词“趁机”

据我们考察，“趁”类副词中最晚产生的是“趁机”，其源于介宾短语“趁”“机”的虚化，较早的例子见于明晚期。例如：

其余在巢贼党，若不【趁机】速剿，不无祸变愈大，地方何由安息。

（《王阳明集》卷 16《别录 8》）

“趁机”自明末产生后，“趁机”的用例一直非常少见。发展到曹雪芹时代，《红》中仅出现 2 例，全部为修饰动词性谓语“说道”和“说”。如下：

①自去歇息，跟前不过几个心腹常侍小婢，老尼便【趁机】说道：“我正有一事，要到府里求太太，先请奶奶一个示下。”（《红》15 回）

②旁边伺候的媳妇们便【趁机】道：“我们的姑娘老实仁德，那里象他们三姑娘伶牙俐齿，会要姊妹们的强……”（《红》73 回）

在这之后，无论是在《儿》还是晚清四大谴责小说中，都未见到“趁机”的用例。

后发展到老舍时代，“趁机”的用例依然罕见，《正》中未出现，《老》中只出现了 1 例修饰状中短语的例子。如下：

黑市商人的女儿【趁机】大声喊道：“要是让婊子来上学，我就退学。我不能跟这种人在一起。”（老舍《鼓书艺人》）

发展到王朔时代，“趁机”的用例有所增加，共出现了 7 例，语法功能也有所丰富，但修饰动词性谓语仍然是其主要语法功能，而且动词性谓语也较之前大大丰富。

修饰单纯动词。例如：

我不许你【趁机】卖弄。（王朔《顽主》）

修饰动宾短语。例如：

你能确认你当时进的就是这间房子，那个李代桃僵【趁机】奸污你的无耻之徒就是这个躺床上的人吗？（王朔《人莫予毒》）

修饰动补短语。例如：

别想【趁机】靠前。（同上）

修饰连动短语。例如：

我也不想跟车回去，正好咱们【趁机】上街转转。（王朔《永失我爱》）

修饰状中短语的。例如：

有的【趁机】猛赚钱已成了小富翁。（王朔《浮出海面》）

其实，在现代汉语中，“趁机”的用例已非常多，此处不再赘述。

丨第六章丨北京话语气副词历时发展附论否定副词（1750—1950）

第一节　“管”类副词的历时嬗变[①]

“管”类副词主要包括“管”“管定”“管取”“管情”“管必”“管保”等6个。

一、副词“管”

“管”为“管”类副词的根词，是其语法功能的主要承担者。

《说文解字》：“管，如篪，六孔，十二月之音，物开地牙，故谓之管。”本义是指一种竹制的乐器，后引申出动词性用法“管束、控制”义。例如：

所举于晋国，【管】库之士，七十有余家。（《礼记·檀弓下》）

由于“管”有“管束、控制”某事或物，确保其按照预期的规定进行，从而万无一失地、精准地达到预期目标之义。因而“管”由此义慢慢地虚化出“准定、保证”义，从而引申出副词的用法。“唐诗中已见用例”[②]。例如：

生时自乐死由命，万事在天【管】不迷。（杨发《南野逢田客》，转引自《汉大》）

再如：

---

①此节的部分内容曾以论文形式发表，参见刘冬青. 北京话“管”类语气副词的历时嬗变（1750—1950）[J]. 武汉科技大学学报，2011（1）：116-120.

②杨荣祥. 近代汉语副词研究[M]. 北京：商务印书馆，2005：185.

①老夫乍喜梓夫闷，【管】有到时君莫问。（杨万里《过雪川大溪》，转引自董志翘、蔡镜浩，1994：208）

②不久咱门风改换，你【管】有分带盘龙九凤冠。（《刘知远诸宫调》第一）

③甲溜晴郊似银河泻，绣旗飐似彩霞招折，【管】是白马将军到来也。（《董解元西厢记》卷3，转引自何金松，1994：213）

④你许薛姑子十两银子，藏在他僧房内与小姐相会，【管】病就要好了。（《金瓶梅词话》34回）

后发展到曹雪芹时代，“管”在《红》中出现了8例，全部修饰动词性谓语。

其中，修饰单纯动词的有1例，占动词性谓语总用例的12.5%。例如：

一日不说跪一日，便是铁打的，一日也【管】招了。（《红》61回）

修饰动宾短语的3例，占动词性谓语总用例的37.5%，而且都是“动词+数量名”结构。例如：

若回一件，【管】驳一件；回一百件，【管】驳一百件。（《红》55回）

修饰兼语短语的有2例，占动词性谓语总用例的25.0%。例如：

三日后吾来收取，【管】叫你好了。（《红》12回）

修饰状中短语的有2例，而且全部由介词“把”引导，占动词性谓语总用例的25.0%。例如：

秋纹道：“凭你是谁的，你不给？我【管】把老太太茶吊子倒了洗手。”（《红》54回）

发展到文康时代，“管”的用例有所减少，在《儿》中仅出现了5例。用例虽然减少了，但是语法功能却有所丰富和变化，分析如下：

修饰动词性谓语仍是“管”的主要语法功能，有4例，占总数的80.0%。

其中，修饰动补短语的有2例，占动词性谓语用例的50.0%。例如：

须臾吃毕，车夫道：“这可走罢，【管】走得快了。”（《儿》14回）

修饰兼语短语的有1例，占动词性谓语用例的25.0%。如下：

待劣兄慢慢的说与你，那才算得酒菜里的一品珍馐海错，【管】叫你连吃十大碗还痛快得不耐烦哩！（《儿》15回）

修饰状中短语1例，由介词“比”引导，占动词性谓语用例的25%。如下：

亲家太太，你搂搂算盘看，一匹布【管】比买的便宜多少！（《儿》33回）

此外，比《红》有所发展的是《儿》中还出现了1例修饰紧缩复句的例子，占总数的20.0%。如下：

一哥，你不用尽着打扮了，你只管见去罢，【管】你一见就认得，还是你们个亲戚儿呢！（《儿》17回）

发展到老舍时代，“管”由于受到双音化副词“管保”等副词的竞争，用例非常罕见，在《正》中未出现用例。《老》中我们抽查了《骆驼祥子》和《二马》，均未见到用例。

在现代汉语中，“管”一般停留在方言中，表推测的语气，如：

①今儿【管】（兀）下雨呀，热得不一样的嘞［今天可能要下雨，（天气）热得不一样呢。］

②七楼太高了，没过人伢【管】（兀）有电梯嘞（不过人家大概有电梯吧）。[1]

现代汉语方言中，“管”单独表示推测义的见于河南晋语新乡修武话：“他~不来了。”还可组成“管不”（山东临朐）、“管末/管莫”［河南汲县（现卫辉）/北京］、“管些”（河南原阳）、“管许是”（山东临朐）等，均表示可能、大概的意义，跟丰镇话意义、用法均类似。[2]

二、副词“管定”

“管”类副词在后来的发展受到双音化趋势的影响，产生了一系列的双音节“管”类副词，其中，较早的是“管定”，宋代时已见用例。例如：

身为客兮心为主，主人平和客安堵。若还主客不康宁，精神【管定】辞君去。（彭乘《墨客挥犀》卷7，转引自雷文治，2002：493）

但是用例一直很少见，我们考察明代的语料，只在《金瓶梅词话》中见到1例。如下：

等我往后边去，我那屋里有红布手巾，替你盖着头。对他们只说他爹又寻了个丫头，唬他们唬，【管定】就信了。（《金瓶梅词话》40回）

后发展到曹雪芹时代，《红》中也仅出现1例，用在句首修饰主谓句。如下：

---

①以上两例来自周利芳．内蒙古丰镇话的语气副词“管（兀）”和“敢情”［J］．语文研究，2008（4）：55-58．

②许宝华，宫田一郎．汉语方言大词典［Z］．北京：中华书局，1999：6847-6859．

只是昨儿千不该万不该剪了那玉上的穗子。【管定】他再不带了，还得我穿了他才带。（《红》29回）

我们又考察了与《红》同时代的《儒林外史》和《歧路灯》，也仅在《歧路灯》中出现了2例，全部用在句首修饰主谓句。如下：

①我想了这会，惟有开书铺子好。你是自幼儿恶他，谭相公是近年来恶他。若是到南京贩上书来，【管定】二公再不肯拿一部一本儿到家，伤了本钱。（《歧路灯》69回）

②我前日原与你商量一宗事，若容我进去，【管定】我蹬开他，咱倒有宗事可做。（《歧路灯》75回）

发展到文康时代，《儿》中出现了1例“管定”，修饰由介词“连”引导的状中短语，如下：

他准是为前番在庙里救了他家公子报恩来了，再加上你为你老太太的事心里不耐烦，为老爷子的仇怕走露这个话，你【管定】连门儿也不准他进，叫他留下弹弓儿找邓九太爷去。（《儿》19回）

发展到晚清时代，我们考察了晚清四大谴责小说，未出现用例。

发展到老舍时代，“管定”已基本消失，《正》和《老》中均未见到；后来的《王》中也未出现。

三、副词“管取”

几乎与“管定”产生的同时，“管取”也产生了。例如：

①吴侬一队好儿郎，只要船行不要忙。着力大家齐一拽，前头【管取】到丹阳。（杨万里《竹枝歌》，转引自《汉大》）

②【管取】如今遵陆了，云开风顺水东流。（杨万里《江行七日阻风至繁昌·舍舟出陆二首》转引自董志翘、蔡镜浩，1994：208）

③【管取】洞房开，姮娥貌捧拥状元来。（《张协状元》第27出）

④今公们自正月至腊月三十日，【管取】无一日专心致志在书上。（《朱子语类辑略》卷2，转引自香坂顺一，1997：176）

再如：

①明朝【管取】成功效，方显人间大丈夫。（郑光祖《三战吕布》第一折，转引自《汉大》）

②【管取】您姐姐，是他命里十分拙。（《董解元西厢记》卷7，转引自

何金松，1994：213）

“管取”在明代得到进一步的发展。例如：

①若赛锦标社，那里利物【管取】都是他的。（《水浒传》61回）

②又加桃仁通草，麝香文带凌花。更燕醋煮好红花，【管取】孩儿落下。（《金瓶梅词话》85回）

③今指引到一个去处，【管取】情投意合，有个小小富贵。（《喻世明言》卷39）

④狄氏道：“我昨夜为他细想一番，门路却有，【管取】停当。”（《初刻拍案惊奇》卷6）

“管取”在明代的使用情况见下表：

单位：例

	水	西	金	醒$_1$	警	喻	初	二	型	醒$_2$	总计
管取	2	7	3	0	1	1	5	5	0	0	24

注：以上语料分别为《水浒传》《西游记》《金瓶梅词话》《醒世恒言》《警世通言》《喻世明言》《初刻拍案惊奇》《二刻拍案惊奇》《型世言》《醒世姻缘传》

然而，“管取”发展到曹雪芹时代却较为罕见，《红》中未出现用例。《儒林外史》和《歧路灯》中也未出现用例。

后在文康时代，“管取”又出现，在《儿》中出现了8例。

首先，修饰动词性谓语是其主要语法功能，有4例，占总数的50.0%。

其中，修饰状中短语有3例，占动词性谓语总用例的75.0%。例如：

这话倘被父母听见，【管取】大大的教训一场，我看你那时颜面何在！（《儿》23回）

还有1例修饰动补短语，占动词性谓语总用例的25.0%。如下：

他娘儿这一见，【管取】舍不得散……（《儿》16回）

其次，修饰句子形式的有3例，占总数的37.5%。例如：

这事幸得我先见着老爷，老爷假如这等的问我家一官，【管取】他还摸不着头脑呢。（《儿》14回）

最后，还有1例修饰“越×越×”固定结构，占总数的12.5%。如下：

只是他正在得意场中，迎头一劝，【管取】越劝越硬。（《儿》32回）

在此后的发展中，“管取”却渐渐消失，晚清四大谴责小说中都没有出现；在后来老舍时代的《正》和《老》以及王朔时代的《王》中也没有出现。

四、副词“管情”和“管必”

后“管”类副词发展到元代，产生了新的副词——“管情”。例如：

①哥哥，今日父亲呼唤，要着俺两个那里办事去，【管情】就做下了。(元曲《魔合罗》楔子，转引自香坂顺一，1997：175)

(2) 写时【管情】泪如丝，既不呵，怎生泪点儿封皮上渍。（王实甫《西厢记》第五本第二折，转引自《汉大》）

③待明日绝早，我兄弟二人去那山中，【管情】捉住老妖，还你四个王子。(《西游记》90回)

④玉楼道：“他打了一场，和他恼了，赌了誓再不去了，如何又去？咱每赌甚么？【管情】不在他家。”（《金瓶梅词话》21回）

⑤阿寄道：“但请放心，老奴自有见识在此，【管情】不负所托。”（《醒世恒言》卷35）

后发展到曹雪芹时代，“管情”在《红》中仅出现1例，修饰单纯动词。如下：

但序齿我大，你们都要依我的主意，【管情】说了大家合意。(《红》37回)

发展到文康时代，“管情”在《儿》中也仅出现了1例，修饰动宾短语：

这若依了那褚大娘子昨日笔谈的那句甚么“何不如此如此”的话，再加上邓九公大敞辕门的一说，【管情】费了许多的精神命脉说《列国》似的说了一天，从这句话起，有个翻脸不回京的行市！（《儿》19回）

后来，这个词逐渐消失了，在《正》《老》《王》中均未出现。

此外，在《红》中还出现了1例“管必”的用例，修饰形容词性谓语。如下：

这有何难，我荐一个人与你权理这一个月的事，【管必】妥当。（《红》13回）

在后来的发展中，“管必”均未有用例，在现代汉语中也消失了。

五、副词“管保”

以上所列举的双音节“管”类副词，一是用例稀少，二是到了现代都消失殆尽。因而，它们不能与“管”真正产生竞争关系，也不能承担起双音化后“管”类副词主要语法功能的重任。真正与“管”产生竞争关系并一直活跃在现代汉语中的“管”类副词是“管保”。

“管保”在明代没有用例，见下表：

单位：例

	水	西	金	醒$_1$	警	喻	初	二	型	醒$_2$	总计
管保	0	0	0	0	0	0	0	0	0	0	0

注：以上语料分别为《水浒传》《西游记》《金瓶梅词话》《醒世恒言》《警世通言》《喻世明言》《初刻拍案惊奇》《二刻拍案惊奇》《型世言》《醒世姻缘传》

后发展到清代，“管保”开始出现用例，《汉大》是引用了《红》的例子。例如：

有什么不称心的地方儿，只管说；我【管保】你遂心如意就是了。（《红》46回）

《红》中共出现了5例。修饰动词性谓语是其主要语法功能，共有3例，占总数的60.0%。分别修饰单纯动词、状中短语和兼语短语。例如：

①叔叔若有胆量，依我的主意行去，【管保】无妨，不过多花上几个钱。（《红》64回）

②【管保】就好了，这不过是一时飞灾。（《红》25回）

③等这件事出来，我【管保】叫芸儿管这件工程。（《红》23回）

此外，修饰主谓句的还有2例，占总数的40.0%。例如：

有什么不称心之处，只管说与我，我【管保】你遂心如意就是了。（《红》46回）

发展到文康时代，“管保”的用例大幅度增加，共有15例，是《红》的3倍，语法功能也发生了些许变化。

首先，修饰动词性谓语仍是其主要语法功能，共有9例，占总数的60.0%。

其中，修饰状中短语的有7例，约占动词性谓语总用例的77.8%。例如：

那位老爷子的脾气，【管保】断不肯。（《儿》39回）

修饰动补短语的有1例，约占动词性谓语总用例的11.1%。例如：

这东西要搁在市上，碰见爱主儿，二百吊钱【管保】买不下来！（《儿》4回）

还有1例是修饰由动词“是”引导的动宾短语，约占动词性谓语总用例的 11.1%：

嚄！好霸道家伙，这【管保】是一百一包的！（《儿》34 回）

其次，修饰句子形式的共有 5 例，约占总数的 33.3%。例如：

要是从旁人嘴里说出来，【管保】你又是把那小眼皮儿一搭拉，小腮帮子儿一鼓，再别想你言语了。（《儿》19 回）

最后，还有 1 例是修饰紧缩复句的，约占总数的 6.7%。例如：

就请老弟你到屋里瞧瞧，【管保】你这一瞧，就抵得个福星高照，这俩小子将来就许有点出息儿！（《儿》39 回）

发展到老舍时代，“管保”的用例也比较多见。虽然《正》中未出现用例，但是《老》中却出现了 18 例。修饰动词性谓语和句子形式仍是其主要的语法功能，但出现了修饰形容词性谓语的用法。

首先，修饰动词性谓语的用例略占优势，共有 8 例，约占总数的 44.4%。

修饰单纯动词的有 3 例，占动词性谓语总用例的 37.5%。例如：

你们要是听我的指挥往下干，我【管保】说，不出十天半月你们的“委任状”有到手的希望。（老舍《赵子曰》）

修饰动宾短语的有 1 例，占动词性谓语总用例的 12.5%。例如：

咱们一搬回去，【管保】挺起胸脯，谁也不敢斜眼看咱们。（老舍《骆驼祥子》）

修饰状中短语的有 4 例，占动词性谓语总用例的 50.0%。例如：

回来你们看，温都太太的房子【管保】在伦敦找不出第二家来！（老舍《二马》）

其次，修饰句子形式的有 7 例，约占总数的 38.9%。例如：

李应你进城，我【管保】老张不能不放你走。（老舍《老张的哲学》）

再次，修饰形容词性谓语的有 2 例，约占总数的 11.1%。分别修饰形容词和形容词性并列短语。如下：

①这个高身量大眼睛的先生，要是打人，还【管保】不轻。（老舍《牛天赐传》）

②自道身世说起来【管保】又臭又长，因为一肚子倒有半肚子牢骚，哭哭啼啼也不像个样子——本来长得就不十分体面。（老舍《猫城记》）

最后，还有 1 例修饰紧缩复句，约占总数的 5.6%。如下：

假如猫兵们看见了我就飞跑，【管保】追一天我也连个影也捉不到。（老舍《猫城记》）

六、“管”类副词小结

“管”是管类副词的根词。虽然在产生之后，它一直受到“管定”“管取”“管情”“管必”等双音副词的威胁，但“管”一直是“管”类副词语法功能的主要承担者，其他双音节副词不能对“管”构成真正的威胁，并在后来的发展中逐渐消失了。

发展到清代，新的管类副词“管保”开始出现，并且发展迅速，对“管”产生了强有力的冲击。发展到曹雪芹时代两者已相差无几；发展到文康时代，“管保”已经大大超越了“管”；而到了老舍时代，“管”几乎消失，只存在于某些方言中，而且是表示推测语气而不是肯定语气。“管保”则已经取代了副词“管”，成为“管”类副词语法功能的主要甚至是唯一的承担者。见下表：

单位：例

	红楼梦	儿女英雄传	老舍合集
管	8	5	0
管保	5	15	4

注：《老》我们抽查了《骆驼祥子》和《二马》两部作品

第二节　“真”类副词的历时嬗变[①]

“真”类副词包括“真”“真个（的）”“真是”“真真（的）”“真正”等5个。

一、副词“真”

“真”是“真”类副词的根词，是其语法功能的主要承担者。“在先秦典籍中，‘真’字始见于《老子》第二十一章：‘窈兮冥兮，其中有精，其精甚真，其中有信。’”

“真”的本义是什么呢？《说文解字·匕部》：“真，仙人变形而登天

①此节的部分内容曾以论文形式发表，参见刘冬青. 北京话“真”类语气副词的历时嬗变（1750—1950）[J]. 中州大学学报，2010（6）：84-89.

也。”段玉裁注：“此真之本义也。”“真”的本义是指道家所称的“修真得道”或“成仙”的人，即真人。叶贵良（2008）也持此观点：“‘真’为神仙义，此乃本义。”① 例如：

夫免乎外内之刑者，唯【真】人能之。（《庄子·列御寇》，转引自《汉大》，1997：249）

后由本义引申出“本原，本性”义。例如：

谨守而勿失，是谓反其【真】。（《庄子·秋水》）

进一步引申出“真实、不虚假”义。例如：

其为人也【真】。（《庄子·田子方》）

由此可见，“‘真’字之源出自先秦道家，它起初似乎是一个道家专用语词。战国与两汉时期，‘真’字逐渐从道家专用语词发展为普通语词，这是道家影响迅速扩大的结果”②。正如徐灏所言：“然自《庄》《列》始有真人之名，始有长生不死而登云天之说，亦寓言耳。后世由此遂合道家神仙为一流，此变形登天之说所由生也。”③

“‘真’的虚词用法是由‘不虚假’义引申而来的”④，表示“实在、的确”的副词义。例如：

①此【真】先君子之言也。（《荀子·非十二子》）

②一世异朝市，此语【真】不虚。（《陶渊明集·归田园居》）

由此，我们可以看出“真”的虚化路线大致如下：

真人（名词）$\xrightarrow{\text{引申}}$本原；本性（名词）$\xrightarrow{\text{引申}}$真实、

不虚假（形容词）$\xrightarrow{\text{虚化}}$实在、的确（副词）

（一）《红楼梦》

后发展到曹雪芹时代，“真”的用例在《红》中出现了46例。

（1）修饰动词性谓语是其主要语法功能，共出现了33例，约占总数的71.7%。其中，修饰单纯动词的仅1例，约占动词性谓语总用例的3.0%。例如：

他若是【真】改了，是他一生的福。（《红》48回）

---

①叶贵良. 说“真”[J]. 古汉语研究，2008（4）：88-93.

②叶贵良. 说“真”[J]. 古汉语研究，2008（4）：88-93.

③徐灏. 说文解字注笺[M]. 合肥：安徽教育出版社，2002.

④中国社会科学院语言研究所古代汉语研究室编. 古代汉语虚词词典[Z]. 北京：商务印书馆，1999：825.

修饰动宾短语的有 12 例，约占动词性谓语总用例的 36.4%。例如：

那薛大傻子【真】玷辱了他。（《红》16 回）

其中，修饰由系词“乃、系”引导的动宾短语有 4 例。例如：

①令郎【真】乃龙驹凤雏，非小王在世翁前唐突，将来“雏凤清于老凤声”，未可量也。（《红》15 回）

②诸灯上下争辉，【真】系玻璃世界，珠宝乾坤。（《红》18 回）

修饰动补短语的有 2 例，约占动词性谓语总用例的 6.1%。例如：

贾瑞一见，却是贾蓉，【真】臊的无地可入，不知要怎么样才好，回身就要跑……（《红》12 回）

修饰状中短语的有 13 例，约占动词性谓语总用例的 39.4%，在修饰动词性谓语用例中占的比重最高。例如：

嗳哟哟，【真】好热闹！（《红》54 回）

其中，修饰由介词“把”和“连”引导的状中短语的分别有 1 例和 2 例。例如：

①单表宝玉每日在园中任意纵性的逛荡，【真】把光阴虚度，岁月空添。（《红》37 回）

②奶奶要一说书，【真】连我们吃饭的地方也没了。（《红》54 回）

修饰兼语短语的有 5 例，约占动词性谓语总用例的 15.2%。例如：

微风一过，粼粼然池面皱碧铺纹，【真】令人神清气净。（《红》76 回）

（2）修饰句子形式的共有 3 例，约占总数的 6.5%。例如：

平儿、袭人笑道：“【真】这蹄子没了脸，越发信口儿都说出来了。”（《红》46 回）

（3）修饰形容词性谓语的共有 6 例，约占总数的 13.0%。例如：

欲知命短问前生，老来富贵也【真】侥幸。（《红》5 回）

（4）虽然“副词‘真’不能修饰名词”①，但在《红》中却有修饰偏正短语的例子，共有 4 例，约占总数的 8.7%。例如：

阿弥陀佛，【真】坑死人的事儿！（《红》7 回）

（二）《儿女英雄传》

后发展到文康时代，“真”的用例大幅度增加，《儿》中共出现了 80 例，是《红》近 2 倍，语法功能也发生了一些变化。分析如下：

---

①张斌. 现代汉语虚词词典[Z]. 北京：商务印书馆，2001：715.

(1) 修饰动词性谓语仍然是其主要语法功能，共有 65 例，占总数的 81.3%。

修饰动宾短语的共有 14 例，约占动词性谓语总用例的 21.5%。如：

张老道："我的姑娘，你可【真】费大了心了！"（《儿》10 回）

其中，修饰由"乃"引导的动宾短语的仅有 1 例。例如：

此乃天从人愿，实系"洞房花烛夜，金榜题名时"也，【真】乃可喜可贺之至！（《儿》38 回）

修饰动补短语的共有 29 例，约占动词性谓语总用例的 44.6%。例如：

无如此时自己是"骑着老虎过海"——可【真】下不来了。（《儿》9 回）

而且动补为"算得+O/C"结构的占大多数，共有 12 例，约占动补结构的 41.4%，如：

若讲我们这位安太老爷，【真】算得江北的第一位好官府。（《儿》12 回）

修饰兼语短语的有 6 例，约占动词性谓语总用例的 9.2%。例如：

只这书法也写得这等凤舞龙飞，【真】令人拜服！（《儿》10 回）

修饰状中短语的共有 16 例，约占动词性谓语总用例的 24.6%。例如：

就以父亲的身子、年纪讲，沿路的风霜，异乡的水土，没个着己的人照料，也【真】不放心。（《儿》2 回）

其中，修饰由介词"把"和"比"引导的状中短语的各占 1 例。例如：

①大爷，你【真】把这两件东西带上了？（《儿》16 回）

②听他讲究起孔圣人坟上那些古迹儿，庙里的那些古董儿来，那【真】比听台戏还热闹。（40 回）

同《红》不一样的是，《儿》中修饰动补短语所占修饰动词性谓语总用例的比例最高，而修饰状中短语则退居次席。

(2) 修饰句子形式只有 1 例，约占总数的 1.3%。如下：

论那个人儿啊，本来可【真】也说话儿甜甘，待人儿亲香，怪招人儿疼的。（《儿》39 回）

(3) 修饰形容词性谓语的共有 10 例，占总数的 12.5%。例如：

你看他【真】积伶，去了没一刻的工夫，早都打点齐了。（《儿》40 回）

(4)《儿》中未出现修饰偏正短语的例子，但是却有修饰复句的例子，共有 4 例，占总数的 5.0%，主要修饰假设复句。例如：

【真】要是不亏老天保佑，我可怎么见姑老爷、姑太太呢！（《儿》22 回）

（三）《正红旗下》和《老舍合集》

发展到老舍时代，“真”的用例进一步增多，在7万字的《正》中出现了26例，比例要大大高于《红》和《儿》，语法功能也发生了细微的变化，分析如下：

（1）修饰动词性谓语仍是其主要语法功能，共有15例，占总数的57.7%。

其中，修饰动宾短语的有11例，约占动词性谓语用例总数的73.3%。例如：

你是【真】用了功！一个中国人记这些名字，不容易呀！（《正》8回）

修饰状中短语的共有4例，约占修饰动词性谓语总用例的26.7%。例如：

我还【真】该走啦！（《正》7回）

其中修饰由介词“把”引导的状中短语的有2例。例如：

王掌柜考虑了半天，决定暂且不催多老大还账，省得多老大【真】把洋人搬出来。（《正》8回）

与《红》和《儿》有所不同的是，《正》中的用例修饰动宾短语的占最高比例。

（2）修饰形容词性谓语的共有8例，约占总数的30.8%。例如：

事情【真】多！大姐每天都须很好地设计，忙中要有计划，以免发生混乱。（《正》1回）

（3）修饰偏正短语的例子，共有1例，约占总数的3.9%。如下：

当她【真】想吃的时候，她会买些冒充樱桃的“山豆子”，大把大把地往嘴里塞，既便宜又过瘾。（《正》1回）

（4）修饰复句的有2例，约占总数的7.7%。例如：

【真】要是不再发钱粮，叫我下街去卖……（《正》3回）

《正》中未出现修饰句子的例子。

在现代汉语中，“真”仍然是非常常用的语气副词。

二、副词“真个（的）”

后来，随着汉语双音化的发展，至唐又产生了新的“真”类副词——“真个（的）”。例如：

①侬家【真个】去，公定随侬否？（王维《酬黎居士淅川作》，转引自何

金松，1994：229）

②老翁【真个】似童儿，汲水埋盆作小池。（韩愈《盆池之一》，转引自向熹，1993：268）

③师曰："龙吟雾起，虎啸风生。"曰："向上还有事也无？"师曰："当面蹉过。"曰："【真个】作家。"（《五灯会元》卷19）

④程子谓"能作许大识见寻求"，【真个】如此。（《朱子语类》卷96《程子之书二》）

"真个"在明代得到了进一步发展。例如：

①俺只指望痛打这厮一顿，不想三拳【真个】打死了他。（《水浒传》3回）

②婆子看了，口里不住声假喝采道："好手段！老身也活了六七十岁，眼里【真个】不曾见这个好针线！"（《金瓶梅词话》3回）

③元来汪锡只是拐人骗财，利心为重，色上也不十分要紧，恐怕【真个】做出事来，没了一场好买卖。（《初刻拍案惊奇》卷2）

"真个"在明代的使用情况见下表：

单位：例

	水	西	金	醒$_1$	警	喻	初	二	型	醒$_2$	总计
真个	49	288	80	127	79	51	34	33	6	44	791

注：以上语料分别为《水浒传》《西游记》《金瓶梅词话》《醒世恒言》《警世通言》《喻世明言》《初刻拍案惊奇》《二刻拍案惊奇》《型世言》《醒世姻缘传》

"真个"的产生，对"真"的冲击是比较大的，与其产生了激烈的竞争，据杨荣祥（2005）考察，两者的比例如下①：

真——真个：《敦煌变文集》为27∶0；《朱子语类》为78∶59；《新编五代史平话》为15∶8；《金瓶梅词话》为20∶57（《语类》抽查1—30卷和101—120卷共50卷；《金》抽查前50回）

（一）《红楼梦》

"真个"的发展似乎到明代就达到了顶峰，进入清代后，开始走下坡路，在《红》中只出现了16例，主要修饰动词性谓语，共有14例，占总数的87.5%。

①杨荣祥．近代汉语副词研究［M］．北京：商务印书馆，2005：82.

修饰动宾短语的有3例，约占动词性谓语总用例的21.4%。例如：

宝玉【真个】喝了酒，听黛玉说道：……（《红》62回）

其中修饰由动词“是”引导的动宾短语的有1例。如下：

太太真个说的巧，【真个】是狗不识呢。（《红》73回）

修饰动补短语的有3例，约占动词性谓语总用例的21.4%。例如：

一面说，一面【真个】走来，揭起菜箱一看，只见里面果有十来个鸡蛋……（《红》61回）

修饰连动短语的有1例，约占动词性谓语总用例的7.1%。例如：

说着，【真个】出来拉了他过藕香榭，至暖香坞中。（《红》48回）

修饰状中短语的有7例，占动词性谓语总用例的50.0%。例如：

尤老也会意，便【真个】同他出来，只剩小丫头们。（《红》65回）

其中修饰由介词“把”引导的状中短语的有2例。例如：

湘云道：“‘偕谁隐’，‘为底迟’，【真个】把个菊花问的无言可对。”（《红》38回）

此外，还可以修饰句子，共有2例，占总数的12.5%。例如：

那兴儿【真个】自己左右开弓打了自己十几个嘴巴。（《红》67回）

（二）《儿女英雄传》

发展到文康时代，“真个”的用例有所增加，在《儿》中出现了25例，但同前朝相比，总体还是处于下滑的趋势，但语法功能却较《红》中有所丰富。

（1）修饰动词性谓语仍然是其主要功能，共有21例，占总数的84%。

修饰动宾短语的有8例，约占动词性谓语总用例的38.1%。与《红》中状中短语占最大比重不同，《儿》中动宾短语比重最大，状中短语退居次席。例如：

这事便是【真个】请教孔夫子，孔夫子也没个不许可的理。（《儿》36回）

其中修饰由动词“是”引导的动宾短语的有6例。例如：

就这座京城地面，聚会着天下无数的人才。【真个】是冠盖飞扬，车马辐辏。（《儿》1回）

修饰动补短语的有5例，约占动词性谓语总用例的23.8%。例如：

姑娘看了这地方，【真个】收拾得清净严谨，心下甚喜。（《儿》24回）

修饰兼语短语的有2例，约占动词性谓语总用例的9.5%。例如：

公公不必往下再说了，竟依着我姐姐的话，【真个】陪九公到前头坐去。

（《儿》25回）

修饰状中短语的有5例，约占动词性谓语总用例的23.8%。其中修饰由介词“把”引导的状中短语的有1例。如下：

莫若【真个】把他娶过来罢，你说好不好？（《儿》23回）

修饰动词性并列短语的有1例，约占动词性谓语总用例的4.8%。如下：

那公子却也【真个】足不出户，目不窥园，日就月将，功夫大进。（《儿》33回）

（2）修饰句子的共有2例，占总数的8.0%。例如：

【真个】他就作了八府巡按了。（《儿》40回）

（3）此外，同《红》相比有所不同的是，《儿》中的“真个”还可以修饰名词性谓语，共有2例，占总数的8.0%，分别修饰名词和名词性并列短语。如下：

①当年是“拥书权拜小诸侯”，而今【真个】“百里侯”矣！（《儿》1回）

②你看，倒是他们这等人家【真个】逍遥快乐。（《儿》14回）

（三）《正红旗下》和《老舍合集》

发展到老舍时代，“真个”的用例大幅度缩水，《正》中未出现用例，《老》中也仅仅有2例，分别修饰动补短语和状中短语。如下：

①假若日本鬼子【真个】打进城来，她怎么办呢？（老舍《火葬》）

②假若举人公已经【真个】被捕，石队长还敢在王宅吗？（老舍《火葬》）

发展到以王朔为代表的新北京话时代，“真个”已非常罕见，在《王》和《汪曾祺全集》中均未有用例。在现代汉语中一般只存在于方言中，所以《现汉》将其作为方言词收录。

三、副词“真是”

随着双音化趋势的发展，词尾“是”与“真”结合，发生词汇化，形成了新的“真”类副词——“真是”，而且这是“真”类副词中，最能与“真”产生竞争关系、最为常用的双音节“真”类副词。

据董祥冬（2009）研究，“真是”，“作为判断词组在唐代已经产生，如‘功名只向马上取，【真是】英雄一丈夫’（岑参《送李副使赴碛西官军》）”①。例如：

①董祥冬.“真是”话语标记化及其衍生现象[J].兰州学刊，2009（4）：186-187.

①虚掷光阴，【真是】可惜！（《五代史平话·周史》）

②残梅零落不禁吹，【真是】无花空折枝。（陆游《春初骤暄一夕梅尽开明日大风花落成积作》，转引自何金松，1994：230）

后发展到明代，“真是”有如下用例：

①宋江道：“便是不才酒后，只爱口鲜鱼汤吃。这个鱼【真是】不甚好。”（《水浒传》38回）

②渐渐到了十六七岁，出落得唇红齿白，目秀眉清。【真是】：“何郎傅粉三分白，荀令留裾五日香。”（《醒世姻缘传》1回）

（一）《红楼梦》

后发展到曹雪芹时代，“真是”在《红》中出现了47例。

（1）修饰动词性谓语的有5例，约占总数的10.6%。

其中，修饰动词的有1例，占动词性谓语总用例的20.0%。例如：

若是他哄我们呢，自然没了，若【真是】有的，你岂不也积了阴骘。（《红》39回）

修饰动宾短语的有2例，占动词性谓语总用例的40.0%。例如：

若不拿着，就【真是】怪我了。（《红》6回）

修饰动补短语的有1例，占动词性谓语总用例的20.0%。如下：

探春见平儿来，遂问：“你奶奶可好些了？【真是】病糊涂了，事事都不在心上，叫我们受这样的委曲。”（《红》73回）

修饰状中短语的有1例，占动词性谓语总用例的20.0%。如下：

满厅中红飞翠舞，玉动珠摇，【真是】十分热闹。（《红》62回）

（2）修饰句子形式的共有12例，约占总数的25.5%，这也是“真是”的主要语法功能。

其中，修饰主谓句的有11例，约占句子形式总用例的91.7%。例如：

自己高谈阔论，任意挥霍洒落一阵，拿他弟兄二人嘲笑取乐，竟【真是】他嫖了男人，并非男人淫了他。（《红》65回）

修饰主谓结构的并列短语的有1例，约占句子形式总用例的8.3%。例如：

就是宝玉和黛玉二人之亲密友爱处，也较别人不同，日则同行同坐，夜则同止同息，【真是】言和意顺，略无参商。（《红》5回）

（3）修饰名词性谓语的有9例，约占总数的19.1%。

与“真”不能修饰名词不同，“真是”可以修饰单纯名词，共有5例，约占名词性谓语总用例的55.6%。例如：

紫鹃笑道："你也念起佛来，【真是】新闻！"（《红》57回）

修饰定中短语的有4例，约占名词性谓语总用例的44.4%。例如：

难为宝姑娘这么年轻的人，想的这么周到，【真是】大户人家的姑娘，又展样，又大方，怎么叫人不敬奉呢！（《红》67回）

（4）修饰数量名结构的有5例，约占总数的10.6%。例如：

宝玉听了，啐了一口，骂道："【真是】一个无用的杀才！这点子事也干不来。"（《红》39回）

（5）修饰固定短语的有12例，约占总数的25.5%。同修饰句子形式的用例一样多，也是"真是"主要的语法功能，而且固定短语的种类繁多。

有谚语。例如：

那门子笑道："老爷【真是】贵人多忘事，把出身之地竟忘了，不记当年葫芦庙里之事了？"（《红》4回）

有成语。例如：

只落得张、李两家没趣，【真是】人财两空。（《红》16回）

还有歇后语。例如：

他们那边有棵石榴，接连四五枝，【真是】楼子上起楼子，这也难为他长。（《红》31回）

（6）"真是"还有一种特殊用法，就是后面直接跟"冒号+小句"，起到一种语篇解说作用，共有4例，约占总数的8.5%。例如：

少刻，有小鬟来调桌安椅，设摆酒馔，【真是】：琼浆满泛玻璃盏，玉液浓斟琥珀杯。（《红》5回）

（二）《儿女英雄传》

发展到文康时代，"真是"的用例有所减少，在《儿》中出现了33例，语法功能也发生了些许变化，分析如下：

（1）修饰动词性谓语的有8例，约占总数的24.2%。

其中，修饰动补短语的有4例，占动词性谓语总用例的50.0%。例如：

只这两胞眼泪，却【真是】舍不得太太了，不可埋没了人家的眼泪。（《儿》40回）

修饰状中短语的有4例，占动词性谓语总用例的50.0%。例如：

邓九公看他作的这等斩钢截铁，心里想到昨日安老爷的话，【真是】大有见识，暗暗的佩服。（《儿》17回）

（2）修饰句子形式共的有 6 例，约占总数的 18.2%，同《红》相比，《儿》中用例全部为修饰主谓句。例如：

那近视眼脸上那番得意，立刻就像【真是】他夫人儿来了。（《儿》32 回）

（3）同《红》相比，修饰名词性谓语成为其主要语法功能，共有 9 例，约占总数的 27.3%。

修饰偏正短语的有 8 例，约占名词性谓语总用例的 88.9%。例如：

不望天缘凑巧，倒在此地相会，又得彼此情同针芥，一言订交，【真是】难得的一番奇遇！（《儿》15 回）

修饰名词性并列短语的有 1 例，约占名词性谓语总用例的 11.1%。例如：

姑娘，你这一拜，拜的【真是】千该万该！（《儿》24 回）

（4）修饰数量名结构的有 3 例，约占总数的 9.1%。例如：

啧，啧，啧，【真是】一对儿好孩子！（《儿》28 回）

（5）修饰固定短语的有 7 例，约占总数的 21.2%。同《红》相比，主要修饰成语。例如：

喜得是这老头儿一生任侠好义，颇以无子为憾，如今一朝有后，【真是】大快平生。（《儿》39 回）

此外，与《红》相比，《儿》未出现后面直接跟"冒号+小句"的结构。

（三）《正红旗下》和《老舍合集》

后发展到老舍时代，"真是"的用例进一步增加，但语法功能未发生大的变化。虽然《正》中仅出现 1 例。如下：

假若人【真是】土作的，多老大希望，和泥的不是水，而是二锅头！（《正》8 回）

但在《老》中却出现了 200 余例。例如：

①那辆车也【真是】可爱，拉过了半年来的，仿佛处处都有了知觉与感情……（老舍《骆驼祥子》）

②他喜欢极了，居然能想出这么高明的主意来，真，【真是】不容易！（老舍《二马》）

四、副词"真真（的）"

"真"类副词大约发展到元代，由副词"真"重叠，产生了新的副词——"真真（的）"。例如：

写染得无褒弹，吟咏的忒风骚，【真真】字儿不带草。又不曾倒了平仄，差了韵脚。(郑廷玉《金凤钗》转引自何金松，1994：230)

《汉大》举明朝李贽的例子，显然用例晚出。

再如：

①西门庆见两个儿生得清秀，【真真】袅袅媚媚，虽不是两节穿衣的妇人，却胜似那唇红齿白的妮子，欢天喜地。(《金瓶梅词话》55回)

②我一向好看你，你今日【真真】害风，说出许多风话来。(《醒世恒言》卷23)

“真真”在明朝时用例还不是很多，见下表：

单位：例

	水	西	金	醒$_1$	警	喻	初	二	型	醒$_2$	总计
真真	0	0	1	1	0	0	0	0	0	26	28

注：以上语料分别为《水浒传》《西游记》《金瓶梅词话》《醒世恒言》《警世通言》《喻世明言》《初刻拍案惊奇》《二刻拍案惊奇》《型世言》《醒世姻缘传》

（一）《红楼梦》

发展到清代的曹雪芹时代，“真真”的用例增多，在《红》中出现了36例。其实，这个趋势在明末清初的《醒世姻缘传》中就已经显现。

(1) 修饰动词性谓语的大约有16例，约占总数的44.4%。

其中，修饰动词的有1例，占动词性谓语总用例的6.25%。如下：

黛玉、探春听说，都道：“你【真真】胡闹！且别说那不成诗，便是成诗，我们的笔墨也不该传到外头去。”(《红》48回)

修饰动宾短语的有8例，占动词性谓语总用例的50.0%。例如：

谁知过后还是照旧一样，【真真】有涵养，心地宽大。(《红》32回)

其中修饰由判断动词“是”引导的动宾短语的有5例。例如：

众人都笑道：“【真真】是个呆子，连个当票子也不知道。”(《红》57回)

修饰状中短语的有1例，约占动词性谓语总用例的6.25%。如下：

不用这方儿还好，若用了这方儿，【真真】把人琐碎死了。(《红》7回)

修饰动补短语的有5例，约占动词性谓语总用例的31.25%。例如：

要不是令舅，我便骂不出好话来，【真真】气死我倪二。(《红》24回)

修饰动词性并列短语的有1例，约占修饰动词性谓语总用例的6.25%。例如：

又叹道："【真真】物在人亡了！"（《红》78回）

（2）修饰句子形式的共有16例，约占总数的44.4%。例如：

黛玉听了，睁开眼，起身笑道："【真真】你就是我命中的'天魔星'！请枕这一个。"（《红》19回）

（3）修饰形容词性谓语的共有1例，约占总数的2.8%。例如：

这会子烦你说一句话，还要个利钱，【真真】了不得。（《红》72回）

（4）修饰名词性谓语的有2例，全部修饰偏正短语，约占总数的5.6%。例如：

湘云拍手笑道："阿弥陀佛，【真真】好签！"（《红》63回）

（5）修饰数量名结构的有1例，约占总数的2.8%。例如：

我在那里和她们混了一个月，怎么不知？【真真】一对尤物，可巧她又姓尤。（《红》66回）

（二）《儿女英雄传》

后发展到文康时代，"真真"的用例略有减少，在《儿》中出现了28例。语法功能也发生了些变化。

（1）修饰动词性谓语的大约有24例，约占总数的85.7%。

修饰动宾短语的有12例，占动词性谓语总用例的50.0%。例如：

只是我方才那番卖唱乞食的行径，【真真】叫作"无可奈何，只得如此"，还要求老先生函盖包荒。（《儿》39回）

其中修饰由判断动词"是"引导的动宾短语的有9例。例如：

这驴儿日行五百里，苟遇着歹人，或者异怪物事，它便咆哮不止，【真真】是个神物。（《儿》8回）

修饰动补短语的有5例，约占动词性谓语总用例的20.8%。例如：

……当春日凝妆上那座翠楼的时候，忽然看见陌头一片杨柳春色，就后悔不该叫她夫婿远去觅封侯起来；那一悔【真真】悔得丢人儿没味儿！（《儿》36回）

修饰兼语短语的有3例，占动词性谓语总用例的12.5%。例如：

你还要问他的什么公馆这话说来！【真真】叫人怒发冲冠，泪珠满面！（《儿》11回）

修饰状中短语的有4例，约占动词性谓语总用例的16.7%。例如：

这等看起来，那康成家婢不过晓得了"薄言往愬，逢彼之怒"，合"胡为乎泥中"的几句《诗经》，便要算作个佳话，【真真】不足道也！（《儿》

39回）

（2）修饰形容词性谓语并列短语的有1例，约占总数的3.6%，如：

那安太老爷是淮安地方上一点福星，小人们的家堂佛一般，【真真】廉明公正。（《儿》11回）

（3）同《红》还有所不同的是，《儿》中未出现修饰句子形式、名词性谓语和数量名结构的例子。但是，有1例修饰固定短语以及2例单独使用的例子。例如：

①【真真】十哑九聋，古语不谬！（《儿》14回）

②太太这才想过来，说："是呀，【真真】的，我也是叫你们吓糊涂呀！"（《儿》12回）

（三）其他

后发展到晚清，"真真"的用例开始减少，见下表：

单位：例

	官场现形记	二十年目睹之怪现状	孽海花	老残游记	总计
真真	11	4	0	1	16

发展到老舍时代，"真真"的用例更为罕见，《正》和《老》中均未出现。而发展到王朔时代，情况仍未好转，《王》中仅出现1例修饰动宾短语。例如：

她问起我们舰其他人的情况，【真真】扫了我的兴。（王朔《空中小姐》）

五、副词"真正"

"真"类副词大约发展到明代，产生了新的副词——"真正"。例如：

①吾谓【真正】能接赵老之脉者，意者或有待於兄耳。（李贽《复邓石阳书》，转引自《汉大》）

②大圣爷爷，先前委是个假头。这个【真正】是唐老爷的头，我大王留了镇宅子的，今特献出来也。（《西游记》86回）

③西门庆道："怪油嘴，专要歪斯缠人。【真正】是这样的！着甚紧？吊着谎来？"（《金瓶梅词话》53回）

④众人道："不消说了，这便【真正】冤枉。明日与你禀官。"（《醒世恒言》卷16）

但是"真正"产生后，用例一直不是很多，发展到曹雪芹时代也是如此，其在《红》中仅出现 3 例。2 例修饰句子形式——主谓句，1 例修饰名词性偏正短语。例如：

①【真正】先生说的如神，倒不用我们告诉了。（《红》10 回）

②那柳湘莲也出了家了。【真正】奇怪的事，叫人意想不到。（《红》67 回）

发展到文康时代，“真正”的用例也不多见。《儿》中用例与《红》持平，也是 3 例。语法功能发生了细微的变化，出现了 1 例修饰形容词性谓语的例子。例如：

我第一爱听那张桂兰盗去施公的御赐“代天巡狩，如朕亲临”那面金牌，施公访到凤凰张七家里，不但不罪他，倒叫副将黄天霸和她成其好事，【真正】宽宏大量，说的起宰相肚子里撑得下船。（《儿》32 回）

其余 2 例与《红》相同，分别修饰主谓句和名词性偏正短语，兹不赘述。

发展到老舍时代，“真正”的用例也不多见，在《正》中未出现用例，《老》中也只出现了 11 例。语法功能有一些细微的变化，与清代时主要修饰句子形式和名词性谓语有所不同，《老》中，“真正”主要修饰名词性谓语。例如：

你们光是握着小杆，杆上糊着张红纸，拿这张红纸和大炮碰，老鬼子要笑一笑才怪呢！【真正】爱国的人不这么干！（老舍《二马》）

我们认为副词“真正”较为少用的真正原因在于其虚化的程度还不够，就目前来看，“真正”的用例大部分还是其形容词性的用法。

六、“真”类副词小结

“真”是“真”类副词的根词，也是最为常用的“真”类副词。虽然，“真”在发展过程中受到了来自“真个（的）”“真真（的）”“真正”等副词的竞争，但以上三者都不能对其构成真正的威胁。它们要么只存在于方言中，要么就是走向衰亡或者处在虚化的途中，如今用例都较为少见。

虽然“真是”曾一度与“真”相抗衡，但发展到现代汉语，“真是”出现了话语标记化的变化。正如董祥冬（2009）指出：“真是的基本功能是表示认同性判定，作为关系词建立 A（判断对象）、B（判断内容）两段之间的关系，形成一个简单判断命题。这时，真是联系的是已然或确定的事实。随着语境的变化，当真是联系的是未然或不定的事实时，真是功能迁移，引申出假设功能。这时真是使其所在的小句分句化，后面必须跟随结果分句才能够表示完整的意思。这表明真是具有关联功能，从词汇词（判断动词）向语法词（表关联作用、内容较虚的话语标记词）方向发展，即话语标记化是典型的共时语法化现象。"① 而这种发展导致"真是"表肯定语气用例的减少，自然也不能对"真"的根词地位产生动摇。

"真"类副词的内部成员的语法功能都不是一成不变的，都发生了些许变化，有些变化甚至是很细微的。例如"真个"，修饰动词性谓语一直是其主要功能，但在动词性谓语内部却由《红》时的主要修饰状中短语发展到《儿》时的主要修饰动宾短语。其他用例亦同。

第三节　"大概"类副词的历时嬗变

"大概"类副词主要包括"大抵$_2$""大概$_2$""大略$_2$""大约"等 4 个。这几个副词同前面分析的"管"类、"真"类副词有所不同：一是语义上"大概"类副词表示推测语气；二是这类副词不存在一个共同的根词，各成员之间是相互平行和竞争的关系。下面我们对其一一进行分析。

一、副词"大抵"

"大抵"最初是一个总括范围副词，即"大抵$_1$"，义为"大都"。上古时就有用例。例如：

民之所食，【大抵】豆饭藿羹。(《战国策·韩策一》，转引自《古虚》)

又作"大底"。例如：

自是之后，内宠嬖臣【大底】外戚之家。(《史记·佞幸列传》转引自《汉大》)

后来，"大抵$_1$"渐渐地引申出"大体""大致"之义。例如：

①故其著书十万余言，【大抵】率寓言也。(《史记·老子韩非列传》，转引自《古虚》)

---

①董祥冬."真是"话语标记化及其衍生现象[J]. 兰州学刊，2009（4）：186-187.

②无论海角与天涯，【大抵】心安即是家。（白居易《种桃杏》）

我们认为“大体”“大致”之义的出现是“大抵$_1$”引申出“大抵$_2$”的重要一环。董志翘、蔡镜浩（1994）在对“大抵”进行解释时指出：“……这是由‘大抵’的‘大致’义引申而来。‘大致’除了表主观的测度，也表示了范围、程度接近于全部。由后一点引申而可表示总括。”[①] 同理，我们也可以由前一点引申而得出“大抵”表示主观的测度、推测，即为“大抵$_2$”。

宋朝时就有不少用例，据唐贤清（2003）统计，《朱子语类》中出现了347例。例如：

①【大抵】鬼神用生物祭者，皆是假此生气为灵。（《朱子语类》卷3《鬼神》）

②【大抵】为学，虽有聪明之资，必须做迟钝工夫始得。既是迟钝之资，却做聪明底样工夫，如何得？（《朱子语类》卷8《学2》）

唐贤清认为《朱子语类》中所有的“大抵”均为语气副词用法，杨荣祥先生（2005）也持此意见。但据我们考察，情况并非如此。例如：

若理会得透彻，到临事时，一一有用处。而今人多是闲时不吃紧理会，及到临事时，又不肯下心推究道理，只说且放过一次亦不妨。只是安于浅陋，所以不能长进，终于无成。【大抵】是不曾立得志，枉过日子。（《朱子语类》卷15《大学2》）

上例中的“大抵”用在前面陈述事实之后，表原因。虽然解释为“大概”也可以，即推测其原因为“不曾立得志，枉过日子”，但对照上下文，我们认为已不再是推测语气，而是肯定语气，对其原因得出肯定性的结论。因而此处的“大抵”解释为范围副词“大都”较为合理，即认为“不能长进，终于无成”的原因“大都是”“不曾立得志，枉过日子”。

相似的例子又如：

①仁静知动。易中说“仁者见之”，阳也；“知者见之”，阴也。这样物事【大抵】有两样。仁配春，知配冬。（《朱子语类》卷32《论语十四》）

②看文字须活着意思，不可局定。知对仁言，则仁是体，知是用。只就知言，则知又自有体、用。如“乾道成男，坤道成女”，岂得男便都无阴？女便都无阳？这般须相错看。然【大抵】仁都是个体，知只是个用。（《朱子语类》卷32《论语十四》）

---

①董志翘，蔡镜浩．中古虚词语法例释[M]．长春：吉林教育出版社，1994：86.

③天地只是一个阴，一个阳，把来错综。【大抵】阳则多吉，阴则多凶，吉为善，凶为恶。又看所处之位，逐爻看之，阳有时而凶，阴有时而吉。（《朱子语类》卷34《论语十六》）

后来进一步发展，“大抵”虚化得也更为彻底。例如：

①当时有西门庆在，为娶他，也费了许多心。【大抵】物各有主，也说不的，这好有福的匹配。（《金瓶梅词话》80回）

②这首《西江月》词，【大抵】说人的婚姻，乃前生注定，非人力可以勉强。（《醒世恒言》卷8）

虽然“大抵$_2$”在明代得到了进一步发展，但是此时的“大抵$_1$”仍然占优势，而且用例也不如《朱子语类》多，见下表：

单位：例

	西游记	金瓶梅词话	醒世恒言	醒世姻缘传	总计
大抵$_1$	3	5	7	1	16
大抵$_2$	0	1	2	0	3

后来发展到曹雪芹时代，《红》中用例仍然少见，“大抵$_2$”仅出现1例，与副词“也”结合后修饰介宾短语。如下：

此方人家多用竹篱木壁者，【大抵】也因劫数，于是接二连三，牵五挂四，将一条街烧得如火焰山一般。（《红》1回）

“大抵$_1$”也有1例。如下：

牵连【大抵】难休绝，莫怨他人嘲笑频。（《红》51回）

“大抵$_1$”与“大抵$_2$”的比例为1∶1，两者持平。

发展到文康时代，与曹雪芹时代极为相似，《儿》中“大抵$_2$”也仅出现1例，用在句首，修饰整个句子。如下：

列公！你看拿着安老爷这样一个厚道长者，辛苦半生，好容易中得一个进士，转弄到这个地步，难道果真是皇天不佑好心人不成？断无此理！【大抵】那运气循环，自有个消长盈虚的定数，就是天也是给气运使唤着；定数所关，天也无从为力。（《红》3回）

“大抵$_1$”也有1例。如下：

看了看，也有几首寄怀言志的，【大抵】吟风弄月居多，一时也看不完。（《红》29回）

“大抵$_1$”与“大抵$_2$”的比例为1∶1，两者持平。

后发展到老舍时代，《正》和《老》中都未出现用例。但“大抵$_2$”并未消失，发展到王朔时代，在《王》中又出现了 1 例，修饰复句形式。如下：

的确是许爷的头，一眼便可认出，但神声我感到大相径庭，那是一种我从未在许立宇脸上发现过，其壮烈其狰狞【大抵】只在梦中才可想象得如此淋漓尽致。（王朔《许爷》）

“大抵$_1$”没有出现。《汪曾祺全集》中也出现了 2 例“大抵$_2$”的例子，都用在句首，修饰整个句子。如下：

①【大抵】齐鲁人情古朴，文风也简练如此。（《汪曾祺全集》中《王四海的黄昏》）

②山和谷都是绿的，但绿得不一样。浅黄的、浅绿的、深绿的。每一个山头和山谷多是一种绿法。【大抵】越是低处，颜色越浅；越往上，越深。（《汪曾祺全集》中《赛里木湖》）

“大抵$_1$”没有出现。

虽然在我们考察的现代语料中，“大抵$_2$”的用例明显多于“大抵$_1$”，但是在更大范围的语料库中，“大抵$_1$”要远远多于“大抵$_2$”。例如，在 CCL 语料库中，“大抵”共出现了 800 余例，“大抵$_1$”将近有 600 余例，而“大抵$_2$”却不到 200 例。也正因如此在《现汉》中只收录了“大抵$_1$”的义项，如：

【大抵】副大概；大都：情况~如此｜他们几个人是同一年毕业的，后来的经历也~相同。

以上说明自“大抵$_2$”产生一直发展到现代，其用例都未曾超越“大抵$_1$”，由此我们可以反观宋代的语料《朱子语类》，书中共出现了 347 例“大抵”，如此之多的用例都划分为“大抵$_2$”，而且是在“大抵$_2$”出现不久的宋代，我们认为值得商榷。

而且，我们认为《现汉》的释义也有可商榷之处：

一是释义中未及时吸收“大抵$_2$”的用法，而“大抵$_2$”在现代语料中也不算鲜见。对此，《现虚》做了及时收释。

二是如果承认“大抵”释义中的“大概”是对“大抵$_2$”的体现，那么又有两点可商榷之处：第一，如果认为后面的两个例句分别是对释义语句“大概；大都”的体现，那么存在一个释义和例句不对应的问题。因为例句

"情况～如此"显然用"大概"的副词义，显然无法对号入座。[①] 第二，如果认为后面的两个例句只是对释义语句"大都"的体现，那么存在一个释义语句和释义例句的"榫接与断裂"[②]的问题。而我们认为这个关于"大概"的例句不能省略，因为"大概"和"大都"之间用的是分号，而不是顿号。

其实，我们根据已有的语料和语言学知识，可以知道《现汉》的释义确实存在以下问题：

"大抵"释义语句中的"大概"即为"大都"义，即"大概"本身即有范围副词的用法，如：

①未来派立体派的图画雕刻，都可见到，还有别的许多新奇的作品，说不出路数。颜色【大概】鲜明，教人眼睛发亮；建筑也是新式，简截不罗唆，痛快之至。苏俄的作品不多，【大概】是工农生活的表现，兼有沈毅和高兴的调子。（朱自清《威尼斯的小艇》）

②他们（孩子们）学话的时候，没有教师，没有语法教科书，没有字典，只是不断的听取，记住，分析，比较，终于懂得每个词的意义，到得两三岁，普通的简单的【大概】能够懂，而且能够说了，也不大有错误。（鲁迅《人生识字糊涂始》）

③宇多姑娘来时，【大概】总带她小妹子一起来。一个人独自来的时候也有……（郭沫若《月蚀》）[③]

其实，对于"大概"的这种用法，俞敦雨先生（2000）给予过关注并撰文指出："其实，这些'大概'都是'大抵'的意思。《例释》认为'大抵'可以'表示约略的数量和范围，与'大半''大部分'的意思相当'，还可以'表示大略的情况，有'大致上''大体上'的意思'；拿这两个义项去理解上面句子中的'大概'，是十分贴切的。"[④] 并且针对《现汉》《现虚》《八百词》等辞书未收录此义项提出以下建议："当然，汉语词汇不断地向着明晰、精确的方向发展，'大概'和'大抵'意义和用法的分工也日益明确。时至今日，像以上所述'大概'的两种意义，已经基本不用。但是，作为辞

---

①大概的副词用法解释为：副表示有很大的可能性。（《现汉》：251）

②周荐. 榫接和断裂——汉语字词典字条义项与词条义项关系略析［J］. 语文研究，2010（4）：20-24.

③以上 3 例转引自俞敦雨（2000）。

④俞敦雨. 说"大概"［J］. 语文建设，2000（5）：27.

书，特别是比较专门的辞书，似乎不宜遗漏这两个并不少见的义项。”①

我们认为，《现汉》作为主要收录现代汉语的词典，对活跃在五四期间甚至更早时期的“大概”的义项，而现今已较为少见的用法，可以不做收录。但是，如果释义语句中出现了用这种义项来释其他词的情况，那么，《现汉》就应当做好“榫接”工作，尽量不出现“断裂”。

二、副词“大概”

根据“大抵”我们来进一步考察一下“大概$_2$”的用法。“大概$_2$”是这类副词中较为常用的一个，可以说是“大概”类副词中的一个代表性副词。

同“大抵”一样，副词“大概”刚刚出现时是范围副词，即“大概$_1$”，义为“大都”。例如：

①夫行道之人，德行文学为根株，正直刚毅为柯叶。有根无叶，或可俟时；有叶无根，膏雨所不能活也。至于孝慈、友悌、忠信、笃行，乃食之醯酱，可一日无哉？其【大概】如此。（《新唐书》卷163）

②故此只要正身著役，恐怕雇工的做出事来，以后不好查究。做官的肚肠，【大概】如此，断然不肯再听人说。（《醒世恒言》卷38）

后来，“大概”进一步虚化，逐渐引申出“大体、大致、差不多”之义，也因此，太田辰夫（1958）将其划为表“仅差”情态副词②。例如：

①心【大概】似个官人。（《朱子语类》卷5）

②圣人教人【大概】只是说孝悌忠信日用常行底话。（《朱子语类》卷8）

但此时的“大概”也基本上可以划归为语气副词“大概$_2$”。“‘大概’表示估测，已见于宋代文献。”③ 据唐贤清（2003）统计，仅《朱子语类》中就出现了240例。例如：

①人之先祖，则【大概】以理为主，而亦兼以气魄言之。（《朱子语类》卷3《鬼神》，转引自唐贤清，2003：79）

②今则文字极多，【大概】都是后来中国人以庄列说自文，夹插其间，

---

①俞敦雨. 说“大概”[J]. 语文建设，2000（5）：27.

②太田辰夫. 中国语历史文法（修订译本）[M]. 蒋绍愚，徐昌华，译. 北京：北京大学出版社，2003：74。虽然太田辰夫将“大概”划为情态副词，但是纵观整部著作，他未单独划出语气副词一类，而是将情态副词作为一个大类，将其包裹。这也反映出“大概”虚化过程中的“骑墙性”，下文还要论述。以下两例均来自太田辰夫。

③蒋冀骋，吴福祥. 近代汉语纲要[M]. 长沙：湖南教育出版社，1997：438.

都没理会了。(《朱子语类辑略》卷7，转引自蒋冀骋、吴福祥，1997：438）

但是，"大概$_2$"在后来的发展中却较为罕见，在我们考察的元明语料《新编五代史平话》《水浒传》《西游记》《金瓶梅词话》《醒世恒言》《警世通言》《喻世明言》《型世言》《醒世姻缘传》中都未见合格的用例。

反观《朱子语类》，"大概"共出现271次，而唐贤清统计出"大概$_2$"出现240次，似乎有可商榷之处，如他举的例子，从本身看似乎没问题，补充全后如下：

问："鬼神以祭祀而言。天地山川之属，分明是一气流通，而兼以理言之。人之先祖，则【大概】以理为主，而亦兼以气魄言之。若上古圣贤，则只是专以理言之否?"曰："有是理，必有是气，不可分说。都是理，都是气。那个不是理？那个不是气?"(《朱子语类》卷3《鬼神》)

通过上文，我们可以看到后续句为"若上古圣贤，则只是专以理言之否?"其中，有"只是"和"专"来对应"大概"，因而，我们认为此处的"大概"仍为范围副词。

（一）《红楼梦》

后到了曹雪芹时代，"大概"又有了进一步的发展。在《红》中共出现了10例，其中"大概$_1$"和"大概$_2$"的比例为9：1，其范围副词的用法仍远远高于推测语气的用法。例如：

①这个名字倒好，不知因什么起的？你先【大概】说说原故，若好再说。(《红》54回）

②因文官等一干人或心性高傲，或倚势凌下，或拣衣挑食，或口角锋芒，【大概】不安分守理者多。(《红》58回）

唯一的一个"大概$_2$"修饰动词性谓语，用在否定句中。如下：

凤姐儿喝声"站住"，问道："你二爷外头娶了什么新奶奶旧奶奶的事，你【大概】不知道啊。"(《红》67回）

（二）《儿女英雄传》

到文康时代，这种情况发生了较大的变化。首先，"大概"总的用例明显增多，共出现了39例；其次，"大概$_1$"和"大概$_2$"的比例发生了扭转，"大概$_1$"已经被"大概$_2$"远远超越，两者分别出现了11例和28例。"大概$_2$"的语法功能主要是修饰动词性谓语和句子形式。

（1）修饰动词性谓语的共有21例，占总数的75.0%。

其中，修饰动宾短语的有10例，约占动词性谓语总用例的47.6%。

例如：

那瘦子一见，说："怎么着，手里灵活？这打了我的肘儿了！你等等儿，咱们爷儿俩较量较量。你【大概】也不知道你小大师傅的少林拳有多么霸道！可别跑！"（《红》6回）

其中，修饰由判断动词"是"引导的动宾短语的有6例。例如：

①安老爷坐下，就笑着说道："这【大概】是等榜的意思了。……"（《红》1回）

修饰动补短语的有4例，约占动词性谓语总用例的19.0%。例如：

自己说完了，觉着这话说了个周全，遮了个严密，这【大概】算得"逢人只说三分话，未可全抛一片心"了。(5回)

修饰状中短语的有7例，约占动词性谓语总用例的33.3%。例如：

她自从邓九公和他说了那句提亲的话，始而还只道是老头儿向来的心直口快，想起甚么来说甚么；安老夫妻【大概】初无此心。（《红》26回）

其中，由介词"把"和"比"引导的状中短语的各有1例。如下：

①只得勉强冷笑一声，说："我的少爷，你这可是看鼓儿词看邪了。你【大概】就把这个叫作'临阵收妻'……"（《红》9回）

②那凶僧虽然凶横，他也是个肉人！这肉人的眼珠子上要着上这等一件东西，【大概】比揉进一个沙子去厉害。（《红》6回）

（2）修饰句子形式的共有7例，占总数的25.0%。"大概$_2$"主要用在整个句子或小句的句首，来修饰其所连接的句子。此种用法更加突出其语用的灵活性，起到一种陈述话题的作用。例如：

①【大概】再多几两他也还拿得出来。（《红》3回）

②只要遇着一个大量，合他老人家坐下说入了彀，【大概】那人说西山煤是白的，他老人家也断不肯说是灰色的，说太阳从西边儿出来，他老人家也断不肯说从西南犄角儿出来，——只是那有这等一个大酒量呢！（《红》14回）

（3）从句式上考察，"大概$_2$"的运用还有一个特点，就是经常出现在否定句或表达否定意义的句中，共出现了11例，约占总数的39.3%。例如：

姑娘还着礼，暗道："他可叨叨完了！弹弓儿是留下了，这【大概】就没甚么累赘了。我索性等他出去我再起来。"（《红》17回）

"大概"即使出现在判断句中，也是表达否定的判断。例如：

如今他是病在店里了，这时候又要到二十八棵红柳树找甚么褚一官，你算，他的朋友【大概】也不是甚么好惹的了。（《红》4回）

后来的发展使得“大概$_1$”减少、“大概$_2$”增多的这种趋势进一步得到了加强，见下表：

单位：例

	孽海花	老残游记	官场现形记	二十年目睹之怪现状	总计
大概$_1$	3	3	4	1	11
大概$_2$	13	11	2	0	26

（三）《正红旗下》和《老舍合集》

后发展到老舍时代，用例进一步增多，“大概$_2$”的优势更为明显。在7万余字的《正》中“大概$_2$”出现了18例，比例远远高于《红》和《儿》，而“大概$_1$”几近消失，未出现用例。修饰动词性谓语和句子形式仍是“大概$_2$”的主要语法功能，分别有14例和4例。

（1）其中，在动词性谓语修饰的用例中，修饰动宾短语的有6例，约占动词性谓语总用例的42.9%。例如：

在北京，在使馆的眼皮子下面闹点事，调兵【大概】就不成问题了。（《正》8回）

其中修饰判断动词“是”引导的动宾短语的有5例。例如：

我的曾祖母的任务【大概】是搀扶着大员的夫人上轿下轿，并给夫人装烟倒茶。（《正》5回）

修饰动补短语的有1例，约占动词性谓语总用例的7.1%。如下：

大姐夫后来时常嘲弄我：吃浆糊长大的孩子，【大概】中不了武状元！而姑母呢，每在用烟锅子敲我的时节，也嫌我的头部不够坚硬。（《正》7回）

修饰连动短语的有1例，约占动词性谓语总用例的7.1%。如下：

小山上长满了小树与杂花，最高的地方有个茅亭，【大概】登亭远望，可以看到青青的西山与北山。（《正》11回）

修饰状中短语的有6例，约占动词性谓语总用例的42.9%。例如：

牛牧师心里想：这顿饭【大概】不容易吃！他正这么想，两位翰林和两位喇嘛都走了出去。（《正》11回）

（2）在句子形式的用例中，与《儿》一样，“大概$_2$”用在整个句子或小句的句首，修饰其所连接的句子，共有4例，约占总数的22.2%。例如：

父亲回来，低声地说：我把她招笑了，【大概】明天不至于闹翻了天啦！

（《正》5回）

（四）《王朔合集》

后发展到以王朔为代表的新北京话时代，“大概$_2$”一直保持着较高的使用频率。我们抽查了《王朔合集》中《玩的就是心跳》和《过把瘾就死》两部作品，“大概$_2$”分别出现了19例和8例，而“大概$_1$”却依然没有出现。

由上，我们可以得出一个初步的结论：“大概”在漫长的发展演变过程中，首先虚化成一个范围副词“大概$_1$”，随后至迟在宋代出现了表推测语气的“大概$_2$”，并在《朱子语类》中大量出现；但在后来的元至清初这段时期，无论是“大概$_1$”还是“大概$_2$”都进入了漫长的沉睡期；进入清中期，“大概”的发展迎来解冻期，“大概$_1$”和“大概$_2$”也开始竞争、演变和替换。曹雪芹时代，“大概$_1$”还远远超越“大概$_2$”，而发展到文康时代，“大概$_2$”占据了优势，并在清末继续显现；而发展到了老舍时代，“大概$_2$”已经基本上完成了对“大概$_1$”的替换，在现代语料中，“大概$_1$”的用法基本消失了。

三、副词“大略”

“大略”也是产生较早的一个副词，由副词“大”和“略”复合而成，最初是范围副词，即“大略$_1$”。例如：

百家之言政者尚矣。【大略】归乎宁固根柢，革易时敝也。（《后汉书·王充传论》，转引自《古虚》）

后来，随着“大略$_1$”的进一步虚化，“大略”由“大都”之义引申出“大致、大体”之义。例如：

①小小牛儿者，高祖武德四年九月日，有前道士太史令博奕，先是黄巾党，其所习遂上表底佛法，事十有一条，【大略】而云：“释经是损国破家，未开益世。请胡佛邪教退还天竺。凡是沙门放归桑梓，则国家昌泰，李孔教行矣。”（《祖堂集》卷2）

②松外诸蛮，大唐贞观末为寇，遣兵从西洱河讨之。其西洱河，从嶲州西千五百里。其地有数十、百部落，大者五、六百户，小者二、三百户。无大君长，有数十姓，以杨、李、赵、董为名家，各据山川，不相役属，自云其先本汉人。有城郭、村邑、弓矢、矛铤，言语虽小讹舛，【大略】与中夏同。（《太平御览》卷249）

同“大抵”一样，“大略”的“大体、大致”之义的出现是“$大略_1$”引申出“$大略_2$”的重要一环。“$大略_2$”至迟在南宋时期就已经产生，据唐贤清（2003）考察，其在《朱子语类》中出现了16例。例如：

曾子子思孟子【大略】皆相似。（《语类》卷93《孔孟周程张子》，转引自唐贤清，2003：79）

在后来的发展中，$大略_2$并不多见，再如：

①裴越客道：“‘水浅舟胶，虎来人得。’【大略】是不祥的说话了。”李老道：“也未必不祥，应后自见。”作别过了。（《初刻拍案惊奇》卷5）

②子中道：“弟妇赞之不容口，【大略】不负所举。”（《二刻拍案惊奇》卷17）

而且在以上语料中，“$大略_1$”仍占优势。列表如下：

单位：例

	初刻拍案惊奇	二刻拍案惊奇	醒世姻缘传	总计
$大略_1$	2	8	2	12
$大略_2$	1	1	1	3

后发展到曹雪芹时代，《红》中，“大略”仅出现1例，为“$大略_2$”与副词“也”“还”连用，修饰动补短语。如下：

既要作诗，你就拜我作师。我虽不通，【大略】也还教得起你。（《红》48回）

后发展到文康时代，仍旧鲜见，《儿》中“大略”共出现6例，其中4例为“$大略_1$”，“$大略_2$”仅出现2例，但语法功能略有丰富，可以修饰状中短语和主谓句。其中1例“$大略_2$”还和助词“着”结合，组成“大略着”。例如：

①邓九公睁着双大眼睛道：“这位安太老爷的根基，你们【大略】着也未必知道。”（《儿》15回）

②却说屋里的何小姐方才见四个贼擒住了两个，那两个才办条逃路，又被外面一声喊吓回来了，早料这一惊动了外面，【大略】那两个也走不了。（《儿》31回）

但在此时“$大略_1$”仍占据主导地位，在此后的发展中，“$大略_2$”渐渐退出了历史舞台，见下表：

单位：例

	红	儿	官场现形记	二十年目睹之怪现状	孽海花	总计
大略$_1$	0	4	10	1	2	17
大略$_2$	1	2	0	0	0	3

在老舍时代和王朔时代的典型语料中，更是未见“大略$_2$”的合格用例。因而，《现汉》对“大略”的副词用法释义时，只保留了其范围副词的用法：

【大略】[1]副大概；大致：时间不多了，你~说说吧。

以上解释出现了与上文“大抵”中一样的问题，即此时的释义语句“大概”是范围副词用法，而在《现汉》的释义中，“大概”却只有语气副词的解释，出现了“断裂”。

还要指出的是，“大略”的这两种副词用法在《汉大》中也均未体现。

四、副词“大约”

“大约”是产生相对较晚的一个副词，最初也是范围副词的用法，即“大约$_1$”。董志翘、蔡镜浩（1994）在对“大抵”“大底”“大约”做解释时指出：

［副］表示对情况的总括。可译作“总之”“大凡”。与表示对情况的测度的用法稍有差别。

“大抵”字又作“大约”，义同：

明宗戒秦王从荣曰：“吾少钟丧乱，马上取功名，不暇留心经籍。在藩邸时，见判官论说经义，虽不深达其旨，【大约】令人开悟。”（北梦琐言·卷19）

……

这是由“大抵”的“大致”义引申而来。“大致”除了表主观的测度外，也表示了范围、程度接近于全部。由后一点引申而可表示总括。“大约”的来历亦相似。①

从以上论述可以看到副词“大约”表范围和表推测语气之间的关系，但是我们不同意它的引申顺序。我们的观点恰恰相反，认为“大约”由表范围逐渐虚化为表推测语气，理由如下：

首先，从时间上看，表范围的“大约$_1$”要早于表估计、推测语气的

①董志翘，蔡镜浩. 中古虚词语法例释[M]. 长春：吉林教育出版社，1994：86。

“大约$_2$”。据我们考证，“大约$_1$”较早的例子见于汉代。例如：

若夫大变之应，【大约】以权决塞，因宜而行，不可豫形。（《新书》匈奴）

再如：

其他州县【大约】相似。（《旧唐书·李渤传》）

而“大约$_2$”较早的例子见于宋代。例如：

①【大约】岁入二千余万缗。（《梦溪笔谈·官政1》，转引自《古虚》）

②今所团结，即其保聚不流徙者，虽不能尽在其中，【大约】已十余万家矣。（叶适《安集两淮申省状》，转引自雷文治，2002：28）

③圣贤言语，【大约】似乎不同，然未始不贯。（《朱子语类》卷12《学6》，转引自唐贤清，2003：79）

其次，范围副词是相对来说较实的副词，而推测语气副词是较虚的副词。由实到虚，符合语法化的规律，而由虚到实则违反语法化的单向性原则。

最后，“大约”属于“大概”类副词，而“大概”类副词的其他成员都经历了一个由范围副词演变为语气副词的过程，“大约”自然也具有这样的共性。

“大约$_2$”自宋代产生，发展较为迅速，据唐贤清（2003）和杨荣祥（2005）的研究，在《朱子语类》中“大约”全部为语气副词，未有范围副词的用法。在后来的发展中更得到了加强。例如：

①天下事【大约】强求不得的。（《拍案惊奇》卷40）

②陈仲子嫌其兄居室饮食【大约】从不义中得来，避出于於陵，织鞋糊口，以求不愧不怍。（《醒世姻缘传·引起》）

（一）《红楼梦》

发展到曹雪芹时代，“大约$_2$”的用例进一步增多，在《红》中共出现了26例，未见到“大约$_1$”的用例。

（1）修饰动词性谓语的共有12例，约占总数的46.2%。

修饰动宾短语的有5例，约占动词性谓语总用例的41.7%。例如：

如你这样说来，却怎么了结此案？你【大约】也深知这凶犯躲的方向了？（《红》4回）

其中，修饰判断动词“是”引导的动宾短语的有4例。例如：

金桂笑道：“何必冤枉众人，【大约】是宝蟾的镇魇法儿。”（《红》80回）

修饰状中短语的有7例，约占动词性谓语总用例的58.3%。例如：

论理该请贵妃赐题才是，然贵妃若不亲睹其景，【大约】亦必不肯妄拟。

（《红》17至18回）

其中修饰由介词“连”引导的状中短语的有2例。例如：

亏你今夜不过如此，将来金殿对策，你【大约】连“赵钱孙李”都忘了呢！（《红》17至18回）

（2）修饰句子形式的共有11例，约占总数的42.3%。例如：

秦氏笑道：“我这屋子【大约】神仙也可以住得了。”（5回）

（3）修饰名词性谓语的共有3例，约占总数的11.5%。

其中，修饰时间名词的有2例，约占名词性谓语总用例的66.7%。例如：

黛玉叹道：“我这睡不着也并非今日，【大约】一年之中，通共也只好睡十夜满足的。”（《红》76回）

修饰定中短语的有1例，约占名词性谓语总用例的33.3%。如下：

贾政道：“【大约】今年雨水太勤之故。”（《红》75回）

从语用上来看，“大约”用在句首，领起整个小句，修饰整个句子的用例较多，共有10例，约占总数的38.5%。例如：

【大约】政老前辈也错以淫魔色鬼看待了。（《红》2回）

（二）《儿女英雄传》

发展到文康时代，“大约”的用例更是成倍增加，共出现了133例，也未见范围副词的用法，语法功能没有太大变化，基本与曹雪芹时代保持一致，在此不再赘述。

（三）《正红旗下》

后到了老舍时代，“大约”在《正》中出现1例，修饰时间名词。如下：

二哥福海和二姐耐心地搀着老太太，从街门到院里走了【大约】二十多分钟。（《正》3回）

至此，“大约”也成为“大概”类副词的一个典型代表，作为较为常用的一个，继续活跃在现代汉语中。

五、“大概”类副词小结

“大概”类副词的虚化过程比较相似，都由一个表“大都、大多”之义的范围副词慢慢引申虚化出“大体、大致”之义，最后再虚化到表推测的语气副词。

“大概”类副词的虚化过程基本上都符合语法化单向发展的规律。如

"大抵"和"大概"的虚化。不同的只是两者的虚化程度不同："大抵"例中，"大抵$_1$""大抵$_2$"都存在，但是范围副词"大抵$_1$"仍占优势，所以《现汉》只收录"大抵$_1$"；而对于情况大致相同的"大概""大约"来说，虚化的过程较为彻底，语气副词"大概$_2$""大约$_2$"占优势，所以《现汉》只收录"大概$_2$""大约$_2$"。

但是任何规律和原则都会有特例，"大略"就是如此。在其虚化发展过程中，出现了逆溯现象。本来"大略$_1$"引申为"大略$_2$"，顺理成章，合乎逻辑和规律。但是后来的发展却显示出语气副词"大略$_2$"基本消失，只保留了"大略$_1$"，所以《现汉》只收录"大略$_1$"。但是此时的"大略$_1$"也已不是纯粹的范围副词，而是介于范围副词和语气副词之间，但偏重、倾向于表范围"大致、大体"之义的副词。

至此，我们不得不详细讨论一下副词"大体"和"大致"的意义及用法。《古虚》将两者做相同解释，即"表示所述事实是约略的情况"①。例如：

①山东食海盐，山西食盐卤，领南、沙北固往往出盐，【大体】如此矣。（《史记·货殖列传》）

②终陈掌不侯，而郦昌绍国，虽有不类，未可致诘，其【大致】归然矣。（《后汉书·卷45》）

《现汉》在释义时，却出现了不一致的现象。"大体"释义如下：

【大体】①名……②副就多数情形或主要方面说：我们的看法~相同。

而"大致"如下：

【大致】①形属性词。大体上，基本上：~的想法｜~情况如此｜两家的情况~相同。②副大概；大约：看看太阳，~是十一点钟的光景。

对于"大致"的义项①，一方面用"大体上"来释义，另一方面例句基本上与"大体"义项②的例句相同。而词性却标注为形容词而非副词，与"大体"②的词性不一致。

词性的划分是一个复杂的问题，在此，我们只指出两者标注的不一致，不褒贬其划分的科学性和合理性。但是，由此我们可以发现"大体"与"大致"的细微差别，即"大体"还是偏重、倾向于表范围，而"大致"偏重、倾向于表推测语气。而"大体"和"大致"正是连接"大概"类副词虚化

①中国社会科学院语言研究所古代汉语研究室编. 古代汉语虚词词典[Z]. 北京：商务印书馆，1999：77。以下两例均引自《古虚》。

的枢纽和中途站，如下图所示：

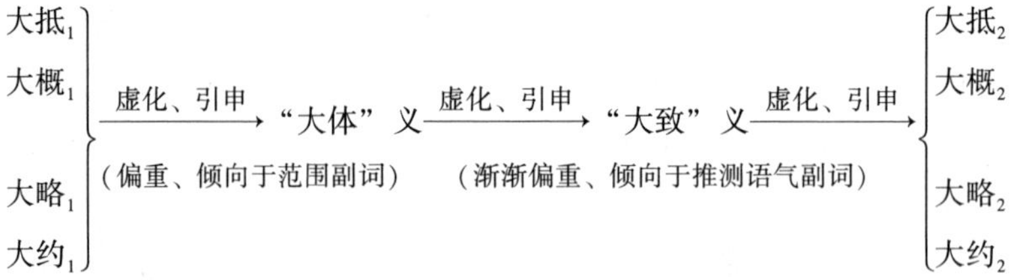

第四节　关于北京话否定副词的说明

否定副词我们就不展开论述了，之所以这样安排是基于以下考虑：

一是对于否定副词来说，其本身数量不多，而且大部分在上古及中古时期，最晚在近代汉语中期以前基本定型，其语法意义和功能都没有大的变化。而对于其中的一些典型副词，如"不曾""没曾""未曾"等，我们在上文中也有所考察和分析，因而在此不再赘述。

二是限于个人能力、精力及时间，我们无法再对其进行详尽讨论。这项工作，只有留在以后的工作中进行。

结　语

通过以上诸章节的介绍，我们对北京话典型副词的发展演变进行了分析和考察。通过以上分析，能否发现和总结出一些副词发展的一般性规律？诚如高育花坦言：“汉语副词的发展演变有其自身的规律，但我们现在还无法很好地对这些规律作出概括和总结。”① 但是，通过对北京话典型副词的分析和研究，我们还是可以得出一些初步结论的。

第一节　北京话副词的整体特点

一、具有不同时间层次的副词系统

1750—1950 年正处在近代汉语发展的末期和现代汉语发展的初期，把这 200 年间的副词作为一个系统来考察，必然具有各个时代的烙印。因此，可以说，它是一个具有不同时间层次的副词系统。

有些副词是上古汉语或中古汉语就产生并普遍使用的，如“皆”“仅”“极”“颇”“特”“最”“益加”“愈”“愈加”“尤”“略”“稍”“微”“曾”“尝”“既”“既已”“业已”“已”“已曾”“早”“正”“正自”“将”“顿”“俄”“俄而”“忽”“忽然”“倏尔”“倏忽”“倏然”“随即”“旋”“一旦”“一时”“从来”“还自”“仍”“仍旧”“向”“向来”“永远”“犹”“犹自”“总”“不”“靡”“莫”“无”“不必”“未”“未曾”“不要”“勿”“切勿”“常”“复”“频”“苦”“任意”“妄”“妄自”“亲”“亲自”“互”“互相”“默”“默默”等。这些副词基本上是单音节副词，双音节副词占的

①高育花．中古汉语副词研究［M］．合肥：黄山书社，2007：254.

比例较小。

有些副词是在近代汉语中才产生的，如“暗暗”“暗地”“悄悄”“三不知”“直接”“专门”“一味”“一壁里”“白白”“平白”“平空”“一并”“略略”“略微”“颇颇”“越发”“越加”“越益”“尤其”“好不”“好生”“极其”“十分”“大大”“时刻”“始终”“素来”“一直”“一向”“依旧”“渐次”“逐渐”等。其中，有一些是近代中晚期才产生的，如上文中我们考察的“疾忙”“急忙”“即刻”“特为”“特意”等。这一时期产生的副词大部分是双音节形式。

还有的副词是在这两百年间产生的，如“相当”①，又如上文中我们考察的副词“管保”“赶紧”类副词。这类副词所占比例较小。

二、相对稳定而又不断发展的副词系统

“渐进式”的发展是语言发展的一个基本规律，对于副词来说也不例外。所谓“渐进”，即这种发展是循序渐进的，不是突变的，也即副词系统的整体是稳定的，这种稳定性主要体现在两个方面：一方面，这 200 年间的副词系统中的副词绝大部分是从上中古汉语及近代汉语中继承下来的，即体现了其“承上”性。这一点上文做了论述，在此不再赘述。另一方面，这一时期大量的副词，包括这一时期新产生的副词，都一直保存在现代汉语中，如“赶紧”“赶快”“赶忙”“相当”等。

副词系统是稳定的但并不代表是“静止”的，系统内部也在发生变化，主要表现在以下几个方面：

第一，新副词的产生和发展。例如，上文提到的“相当”和“赶紧”类副词。又如，副词“管保”，在《红》中刚刚出现，仅有 5 例。但发展迅速，在《儿》中出现了 15 例。在现代汉语中，已成为较为常用的语气副词。

第二，旧副词的衰落和消亡。例如，上文分析的“尽行”，在宋代产生并确立，于明代进入发展期，1750—1950 年快速衰落，几近消失。有类似情况的还有“管定”“管取”“管情”等副词。

第三，少数副词语义和语法功能的变化。语义的变化如我们上文花了大量篇幅所考察的副词“尽情”。在宋到明这段时期，其语法意义主要是“表

①曹秀玲研究指出：“民国时期，‘相当’做程度状语的用例增多，开始单独修饰形容词，‘相当’虚化为程度副词。”

示总括”，是一个范围副词，即“尽情$_1$”。在我们的考察中，“尽情”1750—1950年经历了“尽情$_1$”向情状方式副词“尽情$_2$”转变的过程。在《红》中“尽情$_1$”：“尽情$_2$”是2：1；《儿》文中持平，为3：3；《老》中则为0：1。在现代汉语中“尽情$_1$”已经消失，全是表情状方式的“尽情$_2$”。有类似情况的副词还有“大抵”“大概”“大略”“大约”等。

语法功能的变化如程度副词“极”，在明代的句法功能主要是作状语，偶尔作补语，而在清代“极”作补语的情况变得比较常见，而发展到老舍时代，其语法功能最终定型，即主要作状语，也可以作补语。其他的语法功能的变化主要体现为副词内部修饰功能比例的变化，这在上文中都有比较详尽的计量统计和论述，在此不再赘述。

第二节　北京话副词发展演变的若干规律

通过以上对北京话副词整体面貌的认识，并借鉴前人时贤的研究成果，我们粗略归纳了几点北京话副词发展演变的规律。

一、继承和发展

首先是继承性。这一点不仅是副词发展的规律，也是语言发展的共性之一。杨荣祥先生（2005）称之为“累积”，术语不同，但其实质是一样的。世上的万事万物都是不断发展变化的，旧的要素不断消亡，新的要素不断产生。就北京话副词来说，那就是旧副词的不断消亡和新副词的不断涌现。但是，新旧之间的交替不是瞬间完成的，也不是产生一个必然就消亡一个。更常见的情况是新副词刚刚产生时，由于与旧副词在语义和语法功能上还存在一些差异，两者承担着不同的语法功能和表达需要，因此，在很长一段时间内，新旧副词两者并存。旧副词的存在，即体现了副词发展的继承性。

例如，我们上文分析的“凡”类、“曾”类、“将”类、“真”类、“正”类等副词，每一类都至少包含一个双音节副词。但是，每一类副词的根词或母词并未因为其双音节同类副词的产生而消亡，相反，它们仍然是现代汉语中非常常用的副词。更有甚者，如“将”类副词的根词“将”，在现代汉语中的使用频率远远高于其双音节副词“将要”。

其次是发展性。任何一个新副词的产生都不会是原有旧副词的简单重复。否则，就违背了语言的经济性原则，必然不会长久存在。

例如，前文分析的“单”类副词中（参见第二章第五节），有“单”和“只”组合的例子，分别组成“单只”或“只单”。这种可以互换、颠倒的用法，反映了“单”“只”的并用具有临时性、随意性的特点，带来的只是语义上的冗余。因而，在现代汉语中，这种用法基本消失了。一个新副词要产生并发展或一个旧副词要存在下去，那就必然要具有发展性，必然要具有其他副词所不能替代的属性。同样是“单”类副词的“单单”就具有发展的特性（参见第二章第五节）。“单单”在宋代产生初期时，还是单纯地表示范围的副词，但是后来的发展却经历了一个由“限定范围副词”向“评价语气副词”转化的过程，甚至现在还处于一个交织的状态。“单单”正是由于具有这种不断发展的特性，才未被淘汰，相反，还焕发出强大的生命力。

二、竞争和更替

如果所有的新旧副词之间都可以“和平共处”，那么汉语副词中的同义词就会不断地增多，副词系统就会不断地膨胀，就会给人们的交际带来很多麻烦，这显然是违背语言的经济性原则的。事实上也并非如此，近代汉语副词系统和我们考察的这200年间的北京话副词系统大体保持平衡。我们考察的这段时期的主要副词有781项，杨荣祥（2005）考察的近代汉语的主要副词有721项，应该说是相差不大的。虽然总数相差不大，但里面的内容和成员却相差很大。例如，近代汉语中的“急手”“偶自”“塞”“时固”“限地”“大段”“大纲”“大故”等副词在北京话副词（1750—1950）系统中都十分罕见甚至消失，而北京话副词（1750—1950）系统中的“管保”“赶紧”“赶忙”“赶快”“相当”等副词也是这200年间产生的，不见于杨荣祥（2005）的近代汉语副词系统。

新旧副词之间这种此消彼长的关系就是它们相互竞争的结果，而这种竞争也受到了多方面因素的影响，主要有以下两种。

一是汉语副词双音化的趋势。汉语中的词汇都具有由单音节向双音节发展的趋势，副词也不例外。这种趋势的存在必然导致新产生的双音节副词与旧有的单音节副词产生竞争。例如，杨荣祥（2005）对“真”和“真个”的考察，两者的比例如下①：

真——真个：《变文》为27：0；《语类》为78：59；《平话》为15：8；《金》为20：57（《语类》抽查1~30卷和101~120卷共50卷；《金》抽查前50回）

又如“即”类副词（参见第四章第七节）。单音节副词“即”自汉代开始就一直受到各类双音节“即”类副词的竞争。通过“即”类副词章节中的几个表格，我们可以看出，双音节“即”类副词的其他双音节成员“即便”“即刻”“即忙”“即时”“即行”等，基本上到明代发展到了顶峰。因而，副词“即”在元明时期的彻底衰落，与双音节“即”类副词的竞争有很大关系。

二是由于语义、语法功能甚至语用等方面的相近，导致相互竞争。这又表现在如下两个方面。

一是同类副词之间的相互竞争。还是举“即”类副词的例子（参见第四章第七节）。汉代“即时”首先产生，后六朝时期产生了“即便”，到了晚唐五代相继产生了“即忙”“即行”，最后到元代产生了“即刻”。以上5个双音节副词，由于都是由副词“即”这个根词分化、生发出来的，所以在语义、语法功能甚至语用等方面都非常相近，所以在漫长的历史时期内，它们处在一种相互竞争并共续共存的环境中。

例如，“赶紧”类副词（参见第四章第五节）。“赶忙”最早在《红》中出现，在其发展到了比《儿》稍早几十年的《品花宝鉴》时代，“赶紧”开始出现；发展到《儿》时，“赶紧”在《儿》中的用例为19例，而且“赶紧”的语法功能与“赶忙”几乎完全一致，因而“赶紧”的出现大大地抑制了“赶忙”的发展。后来，又产生了具有同样语法功能的“赶快”，更加抑制了“赶忙”的发展。因此，在北京话中，“赶忙”虽然没有被“赶紧”“赶快”完全取代，但出现的频率明显不如后两者。

再如，“将”类副词（参见第四章第四节）。作为“将”的补充，“将次”产生于宋代，明末清初时其发展达到顶峰，但马上就转入低谷，在现代汉语中已经消失；而伴随着“将次”的减弱和消失，另一个“将”类副词“将要”随之产生并发展，并一直存在于现代汉语中。因此，我们推测：在“将”类副词中，“将次”和“将要”虽然无法同“将”形成真正的竞

①杨荣祥. 近代汉语副词研究[M]. 北京：商务印书馆，2005：82.

争关系，但“将次”和“将要”却相互竞争，最终，“将次”被淘汰，“将要”取代了“将次”；同时，我们认为，由于“将要”符合双音化的要求和趋势，所以在未来，“将要”的用例可能会超越“将”。

二是不同类副词之间的竞争。不同类副词之间虽然不具有相同的“词素”，也不具有派生关系，但是由于语义、语法功能甚至语用等方面的相近，同样可以导致其相互竞争。

比如，我们经常用来举例的“即”和“便”的关系。时间副词“即”产生后，用例并不是很多，据李宗江（1997）研究，“‘即’在先秦使用不多，《诗经》《论语》《孟子》《荀子》等书中均未见。到汉代用量大幅度增加，仅《史记》102~106卷中就见74例”。但是，后来随着与“即”具有相同语法功能的“便”的出现，“即”的地位越来越受到“便”的威胁，“到南北朝时期，‘便’的用量已超过了‘即’”①。据李宗江（1997）统计研究，“即”在《大慧普觉禅师书》《王俊首岳侯状》《大唐三藏取经诗话》《朱子语类》《虚堂和尚语录》《刘知远诸宫调》《张协状元》等几部作品中的用例均为个位数，有的甚至仅1例，而“便”的用例则少则十几例，多则几百例。

再如，“即”类双音节副词被“立刻”“马上”等新兴副词竞争、排挤的过程。（参见第四章第七节“即”类副词小结）

三、派生和分化

其实，严格地讲，派生、分化和合成并不是汉语副词发展的规律，而是新副词产生和发展的重要途径和手段。但是，这种途径和手段却时刻体现着副词发展的规律，与汉语副词发展的规律交织在一起，我们借鉴高育花（2007）的研究成果，将其放在此处讨论。

（一）派生

我们这里所讨论的派生，比语言学上通常所说的派生一词范围更广，除了通常所说的由一个词根语素加上后缀构成附加式双音节副词，还包括单音节副词重叠构成的双音节副词。

派生造成的结果之一就是大量双音节副词的产生。例如由词缀“~然”派生的“悄然”“徒然”“忽然”“突然”“居然”“自然”等，由词缀“~

①李宗江.“即、便、就”的历时关系[J].语文研究，1997（1）：25-30.

自”派生的“犹自”“还自”“正自”“徒自”等，再如由于重叠而产生的“渐渐”“常常”“稍稍”“恰恰”“偏偏”“断断”等。

派生造成的第二个结果就是出现了大量单音节副词与双音节副词构成的同义词聚合。如“白—白白”“忽—忽地”“空—空自”“将—将次”“渐—渐渐”“特—特为”“真—真个”“单—单单”等。它们由于在语用上和语法功能上有些细微的差别，因而可以共续共存。

（二）分化

所谓分化，是指一个副词分化为多个副词项，即由单义项副词发展为多义项副词。一般来说，一个副词在刚刚产生的时候，应该只有一个义项，但在后来的使用和发展过程中，其用法往往会有所扩展，而这种扩展又会引起其语义或语法功能的变化。当这种变化足够明显，使得一个词具有了明显不同的语义特征或语法功能时，就会分化为不同的副词项，从而成为多义项副词。

副词“单单”，初期是作为限定范围副词出现的。例如：

【单单】说个“风乎舞雩，咏而归”，只做个四时景致，论语何用说许多事！（《朱子语类》卷117《朱子十四》）

但是后来的发展使得“单单”出现了表达语气的需要。例如：

这潘金莲【单单】把眼四下观看，影影绰绰，只见隔壁墙头上一个白脸探了探，就下去了。（《金瓶梅词话》13回）

此处的“单单”释为“偏偏、恰恰、正好”等比较合适，表达了一种“偏偏怎样”的语气。

后来，这种趋势不断增强，并最终形成“评价语气副词”——“单单$_{2}$”。例如：

他果然要探你的行藏，差那一个来不了了事？【单单】的要用着我这等一个推不转搡不动的尹其明？（《儿女英雄传》18回）

原来的限定范围副词“单单”就分化为“限定范围副词”“单单$_{1}$”和“评价语气副词”“单单$_{2}$”（参见第二章第五节）。其分化路线如下图所示：

单单$_{1}$（范围副词）
↗
“单单”（范围副词）
↘
单单$_{2}$（语气副词）

“单单”的这种分化，是原有的义项与新分化的义项并存。而有的副词却是原有的义项逐渐消亡，仅剩下新分化的义项。这种分化一般会造成副词的转类。

副词“尽情”，在宋到明这段时期，其语法意义主要是“表示总括”，是一个范围副词。例如：

山曰：“双明亦双暗。”师礼谢。三日后却问：“前日蒙和尚垂慈，只为看不破。”山曰：“【尽情】向汝道了也！”（《五灯会元》卷7）

后来的发展使得“尽情”出现了表情状方式的倾向，这种倾向不断得到强化，因而出现了表极力的情状方式副词“尽情$_2$”和表总括的范围副词“尽情$_1$”并存的情况。最后，发展到现在，“尽情$_1$”消失，只有“尽情$_2$”，“尽情”也就完成了转类（参见第二章第三节）。其分化路线如图所示：

尽情$_1$（范围副词）⟶ ø

“尽情”（范围副词）

尽情$_2$（情状副词）⟶ 尽情$_2$（情状副词）

又如“大概”类副词中的成员“大概、大约、大抵”，基本上都经历了类似的分化转类过程。（参见第六章第三节）

第三节　其他需要讨论的问题

一、如何看待副词合成的问题

所谓副词合成问题，即如何判断一个双音节副词AB，到底是由实词AB本身虚化而来，还是由两个单音节副词A和B合成的？此问题的提出是受到了李宗江先生的启发。

雷冬平、胡丽珍（2010）在论述“正在”的形成过程时，曾提到李宗江先生给他们的意见：李宗江先生看该文（按：《时间副词“正在”的形成再探》）初稿时也曾向笔者提到“正在”的形成有可能是时间副词“正”和时间副词“在”“同义复合构词的结果”，并认为“要证明这一点，只要证明在‘正在’开始出现的时候，‘在’已经是时间副词就可以了”①，即如果要

①雷冬平，胡丽珍．时间副词“正在”的形成再探[J]．中国语文，2010（1）：67-73.

证明双音节副词AB是由两个单音节副词A和B复合而成的，那么只需要证明副词AB出现的时候，A和B都已经是单音节副词。这个时间原则把握好了，可以帮助我们解释很多不容易说清楚的问题。

如我们前面章节提到的如何判断“亲自”是由副词“亲”和“自”复合而成的，还是副词“亲”+词缀“自”派生而来的（参见第五章第二节）。为此，还分成了以蒋冀骋、吴福祥（1997）、陈鸿儒（2008）等为代表的复合派和以王云路（2001）为代表的附加派。其实，只要掌握了以上原则就不难说清楚。如果第二种意见成立，那么就说明在“亲”与词缀“自”结合以前，不存在副词“亲自”。但事实恰恰相反，词缀“自”在六朝时形成，而副词“亲自”却早在先秦时就已经使用。例如：

①禹【亲自】操橐耜而九杂天下之川。（《庄子·天下》）

②越王【亲自】鼓其士而进之。（《墨子·兼爱中》）

而且此时，“自”显然不是词缀，这时期也不乏“自”作副词的例子。例如：

①不【自】为政，卒劳百姓。（《诗经·小雅·节南山》）

②处半年，乃【自】听政。（《韩非子·喻老》）

由上，我们可以得出：“亲自”是由副词“亲”和“自”并列复合而成。

又如，前文中对“将要”“将欲”成词过程的考察（参见第四章第四节），也是属于这种情况，在此不再赘述。

此问题给我们的启示是，在双音节副词成词过程的考察中，我们必须掌握好时间原则，而不能想当然地下结论。否则，难免出错。

二、如何看待副词的竞争和合作

我们一讲到副词的产生和发展，就说新旧副词之间此消彼长的关系，讲相互竞争、排挤和更替，好像新旧副词之间就只是对立关系，而没有别的。其实，只要我们换个视角、换一个考察的角度，就会发现副词之间也是有合作和分工关系的。

例如，“空”类副词和“白”类副词之间的关系（参见第五章第三、四节）。在“空”类副词的发展过程中，在“空自”消失，“凭空”和“平空”的使用频率又显然不能承担起“空”类副词的主要语法功能的情况下，“白”类副词及时“补位”，与“空”类副词共同承担起整个“徒然、无据”情态方式副词的主要语法功能。

其实，不只“空”类副词，所有我们以前看作竞争的例子，也都可以看作是合作和语言交际需要的结果。葛本仪先生（1999）认为：“语言发展的内部矛盾，就是语言的交际职能与交际能力的矛盾。语言作为一种交际工具，它的根本原因就在于完成交际。语言要完成交际职能，必须使自己具备交际的能力。在通常的情况下，语言的交际能力基本上适应交际职能的需要，二者处于平衡状态。一旦发生矛盾，如社会的发展对语言的交际能力提出了新的要求，而语言的交际能力尚不能满足这种要求，就不能完成交际任务。这时，语言就要进行内部调整。调整的结果就是提高语言能力，使其功能与能力达到新的平衡，这样，从平衡到不平衡又到新的平衡，就构成了语言发展的内部矛盾运动。”①

例如，“即”类副词内部成员之间的关系（参见第四章第七节），即体现了这种“交际职能与交际能力的矛盾”。而双音节“即”类副词的产生，首先就是为了适应汉语副词双音化的趋势。整个汉语词汇发展的大趋势是双音化，在这种背景下，单音节副词“即”可以说已经不适合潮流的发展，如果不派生出双音节“即”类副词，那么它自身的适用空间和范围就会越来越窄，最终会被其他副词替代。在这种背景下，双音节“即”类副词“即刻”“即便”“即时”“即行”等的产生可以说是“临危受命”，与副词“即”相互合作，共同维护和支撑起“即”类副词的发展空间。虽然，最终副词“即”还是被“即刻”“即便”“即时”“即行”等双音节副词竞争和排挤得越来越少，但是这是其小集团内部的事情，就整个大集团“即”类副词来说，它非但没有消亡，而且派生出了更多的副词，有力地维护了整个“即”类副词的利益。

再如，“真”类副词、“正”类副词、“将”类副词以及其他更多的同类别副词内部之间，应该是先有了合作，才有了竞争，而且更主要的是合作关系。

三、如何看待汉语副词发展的单向循环原则

针对单向循环原则，杨荣祥（2005）曾论述道：“单向循环原则，指一般情况下语法化总是遵循着由实到虚、由虚到更虚的方向进行的，直至一个

---

①葛本仪. 语言学概论（修订版）[M]. 济南：山东大学出版社，1999.

成分虚化到极限后又跟实词融合在一起，自身变成‘零形式’。具体的循环模式是：自由的词→黏附于词干的词缀→与词干融合的词缀（零形式）→自由的词。从我们的考察来看，汉语副词的形成和发展都是符合单向性（unidirectionality）语法化规律的。”①

但是任何规律都是有例外的，如“大概”类副词中的成员“大略”。本来“大概”类副词的其他成员“大抵”“大约”“大概”都遵循一个由表范围的副词“$大抵_1$”“$大约_1$”“$大概_1$”虚化到一个更虚的表推测语气的副词“$大抵_2$”“$大约_2$”“$大概_2$”。但是“大略”却是一个例外，后来的发展显示，语气副词“$大略_2$”基本消失，只保留了“$大略_1$”，所以《现汉》只收录“$大略_1$”。但是此时的“$大略_1$”也已不是纯粹的范围副词，而是介于范围副词和语气副词之间，但偏重于、倾向于表范围的“大致、大体”义副词（参见第六章第三节）。

再如，副词“尽情”，本来刚刚虚化为副词时，是一个表总括的范围副词“$尽情_1$”，但后来又发展出意义较“实”的表极力的情状方式副词“$尽情_2$”，发展到现代汉语中，范围副词“$尽情_1$”消失，只保留了意义较“实”的表极力的情状方式副词“$尽情_2$”（参见第二章第三节）。

又如，“亲自”的形成。正如上文所证明的，我们赞同合成说。那么，是否附加派的意见就毫无道理呢？是否还存在这样一种情况，即到了六朝时期，词缀“～自”出现后，会反过来影响“亲自”，使“亲自”中的“自”出现词缀化的倾向。也即存在下图的情况：

“亲自”（先秦　副词+副词）——→“亲自”（六朝　副词+词缀）

我们认为，理论上是有这种可能的，但由于“亲自”这个副词的特殊性，当人们使用时，受到“亲”的感染、渗透、同化、辐射，很容易将词缀“～自”在认知心理上还原成其虚化前的副词“自”。因此，我们认为“亲自”不可能像“只自”“徒自”等真正成为后附加式复音词。也就是说，“亲自”中的“～自”由于受到“亲”的影响，未实现由副词向更虚的词缀演变的过程（参见第五章第二节）。

以上三点是我们在副词的考察和研究过程中一些很不成熟的想法，也是我们遇到的一些困惑，在此以期抛砖引玉，希望得到各位专家的批评、指正！

---

①杨荣祥. 近代汉语副词研究[M]. 北京：商务印书馆，2005：404.

参考文献

主要引用书目：

古代部分：

《十三经注疏》，北京：中华书局，1980.
《老子》，北京：文物出版社，1976.
王利器.《文子疏义》，北京：中华书局，2000.
戴望.《管子校正》，上海：上海书店，1986.
《国语》，上海：上海古籍出版社，1998.
杨炳安.《孙子集校》，北京：中华书局，1959.
《墨子》，太原：山西古籍出版社，2003.
《荀子》，北京：中国纺织出版社，2007.
《列子》，北京：文学古籍刊行社，1956.
郭庆藩.《庄子集释》，北京：中华书局，2004.
《韩非子集释》，上海：上海人民出版社，1974.
《睡虎地秦墓竹简》，北京：文物出版社，1978.
《淮南子集释》，上海：上海古籍出版社，1989.
《史记》，北京：中华书局，1982.
《说苑》，上海：商务印书馆，1939.
《贾谊集》，上海：上海人民出版社，1976.
《新书》，广州：广州出版社，2003.
《汉书》，北京：中华书局，1962.

《三国志》，北京：中华书局，1959.

《三国志》，北京：中华书局，1971.

高楠顺次郎等. 大正新修大藏经（普及版），东京：大藏出版株式会社，1988.

《搜神记》，北京：中华书局，1985.

王明.《抱朴子内篇校释》，北京：中华书局，1980.

《陶渊明集》，北京：作家出版社，1956.

《世说新语》，上海：上海古籍出版社，2007.

《帝范》，北京：中华书局，1985.

《朝野佥载隋唐嘉话》，西安：三秦出版社，2004.

《独异志宣室志》，北京：中华书局，1983.

《敦煌变文集》，北京：人民文学出版社，1957.

《梁书》，北京：中华书局，1973.

《祖堂集》，上海：上海古籍出版社，1994.

《旧唐书》，北京：中华书局，1975.

《景德传灯录》，上海：上海书店，1985.

《太平御览》，北京：中华书局，1960.

《新唐书》，北京：中华书局，1975.

《后汉书》，北京：中华书局，1965.

《五灯会元》，北京：中华书局，1984.

《元刊梦溪笔谈》，北京：文物出版社，1975.

《苏轼集》，太原：山西古籍出版社，2007.

《东京梦华录》，北京：商务印书馆，1936.

《张协状元校释》，上海：上海社会科学院出版社，2006.

《朱子语类》，北京：中华书局，1986.

《大金吊伐录校补》，北京：中华书局，2001.

《西厢记诸宫调》，北京：文学古籍刊行社，1955.

《新编五代史平话》，上海：中国古典文学出版社，1954.

《刘知远诸宫调》，北京：文物出版社，1958.

《三国演义》，北京：人民文学出版社，1972.

《水浒传》，北京：人民文学出版社，1997.

《三遂平妖传》，北京：北京大学出版社，1983.

《元曲选》，北京：中华书局，1979.
《西游记》，北京：人民文学出版社，1972.
《金瓶梅词话》，北京：人民文学出版社，2008.
《万历野获编》，北京：中华书局，1959.
《封神演义》，沈阳：辽宁古籍出版社，1995.
《三宝太监西洋记通俗演义》，上海：上海古籍出版社，1985.
《警世通言》，北京：人民文学出版社，1956.
《喻世名言》，北京：十月文艺出版社，1994.
《醒世恒言》，北京：人民文学出版社，1992.
《拍案惊奇》，北京：人民文学出版社，2007.
《二刻拍案惊奇》，西宁：青海人民出版社，1981.
《清平山堂话本》，北京：文学古籍刊行社，1955.
《型世言》，济南：齐鲁书社，1995.
《禅真后史》，济南：齐鲁书社，1988.
《徐霞客游记》，武汉：崇文书局，2007.
《醒世姻缘传》，济南：齐鲁书社，1980.
《隋唐演义》，北京：华夏出版社，1997.
《全唐诗》，北京：中华书局，1960.
《全宋词》，北京：中华书局，1998.
《儒林外史》，北京：人民文学出版社，2007.
《红楼梦》，北京：人民文学出版社，1982.
《说岳全传》，天津：天津古籍出版社，2004.
《歧路灯》，郑州：中州书画社，1980.
《品花宝鉴》，北京：中国言实出版社，2002.
《儿女英雄传》，北京：人民文学出版社，1983.
《希夷梦》，北京：中国戏剧出版社，2000.
《济公全传》，广州：花城出版社，1983.
《小五义》，南宁：漓江出版社，1981.
《官场现形记》，沈阳：辽宁古籍出版社，1995.
《二十年目睹之怪现状》，沈阳：辽宁古籍出版社，1995.
《孽海花》，沈阳：辽宁古籍出版社，1995.
《老残游记》，北京：人民文学出版社，1979.

《海上花列传》，济南：齐鲁书社，1993.

徐心君校.《新校元刊杂剧三十种》，北京：中华书局，1980.

现代部分：

陈建功.《北京滋味》，北京：中国城市出版社，1995.

陈建功.《放生》，北京：作家出版社，2009.

陈建功.《前科》，北京：华艺出版社，1993.

陈建功.《找乐》，长春：时代文艺出版社，2001.

邓友梅.《烟壶》，成都：四川文艺出版社，1985.

邓友梅.《那五》，北京：作家出版社，2009.

贾平凹.《贾平凹文集》（浮世卷、世说卷、寻根卷、侠盗卷、野情卷、灵怪卷、闲澹卷、求缺卷），北京：中国文联出版公司，1995.

老舍.《老舍文集》（全16卷），北京：人民文学出版社，1989.

胡絜青、王行之编.《老舍剧作全集》，北京：中国戏剧出版社，1982.

老舍.《正红旗下》，北京：人民文学出版社，1980.

刘绍棠.《运河的桨声》，石家庄：河北人民出版社，1980.

刘绍棠.《蒲柳人家》，北京：人民文学出版社，1985.

路遥.《路遥文集》（上下册），西安：陕西人民出版社，1995.

王海鸰.《中国式离婚》，北京：北京出版社，2004.

孙波、杜建业主编.《王朔文集》（纯情卷、挚情卷、谐谑卷、矫情卷），北京：华艺出版社，1992.

汪曾祺.《汪曾祺全集》（1—8卷），北京：北京师范大学出版社，1998.

余华.《余华文集》，呼和浩特：内蒙古人民出版社，2002.

余秋雨.《余秋雨文集》，西宁：青海人民出版社，1998.

工具书：

白维国. 金瓶梅词典[Z]. 北京：中华书局，1991.

北京大学中文系1955、1957级语言班. 现代汉语虚词例释[M]. 北京：商务印书馆，1982.

蔡梦麒. 广韵校释[M]. 长沙：岳麓书社，2007.

陈刚，宋孝才，张秀珍. 现代北京口语词典[Z]. 北京：语文出版社，1997.

董志翘，蔡镜浩. 中古虚词语法例释[M]. 长春：吉林教育出版社，1994.
傅朝阳. 方言小词典[Z]. 济南：山东教育出版社，1987.
高文达. 近代汉语词典[Z]. 北京：知识出版社，1992.
顾野王. 宋本玉篇[M]. 北京：北京市中国书店，1983.
尔雅[M].（晋）郭璞注，杭州：浙江古籍出版社，2011.
汉语大字典编辑委员会. 汉语大字典（八卷本）[Z]. 武汉：湖北辞书出版社；成都：四川辞书出版社，1988.
何金松. 虚词历时词典[Z]. 武汉：湖北人民出版社，1994.
何乐士，敖镜浩，王克仲，等. 古代汉语虚词通释[M]. 北京：北京出版社，1985.
侯学超. 现代汉语虚词词典[M]. 北京：北京大学出版社，1998.
胡竹安. 水浒词典[Z]. 上海：汉语大词典出版社，1989.
江蓝生，曹广顺. 唐五代语言词典[Z]. 上海：上海教育出版社，1997.
雷文治. 近代汉语虚词词典[Z]. 石家庄：河北教育出版社，2002.
刘坚，江蓝生，李崇兴，等. 元语言词典[Z]. 上海：上海教育出版社，1998.
龙潜庵. 宋元语言词典[Z]. 上海：上海辞书出版社，1985.
吕叔湘. 现代汉语八百词[M]. 北京：商务印书馆，1980.
吕叔湘. 现代汉语八百词（增订本）[M]. 北京：商务印书馆，1999.
罗竹风. 汉语大词典[Z]. 上海：汉语大词典出版社，1993.
裴学海. 古书虚字集释[M]. 北京：中华书局，2004.
王念孙. 广雅疏证[M]. 南京：江苏古籍出版社，1984.
徐灏. 说文解字注笺[M]. 合肥：安徽教育出版社，2002.
许宝华，宫田一郎. 汉语方言大词典[Z]. 北京：中华书局，1999.
许少峰. 近代汉语词典[Z]. 北京：团结出版社，1997.
许慎. 说文解字[M]. 北京：中华书局，1977.
张斌. 现代汉语虚词词典[Z]. 北京：商务印书馆，2001.
张揖. 广雅[M]. 北京：中华书局，1985.
张自烈，廖文英. 正字通[M]. 北京：中国工人出版社，1996.
中国社会科学院语言研究所古代汉语研究室编. 古代汉语虚词词典[Z]. 北京：商务印书馆，1999.
中国社会科学院语言研究所词典编辑室. 现代汉语词典（第5版）[Z].

北京：商务印书馆，2005.

中国社会科学院语言研究所词典编辑室编. 现代汉语词典（第7版）[Z]. 北京：商务印书馆，2018.

朱骏声. 说文通训定声[M]. 武汉：武汉市古籍书店，1983.

论著：

B

白丁. 副词连用分析[J]. 中南民族学院学报：社会科学版，1986（3）.

C

曹凤霞. 副词“曾经”与“已经”的语法意义及其他[J]. 学术交流，2003（11）：140-143.

曹炜. 一个新兴的副词后缀——为[J]. 山东师大学报：社会科学版，1988（1）.

曹炜.《水浒传》虚词计量研究[M]. 广州：暨南大学出版社，2009.

曹秀玲. “相当”的虚化及相关问题[J]. 中国语文，2008（4）.

陈昌来. 十年磨一剑——读张谊生《现代汉语副词研究》[J]. 汉语学习，2001（2）：75-76.

陈承泽. 国文法草创[M]. 北京：商务印书馆，1982年.

陈鸿儒. 口自、躬自、亲自、身自、手自诸词的构成[J]. 学术研究，2008（5）：156-157.

陈群. 近代汉语程度副词研究[M]. 成都：巴蜀书社，2006.

陈望道. 文法简论[M]. 上海：上海教育出版社，1978.

陈一. 试论专职的动词前加词[J]. 中国语文，1989（1）.

陈勇. 从“一律”和“一概”的语法化历程探求近义副词的异同及原因[D].西安：陕西师范大学硕士学位论文，2008.

储泽祥，刘街生. “细节显现”与“副+名”[J]. 语文建设，1997（6）：15-19.

D

丁声树. 现代汉语语法讲话[M]. 北京：商务印书馆，1961.

董祥冬. “真是”话语标记化及其衍生现象[J]. 兰州学刊，2009（4）：186-187.

董秀芳. 词汇化：汉语双音词的衍生和发展[M]. 成都：四川民族出版社，2002.

董秀芳. “是”的进一步语法化：由虚词到词内成分[J]. 当代语言学，2004（1）：35-44，94.

段业辉. 试论副词重迭[J]. 南京师大学报：社会科学版，1987（1）：91-98.

F

范开泰. 现代汉语虚词功能探新[G]//中国语文杂志社. 语法研究和探索（九）[C]. 北京：商务印书馆，2000.

房玉清. 实用汉语语法[M]. 北京：北京语言学院出版社，1992.

冯成林. 试论汉语时间副词和时间名词的划分标准——从“刚才”的词性谈起[J]. 语言教学与研究，1980（2）.

冯春田. 近代汉语语法问题研究[M]. 济南：山东教育出版社，1991.

冯胜利. 论汉语的“韵律词”[J]. 中国社会科学，1996（1）：161-176.

付义琴，赵家栋. 从明代小说中的“正”、“在”看时间副词“正在”的来源[J]. 中国语文，2007（3）：237-244.

G

高艾军，傅民. 北京话词语（增订本）[M]. 北京：北京大学出版社，2001.

高育花. 中古汉语副词研究[M]. 合肥：黄山书社，2007.

葛本仪. 语言学概论（修订版）[M]. 济南：山东大学出版社，1999.

葛佳才. 东汉副词系统研究[M]. 长沙：岳麓书社，2005.

龚千炎. 儿女英雄传虚词例汇[M]. 北京：语文出版社，1994.

龚千炎.《儿女英雄传》是《红楼梦》通向现代北京话的中途站[J]. 语文研究，1994（1）：27-31.

龚千炎. 汉语的时相时制时态[M]. 北京：商务印书馆，1995.

古建军. 从副词的归属谈词类划分问题[J]. 陕西师大学报：哲学社会科学

版，1983（2）.

顾义生.《红楼梦》中“再”的一种特殊用法[J]. 中国语文，1989，(1).

桂诗春. 从“这个地方很郊区”谈起[J]. 语言文字应用，1995（3）：24-28.

郭良夫. 近代汉语副词“白”和“白白”[J]. 中国语言学报，1989（3）.

郭绍虞. 汉语语法修辞新探[M]. 北京：商务印书馆，1979.

郭锡良，唐作藩，何九盈，等. 古代汉语[M]. 天津：天津教育出版社，1991.

郭翼舟. 副词、介词、连词[M]. 上海：上海教育出版社，1984.

H

韩栋.“即便”的词汇化初探[J]. 衡水学院学报，2009（2）：66-68，123.

韩容洙. 现代汉语的程度副词[J]. 汉语学习，2000（2）：12-15.

何剑熏. 释“将”[J]. 辞书研究，1988（4）.

何瑛. 汉语与时间相关的范畴转移研究[D]. 北京：中国社会科学院，2007.

贺桂梅. 20世纪八九十年代的京味小说[J]. 北京社会科学，2004（3）：12-21.

贺阳.“程度副词+有+名”试析[J]. 汉语学习，1994（2）：22-24.

洪波，关键. 否定副词与非自主动词的搭配律[G]《南开大学中文系《语方言研究论丛》编委会. 语言研究论丛：第7辑[C]. 北京：语文出版社，1997.

胡絜青. 老舍作品中的北京话词语例释[M]. 北京：北京大学出版社，1984.

胡明扬. 北京话初探[M]. 北京：商务印书馆，1987.

胡明扬. 北京话研究[M]. 北京：北京燕山出版社，1992.

胡裕树. 现代汉语[M]. 上海：上海教育出版社，1986.

胡增益. 满语的“bai”和早期白话作品“白”的词义研究[J]. 中国语文，1989（5）.

胡增益. 满语的“bai”和汉语副词“白”的借贷关系[J]. 中国语言学报，1995（5）.

黄伯荣，廖序东. 现代汉语（增订本）[M]. 北京：高等教育出版社，1991.
黄河. 常见副词共现时的顺序[G]//严家炎. 缀玉集[C]. 北京：北京大学出版社，1990.
黄瑞云. 词义探微·特[J]. 咸宁师专学报，1998（1）：63.
黄盛璋. 论连词跟副词的划分[J]. 语文教学，1957（8）.

J

江蓝生. 后置词“行”考辨[J]. 语文研究，1998（1）：3-12.
江蓝生. 近代汉语探源[M]. 北京：商务印书馆，2000.
蒋冀骋. 近代汉语词汇研究[M]. 长沙：湖南教育出版社，1991.
蒋冀骋，吴福祥. 近代汉语纲要[M]. 长沙：湖南教育出版社，1997.
蒋绍愚. 近代汉语研究概要[M]. 北京：北京大学出版社，2005.
蒋绍愚，曹广顺. 近代汉语语法史研究综述[M]. 北京：商务印书馆，2005.
蒋宗许. 再说词尾“自”和“复”[J]. 中国语文，1994（6）：460-465.
蒋宗许. 汉语词缀研究[M]. 成都：巴蜀书社，2009.
金颖. “未尝、未曾、不曾”的历时更替及其原因分析[J]. 暨南学报：哲学社会科学版，2008（3）：119-123.

K

阚绪良.《五灯会元》虚词研究[D]. 杭州：浙江大学博士学位论文，2003.

L

赖汉纲. “很”用法初探[J]. 语言教学与研究，1982（3）.
赖先刚. 副词的连用问题[J]. 汉语学习，1994（2）：25-31.
赖先刚. 现代汉语副词的结构语义分析[J]. 乐山师范高等专科学校学报，2000（2）：32-38.
雷冬平. 近代汉语常用双音虚词演变研究及认知分析[M]. 北京：中国社会科学出版社，2008.
雷冬平，胡丽珍. 时间副词“正在”的形成再探[J]. 中国语文，2010（1）：67-73.

黎锦熙. 汉语释词论文集[C]. 北京：科学出版社，1957.

黎锦熙. 新著国语文法[M]. 北京：商务印书馆，1992.

李泉. 副词和副词再分类[G]//胡明杨. 词类问题考察[M]. 北京：北京语言学院出版社，1996.

李泉. 从分布上看副词的再分类[J]. 语言研究，2002（2）：85-91.

李少华. 现代汉语时间副词的分类描写[J]. 荆州师专学报，1996（4）：70-74.

李思明.《水浒》、《金瓶梅》、《红楼梦》副词“便”、“就”的考察[J]. 语言研究，1990，(2).

李艳华. 瞬时交替义“忽而A，忽而B”格式分析[J]. 云南师范大学学报：对外汉语教学与研究版，2009（4）：44-49.

李一平. 副词修饰名词或名词性成分的功能[J]. 语言教学与研究，1983（3）.

李运熹. 范围副词的分类及语义指向[J]. 宁波师院学报：社会科学版，1993（2）：37-43.

李宗江. “即、便、就”的历时关系[J]. 语文研究，1997（1）：25-30.

李宗江. 汉语常用词演变研究[M]. 上海：汉语大词典出版社，1999.

林焘. 北京官话溯源[J]. 中国语文，1987（3）.

刘冬青. 现代汉语副词研究综述（1949—2009年）[J]. 河南理工大学学报：社会科学版，2009（6）：678-684.

刘冬青. 北京话“赶紧”类副词的历时嬗变（1750—1950）[J]. 常州工学院学报：社会科学版，2010（4）：62-66.

刘冬青. 北京话徒劳类语气副词的历时嬗变（1750—1950）[J]. 合肥学院学报：社会科学版，2010（5）：52-57.

刘冬青. 北京话“真”类语气副词的历时嬗变（1750—1950）[J]. 中州大学学报，2010（6）：84-89.

刘冬青. 北京话“管”类语气副词的历时嬗变（1750—1950）[J]. 武汉科技大学学报：社会科学版，2011（1）：116-120.

刘冬青. 北京话“忽”类时间副词的历时嬗变（1750—1950）[J]. 现代语文，2022（2）.

刘冬青，曹炜. 北京话“特”类情状方式副词的历时嬗变[J]. 北京理工大学学报：社会科学版，2011（6）：137-141，151.

刘冬青，曹炜. 近代汉语副词研究60年（1949—2009）[J]. 江苏大学学报：社会科学版，2010（3）：55-59.

刘冬青，曹炜. 北京话“正”类时间副词的历时嬗变（1750—1950）[J]. 江南大学学报：人文社会科学版，2010（6）：117-123.

刘冬青. 北京话“凡”类副词的历时嬗变（1750—1950）[J]. 语文学刊，2023（1）：39-47.

刘冬青、曹炜. 北京话“单”类范围副词的历时嬗变（1750—1950）[J]. 殷都学刊，2022（3）：118-122.

刘冬青. 北京话“已”类时间副词的历时嬗变（1750—1950）[J]. 河北科技师范学院学报，2022（3）：6-11.

刘红妮. 关于“一律”词汇化、语法化演变过程的认知与阐释[J]. 西华大学学报：哲学社会科学版，2007（6）：47-49.

刘红妮.“一+N”的词汇化与语法化——以“一概”的个案研究为例[J]. 湛江师范学院学报，2008a（1）：86-59.

刘红妮.“一概”的词汇化、语法化以及认知阐释[J]. 忻州师范学院学报，2008b（3）：52-54.

刘坚，曹广顺，吴福祥. 论诱发汉语词汇语法化的若干因素[J]//侯精一. 庆祝中国社会科学院语言研究所建所45周年学术论文集[C]. 北京：商务印书馆，1997.

刘莉妮.《五灯会元》副词研究[D]. 武汉：武汉大学博士学位论文，2006.

刘宁生，钱玉莲.“最”的语义指向与“最”的蕴含[J]. 汉语学习，1987（5）.

刘瑞明. 词尾“自”类说[J]. 语文研究，1989（4）：16-19.

刘瑞明.《世说新语》中的词尾“自”和“复”[J]. 中国语文，1989（3）.

刘瑞明. 关于“自”的再讨论[J]. 中国语文，1994（6）：458-459.

刘月华. 状语的分类和多项状语的顺序[G]//中国语文杂志社. 语法研究和探索（一）[C]. 北京：北京大学出版社，1983.

陆俭明. 现代汉语副词独用刍议[J]. 语言教学与研究，1982（2）：27-41，49.

陆俭明，马真. 现代汉语虚词散论[M]. 北京：北京大学出版社，1985.

鲁晓琨. 焦点标记“来”[J]. 世界汉语教学，2006（2）：20-30.

吕叔湘. 开明文言读本导言[M]. 上海：开明书店，1950.

吕叔湘. 汉语语法分析问题[M]. 北京：商务印书馆，1979.

吕叔湘，朱德熙. 语法修辞讲话[M]. 北京：中国青年出版社，1979.

吕叔湘. 汉语语法论文集（增订本）[M]. 北京：商务印书馆，1984.

M

马贝加. 汉语中“趁着”义介词探析[J]. 温州师范学院学报：哲学社会科学版，1995（4）：25-29.

马贝加. 对象介词“将”的产生[J]. 语言研究，2000（4）：36-41.

马景仑. 古汉语时间副词“忽、卒、遽、亟、骤”的词义差别[J]. 南京师大学报：社会科学版，1991（3）：102-107.

马思周，潘慎.《红楼梦》《儿女英雄传》中的副词“白”[J]. 中国语文，1981（6）.

马思周. 再论近代汉语副词“白”[J]. 中国语文，1990（5）.

马真. 修饰数量词的副词[J]. 语言教学与研究，1981（2）.

马真. 说“反而”[J]. 中国语文，1983（3）.

马真. 程度副词在表示不同程度比较的句式中的分布情况考察[J]. 世界汉语教学，1988（2）.

马真.“已经”和“曾经”的语法意义[J]. 语言科学，2003（1）：23-28.

孟浩.《老乞大》中“将”的语法化研究[D]. 济南：山东大学，2009.

孟琳.《殷墟花园庄东地甲骨》“终”字小议[J]. 巢湖学院学报，2005（5）：143-144.

P

潘允中. 汉语语法史概要[M]. 郑州：中州书画社，1982.

Q

齐春红. 现代汉语语气副词研究[M]. 昆明：云南人民出版社，2008.

齐沪扬. 谈单音节副词的重叠[J]. 中国语文，1987（4）.

齐沪扬，张谊生，陈昌来. 现代汉语虚词研究综述[M]. 合肥：安徽教育出版社，2002.

钱乃荣. 现代汉语[M]. 北京：高等教育出版社，1990.

仇志群. 普通话中副词“在”和“正在”的来源[J]. 聊城师范学院学报：哲学社会科学版，1991（1）：84-89.

卿显堂. 副词“尽情”的形式化标志[J]. 古汉语研究，2003（3）：54-56.

屈承熹. 汉语副词的篇章功能[J]. 语言教学与研究，1991（2）：64-78.

S

邵敬敏. 八十年代副词研究的新突破[J]. 语文导报，1987（2）.

邵敬敏. 副词在句法结构中的语义指向初探[G]//林祥楣. 汉语论丛[C]. 上海：华东师范大学，1991.

邵胜定.“正”字的本义及其他[J]. 辞书研究，1988（6）.

沈家煊.“好不”不对称用法的语义和语用解释[J]. 中国语文，1994（4）：262-265.

沈家煊. 不对称和标记论[M]. 南昌：江西教育出版社，1999.

施春宏. 名词的描述性语义特征与副名组合的可能性[J]. 中国语文，2001（3）：212-224.

史金生.“逐渐”类副词与动词的类[G]//中国语文杂志社. 语法研究和探索（十一）[C]. 北京：商务印书馆，2002.

史有为. 词类问题的症结及其对策[G]//胡明杨. 词类问题考察[C]. 北京：北京语言学院出版社，1996.

石毓智. 肯定和否定的对称与不对称[M]. 台北：台湾学生书局，1992.

石毓智，李讷. 汉语语法化的历程：形态句法发展的动因和机制[M]. 北京：北京大学出版社，2001.

石毓智，李讷. 15世纪前后的句法变化与现代汉语否定标记系统的形成——否定标记“没（有）”产生的句法背景及其语法化过程[J]. 语言研究，2000（2）：39-62.

宋玉柱. 非修饰性“副+形”结构[G]//中国语言学报（七）[C]. 北京：商务印书馆，1995.

孙锡信. 汉语历史语法要略[M]. 上海：复旦大学出版社，1992.

T

谭翠，郑贤章. 副词“一概、一律”的产生和发展[J]. 淮阴师范学院学报：哲学社会科学版，2006（3）：394-398.

谭枝宏.《儿女英雄传》中虚词“将”的使用[J]. 安庆师范学院学报：社会科学版，1988（2）.

太田辰夫. 中国语历史文法（修订译本）[M]. 蒋绍愚，徐昌华，译. 北京：北京大学出版社，1987.

太田辰夫. 汉语史通考[M]. 江蓝生，白维国，译. 重庆：重庆出版社，1991.

唐贤清.《朱子语类》副词研究[D]. 长沙：湖南师范大学博士学位论文，2003.

W

汪小宁. 实词·虚词·中词——现代汉语基本词类划分新探[J]. 安庆师范学院学报：社会科学版，1996（3）：68-70.

王洪秀.《醒世姻缘传》中“将”字用法考察[J]. 现代语文，2008（9）.

王继同. 论副词重迭[J]. 杭州大学学报：哲学社会科学版，1989（3）.

王力. 中国现代语法[G]//王力. 王力文集：第2卷[M]. 济南：山东教育出版社，1985.

王力. 中国语法理论[M]. 北京：中华书局，1954.

王丽. 论《西游记》中“将”的语义与用法[J]. 现代语文，2006（10）：67-68.

王丽香.“一概”语义功能及句法制约[J]. 语言研究，2010（2）：78-81.

王美华，叶壬华. 副词“终于”的形成和发展[J]. 井冈山学院学报，2008（11）：40-43，48.

王锳. 诗词曲语辞例释（第二次增订本）[M]. 北京：中华书局，2005.

王云路. 从《唐五代语言词典》看附加式构词法在中近古汉语中的地位[J]. 古汉语研究，2001（2）：70-75.

王政红. 动词作动词的修饰语研究[J]. 南京师大学报：社会科学版，1989（2）：70-75.

魏兆惠. 北京话副词“满”的来源及演变机制[J]. 语文研究，2016（1）：42-46.

魏兆惠，宋春芳. 清末民初北京官话的“简直”“剪直”和“箭直”[J].

宁夏大学学报：人文社会科学版，2012（4）：31-34.

魏兆惠，宋春芳．北京话“干脆”一词的演变[J]．北京社会科学，2011（5）：79-82.

文士其．说“特”——常用字义源流简析之五[J]．咬文嚼字，1999（4）：30-31.

巫洁，刘冬青．《儿女英雄传》“最”类程度副词计量考察[J]．湖南科技学院学报，2010（7）：159-162.

吴福祥．敦煌变文语法研究[M]．长沙：岳麓书社，1996.

吴福祥．敦煌变文12种语法研究[M]．开封：河南大学出版社，2004.

吴春相，杨子琴．现代汉语概率副词及其语义层及分析[J]．淮北煤炭师范学院学报：哲学社会科学版，2008（5）：47-51.

武振玉．《儿女英雄传》中的程度副词述评[J]．绥化师专学报，2003（4）：98-102.

X

夏齐富．程度副词再分类试探[J]．安庆师范学院学报：社会科学版，1996（3）：63-67.

向熹．简明汉语史（下）[M]．北京：高等教育出版社，1993.

香坂顺一．水浒词汇研究·虚词部分[M]．植田均译．北京：文津出版社，1992.

香坂顺一．白话语汇研究[M]．江蓝生等译．北京：中华书局，1997.

萧斧．“在那里”“正在”“在”[A]//中国语文杂志社．语法论集：第2集[C]．北京：中华书局，1957.

肖奚强．从内涵角度看程度副词修饰名词[J]．修辞学习，2001（5）：26.

肖奚强．“（正）在”、“在”和“着”功能比较研究[J]．语言研究，2002（4）：27-34.

肖奚强．范围副词的再分类及其句法语义分析[J]．安徽师范大学学报：人文社会科学版，2003（3）：355-359.

肖奚强，钱如玉．现代汉语副词研究综述[J]．云南师范大学学报，2006（3）：55-62.

邢福义．关于副词修饰名词[J]．中国语文，1962（5）.

邢福义. 新编现代汉语[M]. 北京：高等教育出版社，1986.

熊迎辉.《齐民要术》中的副词“凡”[J]. 井冈山学院学报，2008（4）：49-51.

许光烈. 谈副词的重叠[J]. 内蒙古民族师范学院学报：哲学社会科学汉文版，1990（1）.

徐前师.“已经”成词于唐前说不可靠[J]. 中国语文，2006（5）：407-408.

徐时仪.“一味”的词汇化与语法化考探[J]. 语言教学与研究，2006（6）：54-56.

Y

阎红生. 从北京的人文背景中看北京话的发展[J]. 琼州大学学报，1999（3）：82-87.

杨伯峻，何乐士. 古语汉语语法及其发展[M]. 北京：语文出版社，1992.

杨梅.“副+名”的诗意存在[J]. 语文建设，1998（6）：41-42.

杨梅，刘冬青.《红楼梦》中“极”类程度副词计量考察[J]. 萍乡高等专科学校学报，2009（4）：47-52.

杨永龙.《朱子语类》完成体研究[M]，开封：河南大学出版社，2001.

杨永龙.“已经”的初见时代及成词过程[J]. 中国语文，2002（1）：41-49.

杨荣祥.“范围副词”中的功能差异——兼论副词次类的划分问题[J]. 湖北大学学报：哲学社会科学版，2000（4）：53-57.

杨荣祥. 近代汉语副词研究[M]. 北京：商务印书馆，2005.

姚晓波. 汉语中划分实词、虚词没有必要[J]. 锦州师范学院学报，1988（4）.

姚振武. 关于中古汉语的“自”和“复”[J]. 中国语文，1993（2）.

姚振武. 再谈中古汉语的“自”和“复”及相关问题——答刘瑞明、蒋宗许先生[J]. 中国语文，1997（1）：55-62.

叶贵良. 说“真”[J]. 古汉语研究，2008（4）：88-93.

伊原大策，柴世森. 表示进行时态的“在”[J]. 河北大学学报：哲学社会科学版，1986（3）.

余志鸿. 元代汉语“一行”的语法意义[J]. 语文研究，1987（2）.

俞敦雨. 说“大概”[J]. 语文建设，2000（5）：27.

俞光中，植田均. 近代汉语语法研究[M]. 上海：学林出版社，1999.

袁宾.《儒林外史》中副词“竟”的引申义[J]. 中国语文，1987，(6).
袁明军. 程度副词和动词的类[G]//刘叔新. 语言学论辑：第3辑[C]. 天津：南开大学出版社，2000.
袁毓林. 词类范畴的家族相似性[J]. 中国社会科学，1995（1）：154-170.

Z

曾晓洁. 从《诗经》看“将”字的意义流变[J]. 湖南第一师范学报，2007（4）：103-105.
曾真. 说“将”[D]. 武汉：华中科技大学，2006.
詹开第. 早期北京话的“直”字及其来源[J]. 中国语文，1987，(3).
张伯江，方梅. 汉语功能语法研究[M]. 南昌：江西教育出版社，1996.
张海涛. 浅析《金瓶梅》中“将”的用法[J]. 焦作师范高等专科学校学报，2007（1）：32-35.
张静. 论汉语副词的范围[J]. 中国语文，1961（8）.
张静. 新编现代汉语[M]. 上海：上海教育出版社，1986.
张菊玲. 满族和北京话——论三百年来满汉文化交融[J]. 文艺争鸣，1994（1）：72-80.
张舜徽. 说文解字约注[M]. 郑州：中州书画社，1983.
张亚军. 时间副词“正”“正在”“在”及其虚化过程考察[J]. 上海师范大学学报：哲学社会科学版，2002（1）：46-55.
张艳. 也谈“已经”的初见时代[J]. 中国语文，2004（4）：351-354.
张艳. 谈副词“实在”的语法化[J]. 江西师范大学学报：哲学社会科学版，2008（4）：60-64.
张谊生. 副名结构新探[J]. 徐州师范学院学报，1990（3）.
张谊生. 副词的连用类别和共现顺序[J]. 烟台大学学报：哲学社会科学版，1996（2）.
张谊生. 名词的语义基础及功能转化与副词修饰名词[J]. 语言教学与研究，1996（4）：57-75.
张谊生. 近代汉语预设否定副词探微[J]. 古汉语研究，1999（1）：27-35.
张谊生. 现代汉语副词研究[M]. 上海：学林出版社，2000a.
张谊生. 现代汉语副词的性质、范围与分类[J]. 语言研究，2000b（2）：

51-63.

张谊生. 论与汉语副词相关的虚化机制——兼论现代汉语副词的性质、分类与范围[J]. 中国语文, 2000e (1): 3-15.

张谊生. 近代汉语情态化副词“白”再议——兼论副词“白”的虚化方式和内部差异及联系[J]. 乐山师范学院学报, 2003a (1): 1-10.

张谊生. “副+是”的历时演化和共时变异——兼论现代汉语“副+是”的表达功用和分布范围[J]. 语言科学, 2003b (3): 34-49.

张谊生. 从“曾经”的功能扩展看汉语副词的多能性[J]. 汉语学习, 2003 (5): 1-9.

张谊生. 现代汉语副词探索[M]. 上海: 学林出版社, 2004.

张谊生. 从间接的跨层连用到典型的程度副词——“极其”词汇化和副词化的演化历程和成熟标志[J]. 古汉语研究, 2007 (4): 64-70.

张谊生. 现代汉语副词分析[M]. 上海: 上海三联书店, 2010.

张振羽.《三言》副词研究[M]. 长沙: 湖南师范大学出版社, 2012.

张志公. 汉语语法常识[M]. 北京: 新知识出版社, 1956.

赵元任. 汉语口语语法[M]. 北京: 商务印书馆, 1979.

赵志忠. 曹雪芹·文康·老舍——京味小说溯源[J]. 民族文学研究, 1998 (3): 35-40.

翟燕. 明清时期动态助词“将”的发展演变及衰亡原因[J]. 山东师范大学学报: 人文社会科学版, 2007 (5).

郑宏. 介词“将”的产生[J]. 江汉大学学报: 人文科学版, 2008 (3): 98-101.

郑燕明. 析《儿女英雄传》中的程度副词“最”[J]. 兵团教育学院学报, 2004 (3).

志村良治. 中国中世语法史研究[M]. 江蓝生, 白维国, 译. 北京: 中华书局, 1995.

钟兆华.《红楼梦》“白”字来源探疑[J]. 中国语文, 1987 (6).

周荐. 榫接和断裂——汉语字词典字条义项与词条义项关系略析[J]. 语文研究, 2010 (4): 20-24.

周利芳. 内蒙古丰镇话的语气副词“管(兀)”和“敢情”[J]. 语文研究, 2008 (4): 55-58.

周小兵. “刚+V+M”和“刚才+V+M”[J]. 中国语文, 1987 (1).

周小兵. 频度副词的划类与使用规则[J]. 华东师范大学学报：哲学社会科学版，1999（4）：116-119.

朱德熙. 语法讲义[M]. 北京：商务印书馆，1982.

祖人植，任雪梅. “毕竟”的语篇分析[J]. 中国语文，1997（1）：39-43.

后 记

这本小书是在我博士学位论文《北京话副词史（1750—1950）》的基础上修订而成。时光飞逝、白驹过隙，自我从苏州大学博士毕业至今，已整整十二年。倏忽间，我已迈入不惑之年，回望这十余年，不禁感慨万千，正如《老男孩》所唱的那样："当初的愿望实现了吗？事到如今只好祭奠吗？"我愿借此机会，对我这些年的人生做一下小结，感谢一路给我支持、给我信任的亲人和朋友。

2011年7月，我正式入职中国矿业大学（北京）。第一年，我从事的是辅导员工作。之前我没有辅导员的相关工作经验，又接手了大一新生和大四毕业生"一头一尾""一进一出"两个年级，作为一个文科生还是在理学院工作，以上种种，对我来说都是不小的挑战。面对压力，我没有退缩，迎难而上，较好地完成了本职工作。2012年7月，我转岗到学校党政办公室工作，主要从事公文制发、文稿撰写等文字工作，也算是专业对口。这一干，就是十年。文稿工作辛苦不必多说，《秘书工作》杂志2014年第4期曾刊发了习近平总书记《秘书工作的风范——与地县办公室干部谈心》，文中对写材料的苦有专门描述："二是'苦'，非常辛苦。办公室每一位同志都是很辛苦的，整天有干不完的事，经常加班加点，甚至通宵工作。连星期六也难以休息。赶写材料的秘书更辛苦，工作强度很大，超过了一般部门的工作量。东汉刘祯的两句诗'驰翰未暇食，日昃不知晏；沉迷簿领书，回回目纷乱'把秘书人员埋头文稿，忘记用饭，不知早晚，头昏眼花的状况描写得十分形象。"我严谨细致地对待每一份文件、认真周密地草拟每一份文稿，不敢有丝毫麻痹大意、松懈马虎，锻炼了自己也提高了自己，也较好地完成了本职工作。同时，我还发挥专业特长，不断地发现问题、思考问题、解决问题，并将所见、所闻、所思所得付诸笔端，先后在《北京理工大学学报》《语文建设》《语言文字报》等报纸杂志上发表文章 20 余篇，也算没有荒废了专业。

2021 年 7 月，我的工作又发生了些许变化，我转为了高校教师，成为一名“双肩挑”干部。至此，我终于圆了上讲台的梦想。《老男孩》中的“当初的愿望实现了吗”，对我来说，可以是一个肯定的回答。

一路走来，要感谢的人很多很多。首先要感谢我的家人。我的母亲由于家庭原因，小学没毕业就不得不辍学在家照顾姥姥和弟妹，但是文化程度不高的她却有着许多高程度文化者没有的远见卓识。母亲一辈子敬重文化，坚信“教育和学习可以改变人的一生和命运！文化永远不会无用武之地！”也正因此，当我硕士毕业，为是先就业还是去读博而有所犹豫时，母亲毫不犹豫地说：“读博！”现在看来，我应感谢母亲的坚定决策！

父亲是一位地道的山东汉子，憨厚、实在，正像所有的山东父亲一样，心中对子女有着万千的思绪，却总是不知从何谈起。但是一次不经意的谈话，却深深地触动了我。那是我小时候一次赶长途车的经历，早上由于我懒惰赖床，误了车点。可下一辆车却左等不来、右等也不来，这时父亲对我轻轻说道：“看了吗，这就叫一步赶不上，步步赶不上。”正是这轻描淡写的一句话，却对我的心灵起到了“四两拨千斤”的效果。此后，我便尽量做到事事早、时时早！

感谢我的妻子为我孕育了一双儿女，让我享受到了天伦之乐。结婚十几年来，她日夜操劳，为这个家辛苦付出、任劳任怨、无怨无悔；同时，她也是文学博士，因而除了生活上的关心照顾，她对我的学习、工作也有很多的帮助与指导。

饮水思源，我还要感谢我的各位授业恩师。

2001—2005 年，我本科就读于临沂师范学院（现临沂大学）。许建章老师、王耀辉老师教授我现代汉语相关课程，张泰老师教授我古代汉语相关课程，是他们带我初步领略了语言学的魅力，为我“扣好了人生第一粒扣子”。

2005—2008 年，我硕士就读于山东师范大学，师从刘中富教授（现为中国海洋大学教授、山东省语言学会副会长）研习汉语词汇学。刘老师学识渊博、为人正直、待人和蔼，是一位谦谦君子。三年中，刘老师在我的学习和生活上，给予了无微不至的关心、关怀和指导，引领我“登堂入室”，逐步走上了学术研究之路。

2008 年 9 月，我博士考入苏州大学，师从曹炜教授（现为苏州大学二级教授、文学院院长）研习近现代汉语词汇语法、汉语史。刚一入学，曹老师便给我定下了论文的方向和题目，即他主持的国家社科基金项目“北京话虚词史（1750—1950）”中分量最重的部分——北京话副词史（1750—1950）。我自感资质驽钝，加之这是老师国家课题的一部分，压力陡然而增。因而经常在老师面前露出畏难的情绪，甚至一度想换个题目。但是，曹老师并没有放弃对我的鞭策和鼓励，经常与我推心置腹地交谈，鼓励我迎难而上。正是在老师不断鼓励下，我终于重拾奋斗的信心！

但是，搞研究仅凭信心和热情还远远不够。老师根据我以前是从事汉语词汇学研究的实际情况，为我量身打造了一套学习计划，给我开列了书目，并安排我先后选修了汉语语法史、近代汉语语法研究、汉语语法专题研究等专业课程。老师还细心地考虑到宿舍学习环境较差，教室学习不方便等因素，主动交给我一把他办公室的钥匙，让我可以在办公室的书海里自由地徜徉。于是，这一年我便在紧张忙碌的听课、阅读、学习和作论文的基础工作中度过。第二年，正式开始了论文写作。但任何研究都不是平坦的大道，我每一步成绩的取得都离不开导师的悉心指导和教诲。记得博二上半学期，当我拿着七万多字的初稿兴冲冲地给导师看时，本以为老师会因为我的进度较快而赞许我一次。没想到，由于我的写作思路和框架与整个大课题不相符，而被导师和颜悦色地“批评”了一番，论文也被删改得面目全非，最后仅留下不到两万字。我舍不得那五万字的心血，还想有所保留，老师的一句话惊醒梦中人：“不要舍不得，要像红军长征行军一样，敢于打破旧的瓶瓶罐罐！”后来又几易其稿，终于符合要求。事后，我向老师感叹道：“先前，本以为找到了论文写作的窍门，因而突飞猛进地写了几万字，没想到还真的是折腾人啊。”曹老师又一次语重心长地说：“博士论文绝不会让你轻松完成的，如果你感觉写得很轻松、很舒服，那肯定是某个方面出了差错。”这句话不禁让我想起了我的硕士导师刘中富先生的教诲：“到了博士阶段要拼命学了，博士论文可不像硕士论文那样简单，肯定要扒层皮啊！”是啊，如今我终于体会到那种扒皮抽筋似的痛苦和折磨，而当完成时，也体会到凤凰涅槃式的浴火重生！

一路走来，感谢给我论文提出过具体指导意见并给予帮助的蔡镜浩先生、王继如先生、王卫峰先生等。感谢博士答辩委员会的马清华先生、陈满华先生、蔡镜浩先生、王继如先生、徐山先生提出的宝贵修改意见。感谢湖南师范大学副校长、二级教授、《古汉语研究》杂志主编唐贤清先生对本文的谬赞，他曾在其汉语副词研究丛书《后记》中评价“刘冬青（2011）《北京话副词史（1750—1950）》对北京各类副词的历时演变进行了系统研究，这种做法值得推广”。(参见张振羽.《三言》副词研究[M]. 长沙：湖南师范大学出版社，2012：315）感谢我的老同学、南京农业大学计算语言学专家王东波教授，为我量身打造了一套搜索软件，使我的论文进程大大加快，起到了事半功倍的效果！

最后，我还要感谢我的单位领导和同事。是你们的关怀与指导，让我业务不断精进；是你们的包容与宽容，让我快乐成长；是你们的帮助与爱护，让我避免了很多失误与弯路……感谢所有支持和帮助过我的人！